Neuzeit

Absolutismus

Aufklärung

Zeitalter der Revolutionen

1643–1715
Ludwig XIV.
„Sonnenkönig" in Frankreich

1724–1804
Immanuel Kant:
Aufklärung

Juli 1789
Sturm auf die Bastille

1848/49
Revolution in Deutschland

1871
Gründung des
Deutschen Kaiserreiches

1700 — 1750 — 1800 — 1850 — 1900

1694–1733
„August der Starke" herrscht im
Kurfürstentum Sachsen

1769
James Watt:
Erfindung der Dampf-
maschine

1814/15
Wiener Kongress

1832
Hambacher Fest

August 1789
Erklärung der Menschen-
und Bürgerrechte

1835
erste Eisenbahnstrecke
in Deutschland

1848
Karl Marx:
Kommunistisches
Manifest

Industriezentren entstehen, Verstädterung, soziale Frage →

1740–1786
Regierungszeit
Friedrich II.

1793–1794
Herrschaft der Jakobiner

ab 1869
Arbeiter organisieren sich
in Gewerkschaften

westermann

Die Reise in die Vergangenheit

Band 7
Sachsen Oberschule

Bearbeitet von:
Wera Barth
Elmar Geus

Mit Beiträgen von:
Dieter Christoph, Andreas Klingeberg, Ulrike Lohse, Martin Lücke, Christian Machate, Gabriele Reißmann, Cathrin Schreier, Daniela Stenzel-Karg, Ruth Stepper, Jörg Stierhof, Reinhard Trummer, Uta Usener und Kristof Wenger

Vorbereiten. Organisieren. Durchführen.
BiBox ist das umfassende Digitalpaket zu diesem Lehrwerk mit zahlreichen Materialien und dem digitalen Schulbuch. Für Lehrkräfte und für Schülerinnen und Schüler sind verschiedene Lizenzen verfügbar. Nähere Informationen unter www.bibox.schule

Dieses Symbol verweist auf Aufgaben oder Seiten, auf denen der Erwerb von Medienkompetenz besonders gefördert wird.
Nähere Informationen unter www.westermann.de/medienbildung

westermann GRUPPE

© 2021 Westermann Bildungsmedien Verlag GmbH, Braunschweig
www.westermann.de

Das Werk und seine Teile sind urheberrechtlich geschützt. Jede Nutzung in anderen als den gesetzlich zugelassenen bzw. vertraglich zugestandenen Fällen bedarf der vorherigen schriftlichen Einwilligung des Verlages. Nähere Informationen zur vertraglich gestatteten Anzahl von Kopien finden Sie auf www.schulbuchkopie.de.

Für Verweise (Links) auf Internet-Adressen gilt folgender Haftungshinweis: Trotz sorgfältiger inhaltlicher Kontrolle wird die Haftung für die Inhalte der externen Seiten ausgeschlossen. Für den Inhalt dieser externen Seiten sind ausschließlich deren Betreiber verantwortlich. Sollten Sie daher auf kostenpflichtige, illegale oder anstößige Inhalte treffen, so bedauern wir dies ausdrücklich und bitten Sie, uns umgehend per E-Mail davon in Kenntnis zu setzen, damit beim Nachdruck der Verweis gelöscht wird.

Druck A^1 / Jahr 2021
Alle Drucke der Serie A sind im Unterricht parallel verwendbar.

Redaktion: Britta Naumann
Umschlaggestaltung: LIO Design GmbH, Braunschweig
Druck und Bindung: Westermann Druck GmbH, Braunschweig

ISBN 978-3-14-**104982**-4

Liebe Schülerinnen und Schüler,

vor euch liegt euer neues Buch für das Fach Geschichte. Es soll euch helfen, selbstständig Geschichte zu entdecken. Das Buch bietet euch verschiedene Hinweiszeichen, die euch dabei helfen, euch im Buch zurechtzufinden.

Unbekannte oder schwer verständliche Wörter sind im Text unterstrichen. Sie werden euch am Rand der jeweiligen Seite erklärt.
Auf den Seiten 206–209 findet ihr noch weitere Worterklärungen.

Revolution

Mit dem Buchstaben Q sind Textquellen gekennzeichnet. In diesen Texten haben Menschen ihre Gedanken aufgeschrieben. Diese Textquellen müsst ihr genauer untersuchen.

Q1

Der Buchstabe M bezeichnet alle Materialien, die den Text ergänzen und mithilfe der Arbeitsaufgaben erschlossen werden. M kann ein Bild, eine Karte, eine Zeichnung, eine Tabelle oder ein Diagramm sein.

M1

Dies ist das Zeichen für einen **Webcode**. Ihr müsst im Internet auf der Seite des Verlages (www.westermann.de/webcode) den Code in das Suchfenster eingeben und so gelangt ihr zu spannenden Filmclips oder Hörszenen.

Webcode

Dieses Symbol schlägt euch vor, eine gewählte Aufgabe mithilfe einer bestimmten kooperativen Lernform zu erarbeiten. Eine Übersicht und Erläuterung über diese Lernformen findet ihr auf den Seiten 216–219.

Dieses Symbol weist darauf hin, dass ihr auf den Seiten 210–215 eine Hilfe zur Lösung der Aufgabe findet.

HILFE

Die drei Balken vor den Aufgaben geben einen Hinweis auf den Schwierigkeitsgrad. Hier soll eine Auswahl zwischen den Aufgaben getroffen werden.

AUSWAHL

Dieses Symbol verweist auf Aufgaben oder Seiten, auf denen euch Kenntnisse zum Umgang mit Medien vermittelt werden. Hier sollt ihr z. B. etwas im Internet recherchieren oder mit dem Computer arbeiten.

Hier stellen wir euch Methoden und Arbeitstechniken des Faches Geschichte vor. Mit diesen Seiten könnt ihr Schritt für Schritt lernen, wie ihr z. B. ein Lapbook gestaltet, Diagramme auswertet oder Karikaturen analysiert.

Methode

Diese Seiten enthalten Anregungen zum Ausprobieren, Selbermachen und Entdecken. Ihr könnt z. B. lernen, wie ihr selbst Texte drucken könnt.

Projekt

Hier könnt ihr Näheres über die Geschichte eurer Region und eures Bundeslandes erfahren.

Heimatgeschichte

Auf dieser Seite findet ihr eine Zusammenfassung mit allen wichtigen Informationen und Grundbegriffen des Kapitels sowie eine Zeitleiste mit wichtigen Daten.

In Kürze

Am Ende jedes Kapitels könnt ihr eure Kenntnisse testen. Dort findet ihr Aufgaben mit verschiedenen Schwierigkeitsgraden und einen Webcode zu den Lösungen. Damit könnt ihr euren Wissensstand selbst überprüfen.

Kompetenzcheck

Inhalt

10 Entdeckung und Eroberung der Welt für Europa

12 **Neue Wege – neue Ideen**
12 Voraussetzungen für den Aufbruch
14 Westwärts nach Indien

16 **Die großen Entdeckungen**
16 Endlich Land!
18 Ostwärts nach Indien

20 **Die Eroberungen und ihre Folgen**
20 Das Inkareich – eine Hochkultur
22 Die Eroberung der „Neuen Welt"
24 **Methode:** Mit einer Mindmap ein Thema darstellen
26 Menschen werden zu Handelsware
28 Missionierung und Rechtfertigung
30 Ein Rollenspiel zur Eroberung und den Folgen
32 Konsequenzen für Mensch und Natur
34 Die heutige Situation der indigenen Völker
36 Mittel gegen die Ausbeutung
38 **Projekt:** Das Quipu-System der Inka
39 **In Kürze:** Entdeckung und Eroberung der Welt für Europa
40 **Kompetenzcheck**

42 Das Europa der Reformationszeit

44 Vom Mittelalter zur Neuzeit
44 Renaissance – die Antike als Vorbild
46 Das humanistische Weltbild
48 Die Erfindung des Buchdrucks

50 Vom Buchdruck zum Internet
50 Die Wissensgesellschaft

52 Mittelalterliche Glaubensvorstellungen
52 Wissenschaft kontra Religion
54 Der Glaube bestimmt das Leben der Menschen
56 Missstände in der Kirche

58 Die Zeit der Reformation beginnt
58 Martin Luther – ein Kritiker der Kirche
60 Ein neuer Glaube entsteht

62 Der Fortgang der Reformation
62 Der neue Glaube setzt sich durch
64 **Methode:** Ein Spottbild analysieren
66 Die Reformation ermutigt die Bauern

68 Die Zeit der Glaubenskämpfe
68 Die Spaltung des Glaubens
70 Der Dreißigjährige Krieg
72 Das Ende des langen Kriegs
74 **Projekt:** Wir drucken selbst
75 **In Kürze:** Das Europa der Reformationszeit
76 **Kompetenzcheck**

78 Revolution und Reform im Europa der Neuzeit

80 Absolutismus in Frankreich
80 Der König als uneingeschränkter Herrscher
82 **Methode:** Ein Herrscherbild analysieren
84 Ludwig XIV. und sein Hof
86 Wirtschaft im Absolutismus

88 Absolutismus in Preußen
88 Friedrich II. – ein absolutistischer König
90 Der König und der Philosoph

92 Das Zeitalter der Aufklärung
92 Denken in neue Richtungen
94 Nachdenken über die Aufteilung der Macht

96 Die Französische Revolution
96 Die Lebensverhältnisse der Menschen
98 **Methode:** Ein Rollenspiel zur Ständegesellschaft
100 Frankreich steckt in der Krise
102 Die alte Ordnung bricht zusammen
104 Die Revolution verändert Frankreich
106 **Methode:** Umgang mit Schaubildern
108 Von der Monarchie zur Republik
110 Gewalt als Mittel der Politik
112 **Projekt:** Friedlicher Protest und Engagement
113 **In Kürze:** Revolution und Reform im Europa der Neuzeit
114 **Kompetenzcheck**

116 Deutsche Staaten und Europa im 19. Jahrhundert

118 Die Herrschaft Napoleons
118 Napoleon herrscht als Kaiser in Frankreich
120 Napoleon beherrscht Europa
122 **Methode:** Karikaturen analysieren

124 Die Neuordnung Deutschlands
124 Der Wiener Kongress und seine Folgen
126 Die Zeit der Restauration
128 **Methode:** Umgang mit politischen Liedern
130 Die Bürger fordern Beteiligung

132 Die Revolution 1848/49
132 Die Revolution von 1848
134 Der Traum von Einheit und Freiheit
136 Der Traum zerplatzt
138 Judenemanzipation im Deutschen Bund

140 Das deutsche Kaiserreich
140 Preußen beherrscht den Deutschen Bund
142 Die Gründung des Deutschen Kaiserreichs
144 Die Gesellschaft im Kaiserreich
146 Bismarck unterdrückt die Arbeiterschaft
148 Die Außenpolitik Bismarcks
150 **Projekt:** Symbole als Ausdruck der Nation
151 **In Kürze:** Deutsche Staaten und Europa im 19. Jahrhundert
152 **Kompetenzcheck**

Inhalt

154 Längsschnitt: Fortschritt und Stagnation in Wirtschaft und Gesellschaft

156	**Industrielle Revolution**
156	Der Beginn der industriellen Revolution
158	Die Dampfmaschine verändert den Transport
160	Industrialisierung in Deutschland
162	**Leben in der Zeit der Industrialisierung**
162	Veränderung der Lebens- und Arbeitswelt
164	Das Leben in der Industriestadt
166	Frauen und Kinder als Arbeitskräfte
168	**Methode:** Statistiken und Diagramme auswerten
170	**Die soziale Frage der Industrialisierung**
170	Soziale Probleme der Industrialisierung
172	Arbeiterparteien und neue Ideen
174	Lösungsansätze der sozialen Frage
176	**Methode:** Ein Lapbook zum Thema Seuchen gestalten
177	**Menschen bekämpfen Krankheiten**
177	Pest – die Erfindung der Quarantäne
178	Cholera – die Erfindung der Hygiene
179	Tuberkulose – die Erfindung der Sanatorien
180	Coronavirus – der Auslöser für Sars-Covid-19
182	**Projekt:** Wir erstellen ein Erklärvideo zur WHO
183	**In Kürze:** Längsschnitt: Fortschritt und Stagnation in Wirtschaft und Gesellschaft
184	**Kompetenzcheck**

186 Heimatgeschichte

188	**Methode:** Eine Gruppenarbeit durchführen
190	Sachsen: Kernland der Reformation
192	Absolutismus in Sachsen
194	Die Residenzstadt Dresden
196	Staat und Wirtschaft
198	Die Industrialisierung in Sachsen
200	Unternehmer in Sachsen
202	**Projekt:** Erfindungen – made in Sachsen
203	**In Kürze:** Heimatgeschichte
204	Kompetenzcheck

206	**Worterklärungen**
210	**Hilfen**
216	**Kooperative Lernformen**
220	**Textquellen**
223	**Bildquellen**

Entdeckung und Eroberung der Welt für Europa

Der Zeitraum zwischen 1450 und 1650 ist das Zeitalter der Entdeckungen. Die Suche nach neuen Märkten war Ursache für den Aufbruch in unbekannte Gegenden. Von Anfang an spielten wirtschaftliche Interessen eine bedeutende Rolle. Neu entdeckte Gebiete wurden von den Europäern in Besitz genommen. Die dort lebenden Ureinwohner wurden unterdrückt und ausgebeutet. Ihre Kulturen wurden zerstört. Aus den Entdeckern wurden Eroberer. Mit den Folgen haben die Nachfahren der Ureinwohner noch heute zu kämpfen.

Die Ankunft von Christoph Kolumbus in Amerika 1492 (Darstellung von 1590)

Neue Wege – neue Ideen

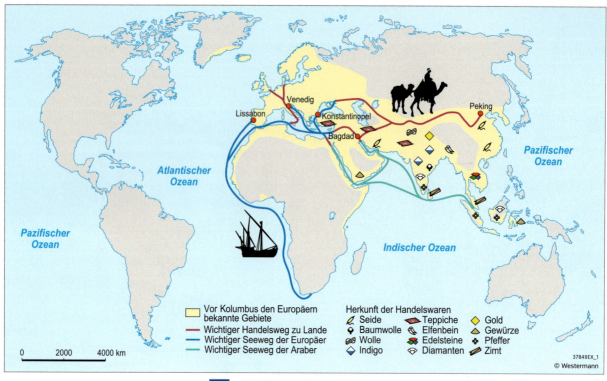

M1 Europäische Handelsrouten

Voraussetzungen für den Aufbruch

Neue Handelsrouten

Der Handelsverkehr hatte über Jahrhunderte nach dem gleichen Schema funktioniert: Arabische Karawanen brachten Seide, Edelsteine und Gewürze aus Asien auf dem Landweg auch nach Konstantinopel. Von hier aus lieferten die Seefahrer die Waren nach Venedig und Genua. Über zwei große Handelsstraßen wurden die Luxuswaren in den Norden Europas geliefert. Dieser Handel brachte den Kaufleuten einen sehr hohen Gewinn.

Seit dem Jahr 1453 verlangten die Herrscher Konstantinopels hohe Zölle auf die Waren. Der Handel zwischen Europa und Asien wurde dadurch erschwert. Die Preise stiegen enorm an. Da durch den Handel auf dem Landweg kaum noch Gewinne erzielt werden konnten, musste eine neue Möglichkeit für den Handel gefunden werden. Die Portugiesen und Spanier suchten neue Routen auf dem Seeweg.

Neues Wissen

Für die beginnenden Entdeckungsfahrten spielten neue wissenschaftliche Erkenntnisse eine große Rolle. Bereits Anfang des 15. Jahrhunderts segelten portugiesische Seefahrer an der afrikanischen Küste entlang. Neue Navigationsgeräte, wie der Kompass, ermöglichten es, die eingeschlagene Richtung ohne sichtbaren Orientierungspunkt genau einzuhalten. Größere Schiffe wurden entwickelt. Mit ihnen konnten sich die Seefahrer weiter auf das offene Meer hinauswagen und größere Strecken zurücklegen. Die Seereisen wurden dabei genauestens dokumentiert. Die Kapitäne zeichneten dabei genaue Karten der entdeckten Gebiete.

M2 Der Kompass

Neue Wege nach Asien

Die einzige Lösung, die hohen Zölle zu vermeiden, war einen Seeweg nach Asien zu finden. Dieser Weg konnte nach den damaligen Erkenntnissen nur um Afrika herumführen. Möglich erschienen solche Expeditionen durch neues geografisches Wissen. Viele Seefahrer und Händler brachten von ihren Reisen immer genauere Karten von der Küste Afrikas und anderen Gegenden mit.

Im Sommer 1487 brachen portugiesische Seefahrer auf, um die Südspitze Afrikas zu umsegeln und endlich nach Asien zu gelangen. Im Februar 1488 erreichten sie den südlichsten Punkt Afrikas, doch die Mannschaft meuterte und erzwang die Rückkehr. Der Versuch war gescheitert.

Das neue Weltbild – die Erde ist keine Scheibe

Doch die Reisen entlang der afrikanischen Küsten brachten neue, wichtige Erkenntnisse. Der Nürnberger Martin Behaim fühlte sich nach einer Fahrt zur Südspitze Afrikas darin bestätigt, dass die Erde keine Scheibe, sondern eine Kugel sei. Er baute zwischen 1490 und 1493 einen „Erdapfel", den ältesten heute noch erhaltenen Globus. Auf ihm verzeichnete er alle Länder, Meere und Inseln, die damals bekannt waren. Ein entscheidender Teil fehlte allerdings: Amerika.

M3 Erdglobus von Martin Behaim, hergestellt 1490–1492

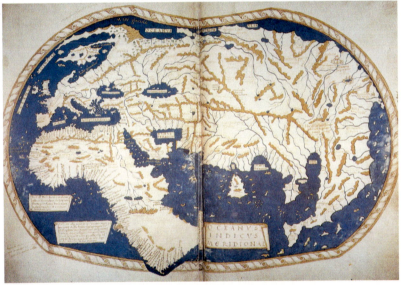

M4 Weltkarte des Heinrich Martellus von 1489, an der sich Behaim orientiert hat.

ARBEITSAUFTRÄGE

1. Erkläre, warum die Spanier und Portugiesen nach neuen Wegen für den Handel suchten.
2. III Nenne die Erfindungen und Entdeckungen, die die Welt im 15. Jahrhundert veränderten.
   III Erkläre, wie der Kompass es ermöglichte, weiter auf das offene Meer hinauszufahren.
   III Beurteile, wie wichtig die neuen Erfindungen und Entdeckungen für die Seefahrt waren.
3. Vergleiche die Karten M1 und M4. HILFE

Westwärts nach Indien

Immer wieder unternahmen Europäer Forschungsreisen Richtung Osten. Wenn aber die Erde wirklich eine Kugel war, konnte man dann nicht auch westwärts um den Erdball segeln? Ein Mann, der fest an diese Route glaubte, war der Kaufmann Christoph Kolumbus. Bestärkt wurde er in seiner Überzeugung, dass es einen westlichen Weg nach Indien geben müsse, durch einen italienischen Landsmann, den Florentiner Paolo Toscanelli. Der Mathematiker und Astronom hatte 1474 die seinerzeit meist beachtete Weltkarte entworfen. Sie zeigte den Weg von Europa nach Asien in westlicher Richtung, wie ihn sich die Gelehrten zu der Zeit vorstellten.

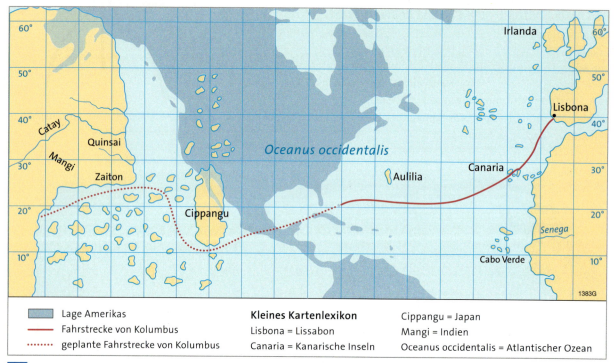

- Lage Amerikas
- Fahrstrecke von Kolumbus
- .... geplante Fahrstrecke von Kolumbus

Kleines Kartenlexikon
Lisbona = Lissabon
Canaria = Kanarische Inseln
Cippangu = Japan
Mangi = Indien
Oceanus occidentalis = Atlantischer Ozean

M1 Weltkarte von Toscanelli von 1474 – ergänzt um die Lage des noch unbekannten amerikanischen Kontinentes

Portugals Absage an Kolumbus

Nach intensivem Kartenstudium unterbreitete Kolumbus 1484 dem portugiesischen König Johann II. seinen Plan. Die Westroute nach Asien – so behauptete Kolumbus – sei kürzer und ungefährlicher als der 15 000 Kilometer lange Weg um Afrika. Dadurch ergäben sich entscheidende Handelsvorteile. Er bat den König, ihm Schiffe für eine Entdeckungsfahrt zur Verfügung zu stellen. Doch der König lehnte ab.

Kolumbus sucht Unterstützung in Spanien

Kolumbus suchte weiter nach Geldgebern für seine Idee. Schließlich fand Kolumbus beim spanischen Königspaar Unterstützung. Diese hofften, durch die neue Westroute nach Indien doch noch den Portugiesen zuvorzukommen. Kolumbus musste allerdings versprechen, alle entdeckten Länder für die spanische Krone in Besitz zu nehmen und die Bewohner zu Christen zu bekehren.

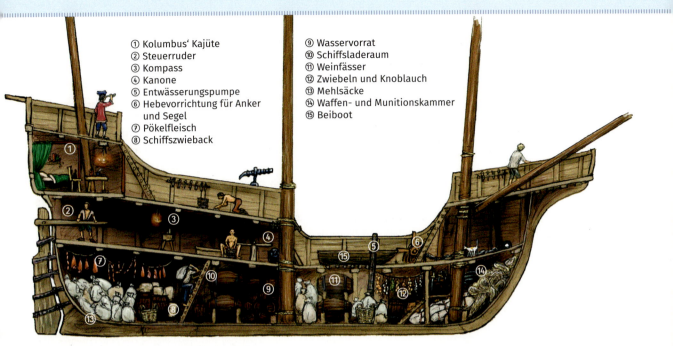

M2 Ein Schiff des Kolumbus – die Santa Maria

Aufbruch ins Unbekannte

Vor Beginn seiner Reise musste Kolumbus dem Königspaar versichern, Rohstoffe, Schätze und Gold mitzubringen.

> **Q1** Vertrag zwischen Kolumbus und dem spanischen Königspaar von 1492:
>
> In Ansehung, dass Ihr, Christoph Kolumbus, abreist auf unseren Befehl, um mit unseren Leuten zu entdecken und zu erobern gewisse Inseln und Festlande im ozeanischen Meer, und dass man hofft, dass mit Gottes Hilfe man einige dieser genannten Inseln und Festlande […] entdecken wird, […] haben wir die Absicht, […] dass ihr als Vizekönig und Gouverneur handeln könnt.

M3 Christoph Kolumbus (1451–1506), Gemälde, um 1520

Kolumbus sagte zu und erhielt drei Schiffe mit rund hundert Mann Besatzung: die „Santa Maria", die „Nina" und die „Pinta". Die Schiffe, mit denen Kolumbus den Ozean überqueren wollte, waren nicht besonders groß. Das Flaggschiff „Santa Maria" war gerade einmal 24 Meter lang.

Am 3. August 1492 verließ Kolumbus mit seiner Flotte den Hafen der Stadt Palos de la Frontera an der Südküste Spaniens – im festen Glauben, auf dem Weg nach Indien zu sein.

WES-104982-101
Hörszene über die Entdeckungsfahrten

ARBEITSAUFTRÄGE

1. a) Nenne mithilfe von M1 Gründe, die Kolumbus an einen westlichen Seeweg nach Indien glauben ließen.
   b) Begründe mithilfe von M1, warum Kolumbus auf seiner Route auf keinen Fall nach Indien gelangen konnte.
2. Beschreibe mithilfe von M2 den Aufbau und die Ausrüstung der Santa Maria. HILFE
3. Benenne mithilfe von Q1 die Aufträge, die Kolumbus vom spanischen Königspaar bekam. Stühletausch

Die großen Entdeckungen

Endlich Land!

Christoph Kolumbus rechnete mit einer Fahrtzeit von nur drei Wochen, doch es stellte sich heraus, dass die Angaben auf der Toscanelli-Karte falsch waren. Die Reise dauerte viel länger als geplant. Anfang Oktober, nach zweimonatiger Fahrt auf hoher See, war noch immer kein Land in Sicht – abgesehen von einem kurzen Zwischenstopp auf den Kanarischen Inseln zu Beginn der Reise.

Krankheiten machten sich breit, die Matrosen verloren das Vertrauen in ihren Kapitän. Hinzu kam die Angst vor Seeungeheuern. Eine Meuterei schien nur noch eine Frage der Zeit zu sein. Doch der kleine Ast eines Dornbusches mit roten Früchten, den die Mannschaft der „Nina" am 11. Oktober 1492 im Meer sichtete, erwies sich als Rettungsbalken, deutete er doch auf nahes Land hin. Tatsächlich betrat Kolumbus am 12. Oktober 1492 die Bahamas-Insel Guanahani und nannte sie San Salvador, was „Heiliger Retter" bedeutet. Kolumbus hatte Mittelamerika für die westliche Welt entdeckt, ohne dass er es wusste. Er hielt Guanahani für eine Vorinsel Japans.

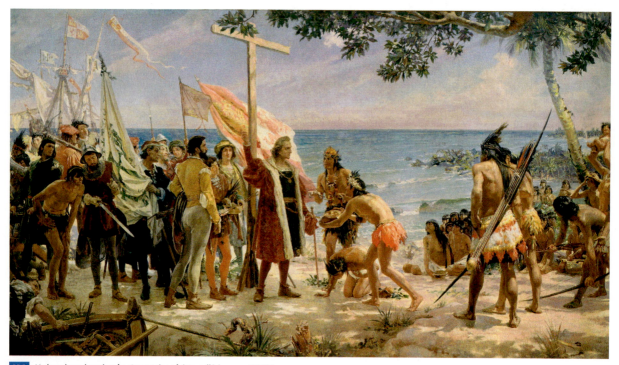

M1 Kolumbus landet in Guanahani (Gemälde von 1892)

TIPP
Das Bordbuch des Kolumbus findet sich in digitaler Form im Internet unter: www.fiks.de/columbus/bordbuch/bordbuch.htm.

Bei dieser Onlineversion besteht die Möglichkeit, über einen Kalender direkt zu einem bestimmten Tagebucheintrag zu springen.

Das Bordbuch von Kolumbus

Seine Eindrücke von der großen Entdeckungsfahrt notierte Christoph Kolumbus in ein Bordbuch, ein Schiffstagebuch.

Das Bordbuch des Christoph Kolumbus stellt eines der bedeutendsten Schriftstücke der Entdeckungsgeschichte dar. Darin verzeichnete Kolumbus die täglichen Ereignisse auf seiner ersten Amerikafahrt zwischen 1492 und 1493. Das Bordbuch verfasste Kolumbus für das spanische Königspaar Ferdinand und Isabella, denn seinen Auftraggebern wollte er nach seiner Rückkehr eine Dokumentation seiner Expedition überreichen können.

> **Q1** Aus dem Bordbuch des Kolumbus von 1492:
>
> Ich kniete nieder, als ich festen Boden unter den Füßen hatte, und dankte Gott, indem ich die Erde küsste. Dann entfaltete ich das königliche Banner und rief die beiden Beamten der Krone zu Zeugen an, dass ich im Namen des Königs von Spanien von der Insel Besitz ergriff. Die Eingeborenen, glaube ich, sehen mich für einen Gott und die Schiffe für Ungeheuer an. Ich überwand ihre Scheu, indem ich Halsketten und rote Kappen an sie verteilen ließ. Bald wagten sie es, heranzukommen und uns vorsichtig zu berühren. [...] Sie gehen umher, wie Gott sie geschaffen hat. [...] Ihre Haut ist von rötlich gelber Farbe, ihr Haar tiefschwarz und glatt. [...] Sie sind ohne Zweifel gutmütig und sanft. Ihre einzigen Waffen sind Lanzen mit einer Spitze aus Stein oder dem Knochen eines Fisches. [...] Ich glaube, man könnte sie leicht zum Christentum bekehren. [...] Auf der Heimfahrt werde ich sechs dieser Männer mitnehmen, um sie dem König und der Königin zu zeigen.

Die Rückkehr des Kolumbus

Im Januar 1493 wollte Kolumbus die Rückreise antreten. Doch ausgerechnet sein Flaggschiff, die „Santa Maria", strandete kurz vor Haiti. Aus den Trümmern ließ er den ersten spanischen Stützpunkt in der „Neuen Welt" bauen: La Navidad. Die beiden verbliebenen Schiffe belud er mit Gold, Früchten, Gewürzen, Pflanzen, Tieren und mit Ureinwohnern, die er nach Spanien verschleppte, um sie seinem König und den Europäern zu zeigen. In La Navidad ließ er 39 Mann seiner Besatzung zurück. Das spanische Königspaar bereitete Kolumbus einen triumphalen Empfang, obwohl dieser sein großes Ziel, die Westpassage nach Indien, noch nicht gefunden hatte.

„Neue Welt": Amerika ist genauso alt wie Europa, der Kontinent war nur aus europäischer Perspektive „neu".

Amerika wird entdeckt

Bis zu seinem Tod glaubte Kolumbus, dass er in Indien gelandet sei. Die Bewohner dieser für die Europäer „Neuen Welt" nannte er daher „Indianer". Heute kämpfen ihre Nachfahren für die Abschaffung dieses für sie negativen Begriffs. Sie wünschen sich die Bezeichnung „indigene Völker".

Im Jahr 1500 entdeckten die Portugiesen die Küste Brasiliens. Immer mehr setzte sich die Erkenntnis unter den Seefahrern durch, dass das riesige Land im Westen gar nicht zu Indien oder China gehörte, sondern ein eigener, ihnen bisher unbekannter Erdteil war, der zwischen Europa und Asien lag. Diese Ansicht veröffentlichte der aus Florenz stammende Kaufmann und Seefahrer Amerigo Vespucci, der die südamerikanische Küste erkundet hatte. Nach ihm wurde der neue Kontinent benannt: Amerika.

Entdeckung Amerikas: Bereits vor der Ankunft der Europäer lebten in Amerika die Ureinwohner dieses Kontinents. Amerika musste also gar nicht erst „entdeckt" werden. Wenn von „Entdeckung" die Rede ist, ist gemeint, dass Europäer ihnen unbekannte Gebiete erstmalig erreichen.

ARBEITSAUFTRÄGE

1. Benenne die Probleme von Kolumbus und seinen Seeleuten auf der Entdeckungsfahrt von 1492 in die „Neue Welt". **HILFE**
2.
   - I Beschreibe mithilfe von M1, welche Haltung Kolumbus gegenüber den Ureinwohnern einnimmt.
   - II Erläutere die Haltung des Kolumbus gegenüber den Ureinwohnern mithilfe von Q1.
   - III Vergleiche die Haltung des Kolumbus gegenüber den Ureinwohnern in Q1 mit der Darstellung in M1.

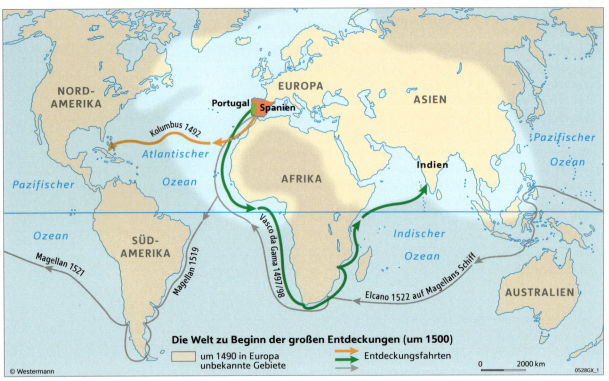

M1 Die wichtigsten Entdeckungsreisen zu Beginn der Neuzeit

Ostwärts nach Indien

Der Weg um Afrika herum

Im Jahr 1492 hatte Christoph Kolumbus im Auftrag des spanischen Königspaares den Seeweg nach Indien in Richtung Westen gesucht. Dabei hatte er den für die Europäer bis dahin unbekannten Kontinent Amerika entdeckt. Der Portugiese Vasco da Gama wollte auf einer anderen Route nach Indien gelangen. Im Jahr 1497 segelte er von Portugal aus mit einer kleinen Flotte Richtung Süden. Er gelangte zur Südspitze Afrikas und umrundete diese. Dann fuhr er mit einigen Zwischenstopps entlang der Ostküste Afrikas. Er überquerte den Indischen Ozean Richtung Nordosten. Am 21. Mai 1498 legte er an der Westküste Indiens an.

Entdeckte Länder werden erobert

Nach den Fahrten von Kolumbus und da Gama gründeten die Spanier in Mittel- und Südamerika sowie die Portugiesen an den Küsten Afrikas und Indiens Handelsniederlassungen. Auf weiteren Entdeckungsreisen wählten die Spanier den Weg nach Westen über den Atlantik. Die Portugiesen segelten um Afrika nach Osten Richtung Indien.

Zwischen Portugal und Spanien kam es bald zum Konflikt um die neu entdeckten Gebiete. Man beschloss, sie zwischen beiden Staaten aufzuteilen. Durch Verträge wurden 1494 und 1529 zwei Grenzlinien festgelegt. Im 16. Jahrhundert beherrschten daher beide Staaten den Handel mit Gewürzen, Gold und Silber. Angesichts dieser Erfolge wagten sich nun auch andere seefahrende Nationen auf Entdeckungsfahrten und drangen dabei in unbekannte Gebiete vor.

Die erste Weltumsegelung

1519 erhielt der Portugiese Fernando Magellan den Auftrag, auf westlicher Route von Spanien nach Ostasien zu segeln. Mit fünf Schiffen und etwa 270 Mann Besatzung brach er auf. Er segelte bis zur Südspitze Südamerikas und fand eine Durchfahrt zum Pazifischen Ozean. Vier Monate brauchte er, um den Pazifik zu überqueren. Im April 1521 landete Magellan auf den Philippinen. Bei einem Kampf mit Einheimischen fand er hier den Tod. Sein Steuermann Elcano setzte die Fahrt fort und landete nach fast drei Jahren mit 17 Matrosen und einem Schiff wieder in Europa. Zum ersten Mal war die Welt umrundet worden.

Die beiden letzten Kontinente werden entdeckt

Wer Australien wirklich entdeckt hat, ist unbekannt. Gesichert ist, dass die Holländer 1606 Australien an seiner Nordküste betraten. Aber erst 1770, durch die Fahrten von James Cook, fingen die Engländer an, den Kontinent näher zu erforschen. Deswegen wird Cook oft als der Entdecker Australiens bezeichnet. Er bereiste drei Mal die südlichen Regionen des Pazifiks und sollte unter anderem den „Südkontinent" finden, von dessen Existenz die damaligen Forscher überzeugt waren. Cook segelte zwar durch die Gewässer vor der Antarktis, entdeckte sie aber nicht. Dies gelang erst 1841 James Ross. Jetzt waren den Europäern sämtliche Kontinente der Erde bekannt.

M2 Fernando Magellan (1480–1521)

M3 Aborigines – Ureinwohner Australiens

M4 Antarktis

ARBEITSAUFTRÄGE

1 a) Ordne mithilfe von M1 alle genannten Entdeckungsfahrten in der richtigen Reihenfolge in eine Tabelle ein. HILFE
   b) Nenne das Jahr, den Entdecker, Start und Ziel der Entdeckungsfahrten.

2 Begründe, wie durch Magellans Reise die Kugelgestalt der Erde bewiesen werden konnte.

3 a) Ordne die Entdeckung der Kontinente zeitlich in die richtige Reihenfolge.
   b) Nenne die Länder, in deren Auftrag die Entdecker unterwegs waren.

4 Gruppenpuzzle
   a) Recherchiert zu folgenden Entdeckern: Vasco da Gama, Fernando Magellan, James Cook, James Ross.
   b) Erstellt einen Kurzvortrag zu eurem Thema.
   c) Stellt euren Entdecker den anderen Gruppenmitgliedern vor.

Das Inkareich – eine Hochkultur

Hochkultur: Eine fortschrittliche Gesellschaftsordnung mit folgenden Merkmalen: Menschen leben in einem Staat, es gibt Städte, eine planmäßige Landwirtschaft, die Verwaltung durch Beamte, eine vorhandene Regierung, aufgeschriebene Gesetze und Regeln, Arbeitsteilung und Spezialisierung in der Herstellung von Waren, eine Schrift, das Vorhandensein einer Religion und eine sich ausbildende Kunst.

Die Eroberer, die auf der Suche nach Reichtum und sagenhaften Goldschätzen waren, verhielten sich meist gierig, grausam und unbarmherzig.

In nur wenigen Jahrzehnten zerstörten sie die Hochkulturen der Maya, der Inka sowie der Azteken und versklavten die Ureinwohner. Experten schätzen, dass die einheimische Bevölkerung in Mexiko von etwa 25 Millionen auf drei Millionen und in Südamerika von 50 Millionen auf fünf Millionen in den ersten 50 Jahren der Ausbeutung zurückging.

M1 Ruinen der Inkastadt Machu Picchu

M2 Terrassenfelder der Inka

M3 Bauern bei der Arbeit für den Inka

M4 Der Inka und ein Beamter

M5 Cuzco – Hauptstadt des Inkareiches (Kupferstich aus dem 16. Jahrhundert)

Inka – Herrscher und Volk

„Inka" – das war nicht nur der Name eines Volkes, sondern auch der Titel seines obersten Herrschers, der von seinen Untertanen als „Kind der Sonne" verehrt wurde. Das Kerngebiet seines Reichs waren die Hochebenen und fruchtbaren Flusstäler der Anden, der längsten Gebirgskette der Welt.

Da das bebaubare Land knapp war, legten die Inka an steilen Berghängen Terrassen mit Bewässerungsanlagen an, auf denen sie Früchte, Mais, Weizen und Kartoffeln anbauten. Im Hochland weideten sie ihre Lamaherden. Zentrum des Inkareichs war die Stadt Cuzco, die in 3300 m Höhe lag und etwa 100 000 Einwohner hatte.

M6 Befestigte Straße aus der Inkazeit

Gesellschaft im Inkareich

Die meisten Menschen lebten auf dem Land. Die Bauern mussten Abgaben und Dienste leisten, die Regierung war im Gegenzug verpflichtet, ihre Untertanen auch in Notzeiten zu versorgen. Eine gut ausgebaute Infrastruktur machte es möglich: Ein Wegenetz von rund 40 000 km verband die Orte des Reichs miteinander; über Hängebrücken konnten zahlreiche Schluchten überquert werden. So konnten in Notzeiten Lebensmittel aus den Vorratshäusern im ganzen Land schnell verteilt werden.

Auch Nachrichten transportierte man schnell: Meldeläufer konnten in nur fünf Tagen Strecken bis zu 3000 km zurücklegen – zur damaligen Zeit einmalig! Die Inka benutzten keine geschriebene Schrift, sondern zeichneten Wichtiges mithilfe von Knotenschnüren auf. Mit unterschiedlichen Knotenarten, Farben und Positionen ließen sich komplizierte Nachrichten erstellen.

M7 Knotenschnüre zur Darstellung von Zahlen

ARBEITSAUFTRÄGE

1 Berichte mithilfe von M1 bis M7, was du über die Inka erfährst.

2 Ⅰ Nenne Anzeichen dafür, dass die Inka eine Hochkultur waren. HILFE
Ⅱ Erkläre, warum die Inka als Hochkultur angesehen wurden.
Ⅲ Beurteile, ob die Inka eine Hochkultur waren.

3 Beschreibe mithilfe von M5 den Aufbau der Stadt Cuzco.

4 a) Errechne, wie viele Kilometer die Meldeläufer an einem Tag zurücklegen konnten.
b) Überlege dir, wie viele Kilometer du hintereinander joggen kannst.
c) Beurteile die Leistung der Meldeläufer.

WES-104982-102
Filmclip über das Gold der Inka

Die Eroberung der „Neuen Welt"

1531 drangen Pizarro und seine Truppe von Norden in das Inkareich vor. Nicht nur durch ihre Feuerwaffen waren sie überlegen. Sie führten auch Tiere mit sich, die den Einheimischen fremd waren und sie einschüchterten: Pferde und Kampfhunde. Pizarro traf kaum auf Widerstand, da die Inka zu dieser Zeit untereinander Krieg führten. Einige hohe Adlige hofften, dass ihnen ein Bündnis mit den Spaniern helfen würde, den obersten Herrscher, Atahualpa, abzusetzen. Hinzu kam, dass eine von den Europäern eingeschleppte Pockenepidemie die Inka schwächte. Mit knapp 200 Soldaten wurde das Inkareich 1532 besiegt.

Ein Jahr lang wurde Atahualpa gefangen gehalten. Trotz hoher Gold- und Silberzahlungen an die Spanier wurde er wegen Hochverrats gegen die spanische Krone zum Tode verurteilt. Dies sorgte für Entsetzen bei der indigenen Bevölkerung, da man an die Unbesiegbarkeit des Inkaherrschers geglaubt hatte. Das Inkareich brach nun immer weiter auseinander. Nachdem die Spanier Cuzco eingenommen hatten, errichteten sie eine neue Hauptstadt in Küstennähe: das heutige Lima. Erst nach vielen blutigen Auseinandersetzungen und der völligen Plünderung der Gebiete konnten die Spanier 1571 das Inkareich vollständig erobern.

M1 Atahualpa war der letzte Herrscher der Inka, gestorben 1533

WES-104982-103
Filmclip über die Eroberung des Inkareichs

Q1 1532 trafen sich Pizarro und Atahualpa. Guaman Poma de Ayala, Beamter des Atahualpa, beschrieb die Begegnung wie folgt:

Atahualpa saß umringt von seinen Anführern auf dem Thron. Pizarro begann ihm durch einen Dolmetscher mitzuteilen, dass er der Gesandte eines großen Herrschers und sein Freund sei. [...] Atahualpa antwortete, dass es stimmen möge, dass Pizarro von einem großen Herrscher komme, aber dass auch er, Atahualpa, ein großer Herrscher in seinem Reich sei. [...] Nach diesem Vorfall stürmten spanische Ritter, die sich verborgen hatten, auf den Platz, töteten die unbewaffneten Inkakrieger, nahmen Atahualpa gefangen und erdrosselten ihn ein Jahr später.

M2 Der Inkakönig Atahualpa wird festgenommen (Kupferstich aus dem 16. Jh.)

Ein Kolonialreich wird errichtet

Schon in den Jahren vor der Zerstörung des Inkareiches waren immer mehr Spanier in die „Neue Welt" gekommen. Im Auftrag des spanischen Königs errichteten sie Handelsstützpunkte und begannen mit der Ausbeutung der eroberten Länder. Sie sollten die Einheimischen zum christlichen Glauben bekehren und beuteten sie als billige Arbeitskräfte aus. Durch unmenschliche Arbeitsbedingungen, Unterernährung und von den Europäern eingeschleppte Krankheiten wie Pocken und Masern verloren viele ihr Leben. Vor allem Geistliche wandten sich gegen diese Zustände. Der aus Spanien stammende Bischof Bartolomé de las Casas, verfasste Beschwerdebriefe, bis der König die Versklavung von Einheimischen verbot.

Q2 Bartolomé de las Casas, der Bischof von Chiapas in Mexiko, berichtete Kaiser Karl V.:

So ließ er [der Gouverneur] geschehen, dass die Spanier die verheirateten Männer zum Goldgraben fortschleppten und die Frauen in den Farmen zurückblieben, um dort Feldarbeit zu verrichten. […] Die neugeborenen Kinder konnten sich nicht entwickeln, weil die Mütter, von Anstrengungen und Hunger erschöpft, keine Nahrung hatten. Aus diesem Grund starben […] 7000 Kinder im Laufe von drei Monaten. Einige Mütter erdrosselten vor Verzweiflung ihre Kinder, andere brachten tote Kinder zur Welt. So starben die Männer in den Goldminen, die Frauen auf den Farmen vor Erschöpfung. Die Geburten hörten auf und das allgemeine Sterben hatte zur Folge, dass sich […] rasch entvölkerte.

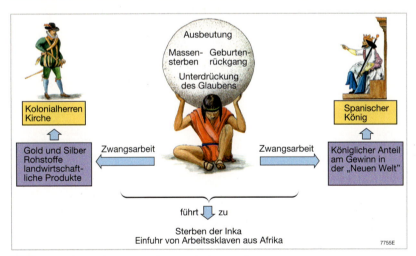

M3 Schaubild zu den Folgen der spanischen Eroberung

ARBEITSAUFTRÄGE

1. Berichte, wie es Pizarro mit nur 200 Soldaten gelingen konnte, die Inka zu besiegen.
2. a) Werte das Schaubild M3 aus. **HILFE**
   b) Beurteile das Leben der Einheimischen mithilfe von Q2.
3. Diskutiert, ob die Ereignisse ab 1492 am ehesten
   … eine Entdeckung, … eine Eroberung, … eine kulturelle Zerstörung oder
   … ein kultureller Austausch waren. 🗣 Debatte

Mit einer Mindmap ein Thema darstellen

Eine Mindmap ist eine Art „Gedankenlandschaft". Mit ihrer Hilfe kannst du gesammelte Informationen zu einem Themenbereich ordnen. Du kannst eine Mindmap auch zur Weiterarbeit an einem Thema oder als Stichwortzettel für einen Vortrag verwenden oder zur Vorbereitung auf eine Klassenarbeit nutzen. Erstellen mehrere Schülerinnen und Schüler Mindmaps zum gleichen Thema, können diese jeweils anders aussehen.

TIPP
Eine Mindmap hilft dabei,
- Informationen und Ideen festzuhalten
- Ideen, Informationen und Gedanken zu ordnen und weiterzuentwickeln
- Inhalte eines Textes besser zu behalten
- etwas vorzutragen
- einen Text zu formulieren

Schritte für die Erstellung einer Mindmap

1. Beschaffen von Informationen
- Lies zu deinem Thema Bücher und Texte aus dem Internet.
- Markiere dir wichtige Informationen.
- Notiere dir Stichpunkte.

2. Ordnen der Informationen
- Ordne die Stichpunkte zu sinnvollen Gruppen.
- Finde jeweils einen passenden Oberbegriff / eine passende Überschrift zu den Gruppen.

3. Erstellen der Mindmap
- Du benötigst ein DIN-A3-Blatt im Querformat.
- Schreibe das Thema in die Mitte des Blattes.
- Kreise es farbig ein.
- Vom Thema ausgehend zeichnest du einzelne, verschieden farbige „Äste".
- An diese Äste schreibst du in der jeweiligen Farbe die Oberbegriffe/Überschriften der einzelnen Gruppen.
- Zeichne nun weitere „Zweige" an die „Äste".
- Schreibe die jeweils passenden Informationen an die Zweige.
- Zu den einzelnen Informationen kannst du kleine Zeichnungen/Bilder einfügen.

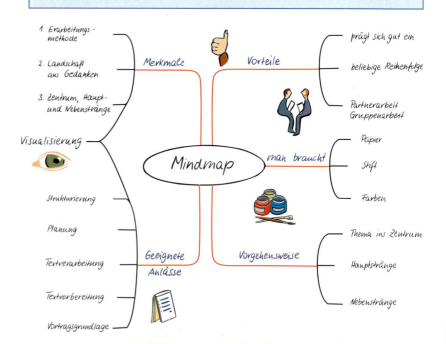

Das Reich der Azteken

Die Azteken waren eine über Jahrhunderte entstandene Hochkultur. Die Hauptstadt des Aztekenreiches Tenochtitlán – das heutige Mexiko-Stadt – lag auf einer Insel inmitten eines Kratersees im Hochland. Die kriegerischen Azteken, die sich Mexica nannten, hatten die Stadt 1325 gegründet. Im Laufe von 200 Jahren unterwarfen sie ihre Nachbarvölker. Als die Spanier eintrafen, lebten etwa 200 000 Menschen in der Stadt, die mit einem acht Kilometer langen Aquädukt mit Trinkwasser aus den umliegenden Bergen versorgt wurde. Viele Kanäle dienten als Wasserstraßen und Brücken verbanden die Stadtteile. Der Marktplatz von Tenochtitlán war das Handelszentrum Mittelamerikas. Dort handelten bis zu 60 000 Menschen mit Früchten, Gemüse, Stoffen, Schmuck, Tieren, Waffen, Edelsteinen und Gold. Da die Azteken kein Geld kannten, tauschten sie oder bezahlten mit Kakaobohnen und Federkielen, die mit Goldstaub gefüllt waren.

Die Religion der Azteken

Im Zentrum Tenochtitláns lagen der Tempelbezirk mit den Palästen der Priester und dem Schloss des Königs Montezuma. Wichtigstes Gebäude war der pyramidenförmige Stufentempel für den Kriegsgott Huitzilopochtli.

Für die Azteken war der Kampf Teil der kosmischen Ordnung. So führten sie fast ununterbrochen Krieg. Sie glaubten, dass sich zwei ihrer Götter in Sonne und Mond verwandelt hatten: In der Nacht magerte die Sonne ihrer Meinung nach zum Skelett ab. Erst durch Blut und Menschenherzen könne sie wieder gestärkt werden. Daher töteten die Azteken ihre Feinde nicht, sondern nahmen sie gefangen, um sie dem Kriegsgott zu opfern. Die Todeskandidaten wurden die Pyramidenstufen hinaufgeführt und von vier Priestern über den Opferstein gelegt. Ein fünfter Priester stieß dem Opfer mit einem Messer in die Brust und holte das noch schlagende Herz heraus. Dann wurde es der Sonne entgegengestreckt.

> **Musterlösung**
>
> 1. **Beschaffen von Informationen**
>   Begriffe zum Thema Azteken
>   - Hochkultur
>   - Hauptstadt Tenochtitlán
>   - 1325 gegründet
>   - 1525 lebten ca. 200 000 Menschen
>   - 8 km langer Aquädukt
>   - Trinkwasser
>   - viele Kanäle, Wasserstraßen
>   - Brücken verbanden Stadtteile
>   - Handelszentrum Mittelamerikas
>   - Früchte, Gemüse, Stoffe, Schmuck, Tiere, Waffen, Edelsteine, Gold
>   - Geld = Kakaobohnen oder Federkiele gefüllt mit Goldstaub
>   - im Zentrum Tempelbezirk
>   - Paläste Priester, Schloss des Königs
>   - pyramidenförmiger Stufentempel
>   - Azteken opferten schlagende Herz
>
> 2. **Ordnen der Informationen**
>   Lebensort,
>   - Hochkultur
>   - Hauptstadt Tenochtitlán
>   - 1325 gegründet
>   - 1525 lebten ca. 200 000 Menschen
>
>   Versorgung – …
>   Handel – …
>   Religion – …
>
> 3. **Erstellen der Mindmap**

ARBEITSAUFTRÄGE

1. Erstelle mithilfe der Musterlösung eine Mindmap zum Reich der Inka.
2. Vergleicht eure Mindmaps in der Klasse.
3. Diskutiert über die Vor- und Nachteile einer Mindmap. ⊙ Debatte

Menschen werden zu Handelsware

Die Zahl der Ureinwohner nahm durch die Ausbeutung und eingeschleppten Krankheiten immer weiter ab. Es fehlte nun an billigen Arbeitskräften. Deshalb erteilte das spanische Königspaar Ferdinand und Isabella im Jahr 1501 den Plantagen- und Bergwerksbesitzern die Erlaubnis, Sklaven aus Afrika in die „Neue Welt" zu verschleppen. Immer mehr Länder gründeten Siedlungen in Amerika. Diese sogenannten Kolonien waren politisch und wirtschaftlich von ihren Mutterländern abhängig. Dadurch stieg der Bedarf an billigen Arbeitskräften immer weiter an. Vom 16. bis zum 19. Jahrhundert wurden nach heutigen Schätzungen mehr als 14 Millionen Menschen aus Afrika verschleppt, um sie in die Kolonien nach Amerika zu schaffen.

Ähnlich wie die Unterwerfung und Ausbeutung der Ureinwohner in Süd- und Mittelamerika führte der Sklavenhandel in Afrika zur Vernichtung der einheimischen Kultur und zur Entvölkerung ganzer Landstriche.

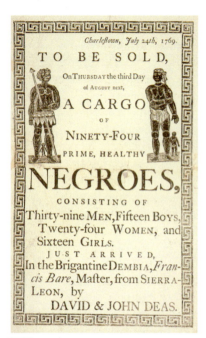

M1 Ankündigung eines Sklavenverkaufs in Charlestown, South Carolina (Flugblatt vom 24. Juli 1769)

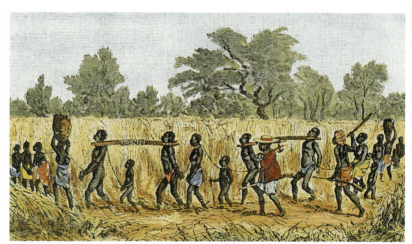

M2 Sklaventransport in Afrika (Holzstich von 1892)

Unmenschlicher Transport

Für die Sklavenhändler ging es ausschließlich darum, möglichst viel Gewinn zu machen. Die versklavten Afrikaner wurden auf Schiffen nach Amerika transportiert. Um möglichst viele Sklaven gleichzeitig mitnehmen zu können, wurden die Sklaven auf engen Pritschen dicht aneinander gekettet. Wochenlang mussten sie so ausharren. Bis zu ein Drittel der Sklaven überlebte die Überfahrt nicht. Dieser Verlust war aber von Anfang an mit einkalkuliert worden.

WES-104982-104
Filmclip über den Sklavenhandel in Afrika

Q1 Ein Matrose berichtete über die Zustände auf einem Sklavenschiff:

Binnen Kurzem war es unmöglich, sich auch nur auf zehn Schritte der Ladeluke des Sklavenbehälters zu nähern, ein solch fürchterlicher Gestank drang daraus hervor. [...] Ein Korb mit halbverfaulten Fischen [täglich für alle] war die einzige Nahrung. Das Stöhnen der Kranken und Sterbenden drang Tag und Nacht aus dem Behälter. Gegen Ende unserer Reise war beinahe die Hälfte unserer schwarzen Ware tot. Mit der anderen Hälfte war die Reise reichlich bezahlt.

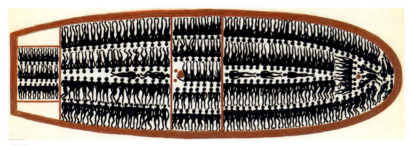

M3 Liegeplan eines Sklavenschiffes (Lithografie von 1825)

Drei Kontinente sind am Handel beteiligt

Da an dem Handel mit den Sklaven insgesamt drei Kontinente beteiligt waren, bezeichnete man ihn als Dreieckshandel.

Afrikanische Sklavenhändler erhielten aus Europa meist minderwertige Waren wie Glasperlen, alte Schusswaffen und Alkohol. Ein Sklave, den ein Händler gegen solche fast wertlosen Güter einhandelte, brachte ihm in Amerika einen hohen Gewinn. In Amerika mussten die Sklaven auf Plantagen, Farmen oder in Bergwerken arbeiten. Rohstoffe und Plantagenprodukte aus der „Neue Welt", wie Edelmetalle, Baumwolle und Zucker, waren in Europa begehrt und erzielten hohe Verkaufspreise. Erst im Laufe des 19. Jahrhunderts wurde der Sklavenhandel weltweit verboten. In vielen Ländern der Erde sind die Folgen der jahrhundertelangen Ausbeutung noch heute spürbar.

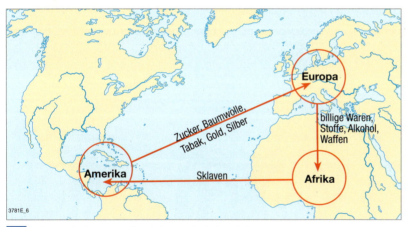

M4 Schematische Darstellung des Dreieckshandels

ARBEITSAUFTRÄGE

1 Nenne Gründe für die Einfuhr von Sklaven nach Amerika.
2 Beschreibe den Leidensweg afrikanischer Sklaven mithilfe von M2, M3 und Q1. Think-Pair-Share
3 Berichte, wer am Sklavenhandel beteiligt war (M1, M2, M4). HILFE
4 III Nenne die Waren, die beim Dreieckshandel eine Rolle spielten.
  III Erkläre mithilfe von M4, wie der Dreieckshandel ablief.
  III Erläutere die Aussage: Durch den Dreieckshandel wurde der Mensch zur Ware.
5 Beurteile die Aussage des Matrosen in Q1.

Missionierung und Rechtfertigung

In der ersten Hälfte des 16. Jahrhunderts eroberten die Spanier viele Gebiete in Mittel- und Südamerika. Mit den Eroberern kamen auch Missionare. Diese hatten den Auftrag, die Einheimischen zum Christentum zu bekehren.

Methoden der Missionierung

Zu Beginn glaubten die Spanier, sie könnten die indigene Bevölkerung missionieren, indem sie sie zur Annahme des christlichen Glaubens unter Androhung von Gewalt aufforderten. Sie verboten die traditionellen Bräuche und zwangen die Menschen christliche Gesten, wie das Schlagen des Kreuzzeichens, zu übernehmen. Diese gewaltsame Missionierung wurde zum Teil dadurch gerechtfertigt, dass die indigene Bevölkerung nicht als Menschen, sondern eher als Tiere angesehen wurde. Ihre Bräuche wurden als unmenschlich und barbarisch abgetan.

Auf der anderen Seite gab es viele Mönche, die eine friedliche Missionierung bevorzugten. Sie glaubten, die Menschen mit Überzeugungsarbeit bekehren zu können. Sie sprachen sich gegen die brutale Behandlung der Einheimischen durch viele Spanier aus.

Recht oder Unrecht

Einer der Mönche, die sich für die indigene Bevölkerung einsetzten, war Bartolomé de Las Casas. Im Jahre 1550 reiste er nach Spanien, um dem spanischen König Karl V. von den Gräueltaten in der „Neuen Welt" zu berichten. Dieser wollte daraufhin klären lassen, ob die Behandlung der indigenen Bevölkerung in Amerika rechtmäßig ist. In einer öffentlichen Debatte diskutierte Las Casas mit Juan Ginés de Sepúlveda über das weitere Vorgehen in Amerika. Sepúlveda rechtfertigte dabei die Sklavenhaltung und gewaltsame Missionierung. Las Casas sprach sich dagegen aus. Es änderte aber nichts an der Situation der indigenen Völker.

M1 Gräueltaten der spanischen Eroberer nach Berichten von Bartolomé de Las Casas (Kupferstich, 1552)

Karl V.

Karl V. war sowohl römisch-deutscher Kaiser als auch König von Spanien. In seine Regierungszeit fällt die Zerstörung der Hochkulturen Lateinamerikas. Er war ein strenggläubiger Katholik. Die Eroberungen rechtfertigte er damit, dass die indigenen Völker zum Christentum bekehrt werden mussten. Er erließ zwar Gesetze, die die Versklavung und gewaltsame Missionierung verboten, aber da er das Gold und die Waren aus Amerika brauchte, setzte er sie nicht durch. Das Gold der Azteken und Inka wurde dafür benutzt, prächtige Kirchen in Amerika zu bauen und den Reichtum Karls V. zu vermehren. Dafür ließ er auch nach dem sagenhaften El Dorado suchen.

Mexiko fordert eine Entschuldigung

Der mexikanische Präsident forderte den Papst und Spanien auf, sich für die Eroberung Mexikos und die begangenen Verbrechen zu entschuldigen.

> **Q1** Der mexikanische Präsident Obrador forderte 2019 eine Entschuldigung:
>
> Mexikos Präsident hat Papst Franziskus und den spanischen König aufgefordert, sich für die in Zeiten der Eroberung durch die Spanier und im Namen des Kreuzes begangenen Verbrechen an indigenen Völkern zu entschuldigen. Bei den Eroberungsfeldzügen habe es sich um eine Invasion gehandelt, bei der die Völker unterworfen worden seien […]. Es habe Massaker und Unterdrückung gegeben. […] Die spanischen Eroberer seien mit Schwert und Kreuz vorgegangen und hätten ihre Kirchen auf die Tempel gebaut. […] Die spanische Regierung reagierte mit Unverständnis.

Die Legende von El Dorado: Immer wieder glaubten Menschen an ein sagenhaftes Goldland, ein Land voller Schätze und Reichtum. Da die Eroberer bei den Inka und Azteken viele Reichtümer fanden, glaubten sie, dass es auch in Lateinamerika ein Goldland geben müsste. Sie nannten es El Dorado. Das ist Spanisch und heißt „das Goldene". Viele Eroberer machten sich auf die Suche, um El Dorado zu finden. Tatsächlich gefunden hat es aber niemand.

M2 Vergoldeter Innenraum der Kirche Iglesia de San Francisco in Quito in Ecuador. An gleicher Stelle befand sich vorher der Palast des Inkaherrschers Atahualpa.

M3 Goldschmiedearbeit der Inka (16. Jahrhundert)

ARBEITSAUFTRÄGE

1. III Nenne Gründe für die Missionierung der indigenen Bevölkerung.
   III Erkläre, womit die gewaltsame Missionierung der indigenen Bevölkerung gerechtfertigt wurde. **HILFE**
   III Bewerte die Missionierung der Indigenen durch die Spanier.
2. Begründe mithilfe von Q1, warum der mexikanische Präsident eine Entschuldigung vom Papst und dem spanischen König fordert.
3. Diskutiert, ob es gerechtfertigt ist, Völker auch gegen ihren Willen zu missionieren. Fishbowl

Ein Rollenspiel zur Eroberung und den Folgen

Die Suche nach Reichtum und die Erweiterung des Machtbereichs waren Gründe für den Aufbruch der Europäer in die „Neue Welt". Doch welche Rechtfertigung gab es für die Sklaverei, Ausbeutung und Missionierung der indigenen Völker? Es hat nie ein Treffen aller beteiligten Parteien zu diesem Thema gegeben. Jede Partei hatte ihre eigene Sicht auf die Lage. Die Europäer fühlten sich durch ihren Auftrag, die indigenen Völker zum Christentum zu bekehren, und durch ihre angebliche Überlegenheit im Recht, diese zu unterdrücken und zu versklaven. Doch welche Rechtfertigung gab es zum Beispiel für die Häuptlinge Afrikas beim Sklavenhandel mitzumachen, oder bei den Matrosen auf den Sklavenschiffen? Wie waren sie in der Lage, das Elend der Menschen in den Laderäumen zu ertragen? In einem fiktiven Treffen kommen nun erstmals alle beteiligten Parteien zu Wort.

Du bist Isabella von Spanien. Du möchtest, dass der Gouverneur die Ureinwohner dazu zwingt, den katholischen Glauben anzunehmen. Außerdem sollen sie überredet werden, in den Häusern, auf den Plantagen und in den Bergwerken der Spanier zu arbeiten. Dafür sollen die Menschen aber auch einen angemessenen Lohn erhalten. Als Königin von Spanien glaubst du, dass die Ureinwohner sich sicher auch freiwillig zum Christentum bekehren lassen, wenn die spanischen Herren freundlich zu ihnen sind und sie gut behandeln.

Du bist Juan Ginés de Sepúlveda. Du hältst die Ureinwohner für grausam und rückständig. In deinen Augen eignen sie sich nur zum Sklavendienst. Die Europäer seien den Ureinwohnern überlegen. Um deine Sicht verständlich zu machen, erzählst du, dass die Ureinwohner Menschen opfern und ihr Fleisch danach verzehren würden. Du sagst: „Durch die Spanier konnte dies beendet werden. Wenn die Ureinwohner zu Christen bekehrt werden, würden sie zu besseren Menschen werden. Wenn die Ureinwohner dies ablehnen, dürfen sie auch mit Waffengewalt gezwungen werden."

Du bist ein einfacher Matrose auf einem Sklavenschiff. Du erzählst von dem unerträglichen Gestank, der aus der Ladeluke kommt. Ebenso erklärst du, dass du nachts nicht viel schlafen kannst, weil das Gestöhne und Gejammere aus der Ladeluke so laut ist. Du machst aber deutlich, dass du das in Kauf nimmst, weil am Ende der Fahrt der Gewinn sehr hoch ist. Dabei spiele es keine Rolle, dass die Hälfte der Sklaven tot ist. Für dich handelt es sich dabei um eine Ware, wie jede andere auch.

Du bist der Mönch Las Casas und Gouverneur von Mexiko. Du erzählst davon, dass die Ureinwohner den Spaniern völlig egal sind. Sie würden rücksichtslos ausgebeutet. Du machst auf die schlimmen Lebensumstände der Ureinwohner aufmerksam und schilderst, dass die Männer in den Bergwerken und die Frauen auf den Feldern vor Erschöpfung sterben. Jeder Spanier könne sich so viele Ureinwohner als Arbeitskräfte holen, wie er braucht.

Du bist ein Angehöriger eines indigenen Volkes. Du und deine Söhne wurdet gezwungen in einem Bergwerk zu arbeiten. Deine Frau muss auf der Plantage arbeiten. Du erzählst, wie schwer ihr arbeiten müsst und dass ihr dafür keinen Lohn bekommt. Nur ein bisschen Nahrung erhaltet ihr jeden Tag. Dein jüngster Sohn ist schon vor Erschöpfung gestorben. Du beklagst dich auch darüber, dass du gezwungen wirst, den christlichen Glauben anzunehmen.

Du bist Papst Alexander V. Du möchtest, dass der spanische König die Ureinwohner zum katholischen Glauben bekehrt. Außerdem bist du der Meinung, dass die Ureinwohner unterworfen werden dürfen. Du bekräftigst den Gouverneur darin, mit den Bekehrungen und Unterwerfungen fortzufahren, denn nur so könnten die Ureinwohner zu tugendhaften Menschen werden.

Du bist ein afrikanischer König. Du erklärst, warum du deine Landsleute als Sklavinnen und Sklaven verkaufst. Du erzählst, was du alles für die verkauften Menschen bekommst (Textilien, Gewehre, Schießpulver, alkoholische Getränke, Tabak und Glasperlen). Du beschreibst, dass du mit den Waffen andere Stämme besiegen und deinen Einfluss erhöhen kannst.
Außerdem erklärst du, dass es ja ein anderer machen würde, wenn du keine Sklavinnen und Sklaven verkaufen würdest. So könntest du ja für dich und deine Leute noch einen Gewinn erzielen.

ARBEITSAUFTRÄGE

1. a) Erstellt mithilfe der Rollenkarten und der Informationen der vorherigen Seiten ein Rollenspiel. HILFE
   b) Führt eurer Klasse das Rollenspiel vor.
2. Diskutiert über die Standpunkte der verschiedenen Rollen. Debatte

Konsequenzen für Mensch und Natur

① Spanischer Priester bei der Zerstörung einer aztekischen Tempelanlage im 16. Jahrhundert.

② Kathedrale in Mexico-Stadt., nach der Zerstörung des Haupttempels in Tenochtitlán erbaut.

Christianisierung Amerikas

Die Europäer erkannten den Glauben der indigenen Bevölkerung nicht an. Für sie waren die religiösen Bräuche barbarisch und die Kultur galt als unzivilisiert. Ziel der Europäer war es, den christlichen Glauben nach Amerika zu bringen und die einheimischen religiösen Traditionen und Bräuche zu verdrängen. Sie behaupteten zum Teil sogar, dass die einheimische Bevölkerung Amerikas erst durch die Christianisierung zu Menschen werden könne. Um ihr Ziel zu erreichen, zerstörten die Eroberer vielerorts die Tempel und Götterstatuen der indigenen Bevölkerung und bauten stattdessen Kirchen.

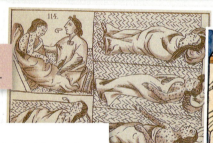

③ An Pocken erkrankte Azteken. Zeichnung aus dem 16. Jahrhundert.

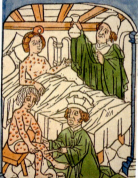

Machten die Europäer krank?

Die Eroberer schleppten Krankheiten aus Europa ein, die bis dahin in den eroberten Ländern nicht aufgetreten waren. Für die Ureinwohner der kolonialisierten Länder und Gebiete waren sie lebensgefährlich. Viele Ureinwohner erlagen der Tuberkulose, den Pocken, Masern, der Pest und Cholera, da sie keine natürlichen Abwehrkräfte gegen sie hatten und sich auch nicht vor Ansteckung zu schützen wussten. Neben anderen Ursachen wie Kriegen und Zwangsarbeit war es vor allem der Ausbruch solcher Krankheiten, der zu einem hohen Bevölkerungsrückgang in Nord-, Mittel- und Südamerika führte.

④ Nach 1493 breitete sich ausgehend von den westeuropäischen Hafenstädten die in Europa bis dahin unbekannte Krankheit Syphilis aus.

⑥ Die Pine Ridge Reservation der Oglala Sioux gehört zu den ärmsten Regionen der USA. Die Arbeitslosenquote liegt bei 85 % und viele Bewohner haben weder Telefon noch Strom.

⑤ Elendsviertel in Lima, Peru. Die Kinder können nicht zur Schule gehen, sondern müssen zum Lebensunterhalt der Familie beitragen.

Als Minderheit am Rande der Gesellschaft

In den meisten Staaten Nord-, Mittel- und Südamerikas ist die indigene Bevölkerung eine Minderheit. Ihre Kulturen und Sprachen wurden jahrhundertelang unterdrückt. Nur wenigen gelang z. B. die Anerkennung ihrer Sprache als Amtssprache. Viele Indigene leben heute unter ärmsten Bedingungen. Bis heute werden sie vielerorts diskriminiert.

⑦ Unter unmenschlichen Bedingungen schufteten verschleppte Afrikaner als Sklaven auf Zuckerrohrplantagen.

⑧ Zuckerrohrplantage im heutigen Kuba

Zuckerrohr verändert Kuba
1548 brachten die Spanier Zuckerrohr von den Kanarischen Inseln nach Kuba. Der extrem fruchtbare Boden und das feucht-heiße Klima der Insel eigneten sich besonders gut für die großflächigen Plantagen. Zwischen 1800 und 1865 wurden 380 000 Sklaven als Arbeitskräfte nach Kuba verschleppt. Zucker gehört nach wie vor zu den wichtigsten Exportprodukten der Insel und die Zuckerindustrie bietet noch immer eine große Zahl an Arbeitsplätzen.

⑨ Bereits Ende des 15. Jahrhunderts brachten Europäer Rinder nach Amerika. Brasilien und die USA gehören heute zu den Staaten mit den höchsten Rindervorkommen.

⑩ Im 16. Jahrhundert gelangten die Meerschweinchen von Südamerika nach Europa.

Keine Pommes ohne Kolumbus
Viele der bei uns mittlerweile einheimischen Kulturpflanzen sind erst im Laufe der Geschichte aus fremden Ländern eingeführt worden. Besonders durch die Entdeckung Amerikas wurden neue Früchte nach Europa eingeführt, wie zum Beispiel Kartoffeln und Tomaten.
Viele in Amerika ursprünglich vorkommende Tierarten wurden durch neue Tierarten verdrängt, die von den Europäern mitgebracht wurden. Aber auch für Europäer unbekannte Tiere wurden über den Atlantik nach Europa gebracht.

ARBEITSAUFTRÄGE

1 Gruppenpuzzle
a) Teilt die Themen der Seite auf fünf Gruppen auf.
b) Recherchiert weitere Informationen, zusätzliches Bildmaterial und fertigt ein Poster zum jeweiligen Thema an.
2 Präsentiert eure Ergebnisse in einem Galeriegang.
3 Stellt eure Ergebnisse in der Schule aus.

M1 Markt in Otavalo, Ecuador

Die heutige Situation der indigenen Völker

Bis Anfang des 19. Jahrhunderts befreiten sich die Bewohner Mittel- und Südamerikas von der spanischen Kolonialherrschaft. In der Zeit danach entstanden neue Staaten. Aber noch immer beeinflusst die vergangene Kolonialzeit die Gegenwart dieser Staaten.

Von den großen Kulturen Lateinamerikas sind nur noch ein paar Ruinen, Geschichten und kunsthandwerkliche Traditionen übriggeblieben. Viele Nachfahren der indigenen Völker Lateinamerikas werden auch heute noch benachteiligt. Oft leben sie in bitterer Armut. Viele können weder lesen noch schreiben, die Kinder können oftmals nicht die Schule besuchen. Sie müssen arbeiten gehen, um die Familie finanziell zu unterstützen. Den meisten Nachfahren der indigenen Völker sind eine höhere Bildung und eine gute Ausbildung verwehrt. Die Nachkommen der spanischen Kolonialherren dagegen bilden auch heute noch eine kleine, aber reiche Oberschicht.

Q1 Bericht einer Zeitzeugin:

Mein Freund Carlos ist Lehrer. Eine Familie kann er von seiner Arbeit nicht ernähren. „Ein Lehrer, der an einer Schule für besserverdienende Menschen arbeitet, bekommt viel mehr Geld als ich für die gleiche Tätigkeit", erzählt er mir. Diese Möglichkeit hat er nicht. Er sieht zu sehr wie ein „Indio" aus. Carlos lebt mit 32 Jahren noch bei seinen Eltern, denn eine eigene Wohnung kann er sich nicht leisten.

Q2 Leben in einem Armenviertel in Lima (Zeitungsausschnitt):

Windschiefe Hütten, rauchende Abfallberge zwischen den Behausungen, herumstreunende Hunde und (ständig) unterernährte Kinder – das ist die „Villa el Salvador" in Lima. […] Nur ein kleiner Teil der Behausungen verfügt über Kanalisation, sodass Abwässer und Trinkwasser sich immer wieder miteinander vermischen – ideale Voraussetzungen für die Ausbreitung von Krankheiten.

M2 Armenviertel in Venezuela

Kolumbus und die Folgen

Heute gehören viele Dinge zu unserem Alltag, die vor der Wiederentdeckung Amerikas in Europa unbekannt waren. Dazu zählen Kakao, Mais, Kartoffeln, Paprika, Vanille, Erdnüsse, Kaffee, Puten, aber auch Poncho, Lama, Tipi, Mokassin, Kanu und Kajak. Aus Europa wurden umgekehrt Dinge nach Amerika eingeführt: Pferde, Rinder, Schweine, Schafe, Ziegen, Hühner, Enten, Weizen, Birnen, Kirschen, Zuckerrohr und Baumwolle.

M3 Lebensmittel aus der „Neuen Welt"

Nicht für alle ein Grund zu feiern

Jedes Jahr finden in Spanien und in den Ländern Mittel- und Südamerikas große Feiern statt, die an die Entdeckung durch Christoph Kolumbus erinnern sollen. Viele indigene Völker empfinden die Verherrlichung des Entdeckers als völlig unangemessen. Sie protestieren dagegen.

> **Q3** Eine Zeitzeugin berichtet von der 500-Jahr-Feier (1992):
>
> Im Oktober 1992 war ich in Quito, der Hauptstadt Ecuadors. Viele meiner ecuadorianischen Freunde sind Nachfahren der indigenen Völker. Die meisten leben in ärmlichen Verhältnissen. Viele von ihnen wohnen mit ihren Großeltern, Eltern, Geschwistern und der eigenen Familie zusammen – in einfachen Häusern am Stadtrand. Nur so können sie sich das Haus leisten. Sie waschen sich in einem Steintrog im Hof des Hauses. Hier, bei meinen Freunden, habe ich keine bunten Fahnen gesehen, sie bezeichnen die Entdeckung als „Conquista" – als Eroberung und Zerstörung ihrer Kultur.

M4 Das Logo von Kritikern der 500-Jahr-Feier der Entdeckung. Nicht alle freuten sich auf die Feier zur Entdeckung Amerikas.

ARBEITSAUFTRÄGE

1. Beschreibe die Probleme, die die Nachfahren der indigenen Völker heute haben.
2. Erkläre mithilfe von Q3, warum viele Menschen die 500-Jahr-Feier ablehnten. HILFE
3. Begründe, warum viele Menschen die Entdeckung als „Conquista", also Eroberung und Zerstörung, bezeichnen.
4. Diskutiert darüber, was der Zeichner mit dem Logo M4 gegen die 500-Jahr-Feier mitteilen möchte. Fishbowl

Mittel gegen die Ausbeutung

Die Staaten Mittel- und Südamerikas, Afrikas und Teile von Asien waren bis ins 20. Jahrhundert Kolonien. Sie durften keine gewinnbringenden Industrien aufbauen und mussten vorwiegend Rohstoffe zu Billigpreisen in die Mutterländer liefern. In den Nachfolgestaaten der Kolonien hat sich die Situation kaum verändert. Rohstoffe wie Kakao, Kaffee und Südfrüchte werden immer noch so billig ins Ausland verkauft, dass für die Bauern kaum Gewinn bleibt. Dies will der faire Handel bekämpfen.

Das Siegel für fairen Handel

> **Q1 Ziele von TransFair:**
> 1. Der faire Handel unterstützt Bauern in den Entwicklungsländern, um ihnen ein Leben aus eigener Kraft zu ermöglichen.
> 2. Durch gerechte Handelsbeziehungen sollen die Lebensbedingungen der Menschen in den Ländern des Südens verbessert werden. TransFair will benachteiligte Kleinbauern und ihre Genossenschaften sowie die Tagelöhner auf Plantagen erreichen.
> 3. TransFair zahlt für die Produkte garantierte Mindestpreise. So werden die Produktionskosten gedeckt und es bleibt Geld für Ausgaben in der Zukunft.
>
> [verändert]

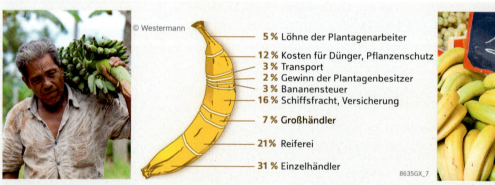

Plantagenarbeiter — Verkauf in Deutschland

M1 Verkaufsanteile an einem Kilogramm Bananen

Die GEPA ist eine Fair-Handelsorganisation, die bereits 1975 gegründet wurde. Sie verbessert dadurch die Lebensbedingungen der Menschen, die in ihren Ländern wirtschaftlich und sozial benachteiligt sind und möchte zur Veränderung ungerechter Welthandelsstrukturen beitragen. Ihre Ziele und Erfolge sind z. B.:
- Zahlung fairer Preise
- langfristige Handelsbeziehungen
- eine verbesserte Strom- und Wasserversorgung
- die Ablehung von ausbeuterischer Kinderarbeit
- eine bessere gesundheitliche Versorgung
- die Errichtung von Schulen und Bildungseinrichtungen
- Unterstützung bei der Bio-Umstellung
- geregelte Arbeitszeiten und eine höhere Bezahlung.

Das Projekt Waliki

Organisationen wie TransFair und GEPA sorgen für eine faire Bezahlung der Rohstofferzeuger, also meist der Bauern. Andere Projekte, wie zum Beispiel das Unternehmen Waliki („Das Gute im Menschen") in Bolivien, gehen einen Schritt weiter. Es fördert auch die Weiterverarbeitung von Rohstoffen im Land selbst. Dies führt zu mehr Arbeitsmöglichkeiten im Land. Auf diese Weise bleibt am Ende mehr Gewinn für mehr Menschen.

☐ WES-104982-105
Hier findet ihr weitere Erklärungen zum fairen Handel.

> **Q2** Der Geschäftsführer Martin Schwark berichtet über das Waliki-Projekt, das die Herstellung und Vermarktung von Mode aus Bolivien fördert:
>
> 1. Armut lässt sich am besten bekämpfen, wenn Menschen angemessen bezahlt werden. […] Was bei Waliki unterm Strich übrig bleibt, fließt sofort wieder in das Unternehmen. Das sichert einen guten Lohn, akzeptable Arbeitszeiten, eine Krankenversicherung und bezahlten Mutterschutz.
> 2. Hauptprodukte von Waliki sind Pullover und andere Strickwaren wie Westen, Schals, Mützen und Jacken aus Alpaka-Wolle. […] Wir verwenden einen einheimischen Rohstoff: das Garn aus der Wolle der Alpakas. Jeder Schal, jeder Pullover ist hochwertige Handarbeit. […] Gut 300 Mitarbeiter zählt Waliki zurzeit. Sie arbeiten in 56 kleinen Werkstätten.

M2 Züchter mit Alpaka

M3 Traditionelle Handarbeit aus einheimischen Rohstoffen

ARBEITSAUFTRÄGE

1. Werte M1 aus, indem du:
   a) berechnest, wie viele Cents die Arbeiter vom Verkauf eines Kilogramms Bananen verdienen. HILFE
   b) erklärst, wer das meiste Geld erhält.
   c) berechnest, wie viel Geld ein Kilogramm Bananen kosten müsste, wenn die Arbeiter den doppelten Lohn erhalten würden.
2. Erkläre, welche Probleme die Länder, die früher Kolonien waren, heute noch haben.
3. a) Erkläre, wen der faire Handel unterstützt.
   b) Nenne Ziele und Erfolge des fairen Handels.
   c) Diskutiert, ob ihr für Produkte aus dem fairen Handel mehr Geld ausgeben würdet. 🗨 Debatte

Projekt

Das Quipu-System der Inka

Wenn du dir etwas merken möchtest, schreibst du es normalerweise auf Papier oder tippst es in dein Handy. Die Inkas kannten noch keine Zettel oder das Smartphone, sie knüpften Knotenschnüre.

Diese sogenannten Quipus bestanden aus einem Hauptstab oder einer Hauptschnur. An diesen hingen weitere verschieden farbige Schnüre, die Nebenschnüre. In diese Nebenschnüre wurden in bestimmten Abständen verschiedenartige Knoten geknüpft, die Dezimalzahlen ausdrückten. Es wurden also Zahlen und Mengen dargestellt.

Mit den Quipus konnten die Beamten z. B. die Anzahl des Viehs und die Menge der erzeugten Feldfrüchte darstellen. Es gab auch eine Knotenschrift für den Schriftverkehr. Diese ist bis heute aber nicht entziffert.

M1 Inka mit Quipu

> **So geht ihr vor:**
>
> 1. Nehmt eine Hauptschnur oder einen Holzstab.
> 2. Knüpft Nebenschnüre an die Hauptschnur.
> 3. Teilt die Nebenschnüre in fünf gleichgroße Bereiche ein.
> 4. Knüpft in jeden Bereich mithilfe der Abbildungen eine Zahl.

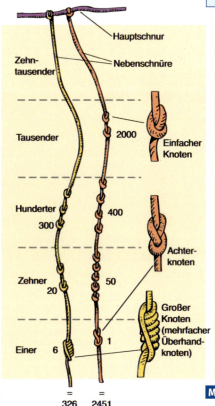

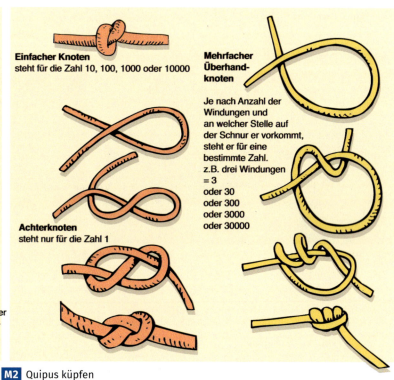

M2 Quipus küpfen

ARBEITSAUFTRÄGE

1. Erstellt in Gruppen Quipus, die verschiedene Zahlen darstellen.
2. a) Gestaltet einen Wettbewerb im Entziffern der Quipus.
   b) Die Gruppe, die als erstes alle Quipus entziffert hat, hat gewonnen.
3. Recherchiert weitere Informationen zum Quipu.

In Kürze

1490: Behaim baut den ersten Globus

1492: Kolumbus landet auf Guanahani

1519–1522: Magellans Expedition umsegelt die Welt

16. Jh.: Beginn des Dreieckshandels

Eroberung Süd- und Mittelamerikas

1480 — 1510 — 1540

Entdeckung und Eroberung der Welt für Europa

Zwischen 1450 und 1650 fanden in Europa zahlreiche Veränderungen statt. Nach der Eroberung Konstantinopels und der Blockade des Fernhandels nach Indien mussten die europäischen Händler andere Wege in den Fernen Osten finden, um an die begehrten Waren zu kommen.

Die Portugiesen suchten diese Wege entlang der Küste Afrikas. Mit der Karavelle stand den Entdeckern ein neues hochseetaugliches Schiff zur Verfügung. 1488 gelang es Bartolomeu Diaz als erstem Europäer, um die Südspitze Afrikas herumzusegeln. Zehn Jahre später fand Vasco da Gama die vollständige Route von Lissabon um Afrika herum nach Indien.

Die Menschen des ausgehenden 15. Jahrhunderts erkannten, dass die Erde keine Scheibe, sondern eine Kugel ist. Christoph Kolumbus nutzte diese Erkenntnisse und versuchte, einen westlichen Weg nach Indien zu finden. 1492 landete er auf der Karibikinsel Guanahani, deren Einwohner er „Indianer" nannte. Erst Amerigo Vespucci erkannte, dass hier ein neuer Kontinent entdeckt worden war. Obwohl Fernando Magellan beim Versuch der Weltumsegelung von Ureinwohnern getötet wurde, gelang seiner Expedition die erste Umsegelung der Welt.

Den Entdeckern folgten die Eroberer, die überall auf der Welt Kolonien gründeten. Indianische Hochkulturen wie die der Maya, Inka oder Azteken wurden zerstört und Ureinwohner in die Sklaverei getrieben. Im sogenannten Dreieckshandel wurde maximaler Profit erzielt. Die Entdeckungen und Eroberungen blieben nicht ohne Folgen für alle Beteiligten. Die betroffenen Völker haben bis heute mit den Spätfolgen zu kämpfen. Aber auch in der alten Welt sind noch heute Spuren dieser Zeit deutlich.

WICHTIGE BEGRIFFE:

die Azteken
der Dreieckshandel
der Fernhandel
indianische Hochkulturen
die Inka
die Karavelle
die Kolonien
Christoph Kolumbus
Fernando Magellan
die Maya
das Neue Weltbild
die Sklaverei
die Ureinwohner

Kompetenzcheck

1 Richtig oder falsch?

Du kannst ...
a) überprüfen, welche Aussagen richtig oder falsch sind. ✓
b) die Sätze mit dem jeweils richtigen Inhalt aufschreiben. ✓✓
c) begründen, warum die Antwort 5 richtig oder falsch ist. ✓✓✓

> **Neue Entdeckungen**
> 1. Ende des 15. Jahrhunderts wollten Seefahrer einen Weg nach Amerika finden.
> 2. Die Seefahrer hofften, wertvolle Duftstoffe, Seide und Gewürze erwerben zu können.
> 3. Christoph Kolumbus entdeckte den Seeweg nach Indien.
> 4. Vasco da Gama eroberte das Inkareich.
> 5. Ferdinand Magellan umsegelte die Welt.

2 Neue Entdeckungen

Q1 Die falschen Götter:

Folgendes Dokument lasen die Spanier den Ureinwohnern auf Spanisch oder Lateinisch vor, wenn sie von einem Gebiet Besitz ergreifen wollten: „Im Auftrag des Königs tun wir euch kund, dass der Herr, unser Gott, den Himmel und die Erde schuf. Wir fordern euch auf, dass ihr die Kirche als Herrscherin anerkennt sowie den Papst als höchsten Priester und den König und die Königin als höchste weltliche Macht und Herrscher. Wenn ihr dies nicht tut, so werden wir mit Gottes Hilfe gegen euch Krieg führen; wir werden euch, eure Frauen und Kinder zu Sklaven machen."

Du kannst ...
a) den Inhalt der Quelle Q1 wiedergeben und sie zeitlich einordnen. ✓
b) die Kolonisierung der Neuen Welt durch die Europäer beschreiben. ✓✓
c) die Folgen der Kolonisierung für die „Alte" und die „Neue" Welt erläutern. ✓✓✓

3 Geschichtsdomino

Du kannst ...
a) die Karten in der richtigen Reihenfolge wie eine Dominokette in dein Heft übertragen. ✓
b) mithilfe der Dominokarten die Zerstörung der Hochkultur der Inka beschreiben. ✓✓
c) anhand der Karten das Verhalten Pizarros gegenüber Atahualpa beurteilen. ✓✓✓

| START | Francisco Pizarro ... | ... ließ er Atahualpa ermorden. | Pizarro sammelte seine Truppen, ... |

... eroberte das Inkareich. | Das Inkareich ... | ..., indem er den Spaniern Gold anbot. | Pizarro nahm das Gold; trotzdem ...

... nahm Atahualpa gefangen. | Atahualpa wollte sich freikaufen, ... | ... war eine Hochkultur. Sein Herrscher hieß Atahualpa. | Atahualpa war ...

... misstrauisch gegenüber den Spaniern. | Francisco Pizarro ... | ... und eroberte Cuzco, die Hauptstadt des Inkareiches. | ENDE

4 Die Eroberung und ihre Folgen

Du kannst …
a) die zehn Begriffe finden und aufschreiben. ✓
b) die zehn Begriffe erklären. ✓✓
c) mithilfe der zehn Begriffe eine Zusammenfassung zu den Folgen der Eroberung schreiben. ✓✓✓

D	R	E	I	E	C	K	S	H	A	N	D	E	L	I	K	L
D	G	H	J	L	P	O	A	I	B	V	N	M	W	Q	A	S
S	E	R	G	F	C	L	I	R	C	X	A	W	K	O	K	A
O	D	C	X	I	M	O	K	O	L	U	M	B	U	S	A	S
S	K	L	A	V	E	N	M	R	A	V	C	H	F	Y	O	D
A	W	R	T	Z	F	I	P	K	S	B	G	O	R	I	L	F
I	W	E	Z	T	K	E	H	O	C	H	K	U	L	T	U	R
Z	G	A	G	B	E	N	J	P	A	F	S	N	E	R	I	Z
O	V	T	L	V	B	M	V	I	S	U	W	S	K	L	M	C
I	K	O	N	Q	U	I	S	T	A	D	O	R	E	N	N	K
L	O	G	H	J	N	A	B	X	S	V	C	Z	O	P	L	J
B	H	M	I	S	S	I	O	N	I	E	R	U	N	G	O	H
U	A	H	O	F	G	D	O	Q	V	A	Z	O	G	D	B	D

5 Die Situation der indigenen Völker heute

⬜ WES-104982-106
Lösungen zum Kompetenzcheck

M5 Ein Straßenkind arbeitet als Schuhputzer in Bolivien (Foto, 2015)

Du kannst …
a) mithilfe von M5 die heutige Situation der indigenen Völker beschreiben. ✓
b) erklären, warum die indigenen Völker heute immer noch benachteiligt sind. ✓✓
c) die heutige Situation der indigenen Völker in Zusammenhang mit der Eroberung Lateinamerikas beurteilen. ✓✓✓

Das Europa der Reformationszeit

Jahrhunderte prägte die Kirche den Glauben und das Denken der Menschen. Doch Missstände in der Kirche veranlassten Anfang des 16. Jahrhunderts den Mönch Martin Luther, massive Kritik zu veröffentlichen. Seine Ideen führten schließlich zur Spaltung der Kirche. Doch damit war der Konflikt nicht gelöst. Die Heere beider Seiten standen sich häufig gegenüber. Besonders der Dreißigjährige Krieg, der von 1618 bis 1648 dauerte, brachte viel Not und Elend. Deutschland war nach diesem Krieg schwer verwüstet.

Eroberung der Stadt Bautzen durch Johann Georg I., Kurfürst von Sachsen, im Jahr 1620

Renaissance – die Antike als Vorbild

Zeichen einer neuen Zeit

„Sich wie neugeboren fühlen" – diese Worte drücken ein besonderes Lebensgefühl aus, wenn man Schwierigkeiten überwunden hat oder sich zu großen Taten ermutigt fühlt. Eine solche Aufbruchsstimmung und Begeisterung erfassten im 14. und 15. Jahrhundert wissbegierige italienische Gelehrte und Künstler. Dabei schauten sie jedoch nicht nach vorn, sondern erst einmal zurück in die Welt der Griechen und Römer, auf deren Sprache, Kunst und Wissenschaft. Deshalb erhielt das neu beginnende Zeitalter den Namen Renaissance, was so viel wie „Wiedergeburt" bedeutet. Die Gelehrten rückten den Menschen in den Mittelpunkt. Dieser sollte über sich und sein Leben selbst entscheiden und seine Fähigkeiten voll entfalten können. Als Voraussetzung dazu galt eine umfassende Bildung, die sich am antiken Vorbild orientierte.

Städte als Zentren des Aufbruchs

Das neue Denken entstand zuerst in den Städten Florenz und Venedig. Diese Städte hatten enge Handelskontakte zur arabischen Welt und kamen so mit anderen Kulturen in Kontakt. Vermittelt durch islamische Wissenschaftler, aber auch durch andere Gelehrte, öffnete sich so für die Bewohner der italienischen Handelsstädte der Weg zu neuen Erkenntnissen.

Heute versteht man unter Renaissance einen bis in die Mitte des 16. Jahrhunderts andauernden Zeitraum, mit dem viele politische und kulturelle Veränderungen verbunden waren.

M1 Der Petersdom mit Petersplatz im Vatikan – ein Gebäude der Renaissance

M2 Die Schule von Athen (Gemälde von Raffael, 1510/1511, Größe 7,7 m x 5 m). Das Bild zeigt die philosophische Denkschule des antiken Griechenlands. Im Zentrum stehen die Philosophen Sokrates (1), Platon (2) und Aristoteles (3).

Kultureller Austausch

Architekten und Künstler lernten von der islamischen Welt. Händler reisten dorthin und erwarben wertvolle Handschriften antiker Gelehrter. Deren Schriften trugen damit in der westlichen Welt zur Verbreitung neuer Ideen bei. Ausgehend von Italien erfasste die Renaissance seit Ende des 15. Jahrhunderts ganz Europa und alle Bereiche geistigen Lebens.

Schatzkammern des Wissens

Wertvolle Handschriften und Bücher wurden nun nicht mehr ausschließlich in Klöstern und Kirchen gesammelt und aufbewahrt. Bibliotheken entstanden an Fürstenhöfen, an Universitäten und in Städten. Auf diese Weise bekamen immer mehr Menschen Zugang zum Wissen.

Renaissance für alle?

Viele weltliche und geistliche Fürsten hatten eine umfassende Bildung. Aber auch die reichen Bürger der Städte interessierten sich für das Wiederaufleben der Antike in Wissenschaft, Kunst und Kultur. Architekten, Bildhauer und Maler standen als Künstler in den Diensten der Herrschenden und Wohlhabenden. Für sie alle gab es eine Renaissance. Im Alltag des einfachen Volkes änderte sich dagegen kaum etwas.

M3 Um den Bücherschatz von Papst Pius II. zu bewahren, wurde seit Ende des 15. Jahrhunderts im Dom von Siena eine Bibliothek eingerichtet.

ARBEITSAUFTRÄGE

1. Erkläre den Begriff „Renaissance".
2. Nenne die Personen, für die die Renaissance eine Veränderung brachte.
3. Erkläre mithilfe von M1 und M2, auf welche Epoche sich die Renaissance zurückbesinnt.
4. a) Informiere dich über Sokrates, Platon oder Aristoteles.
   b) Stelle deine Ergebnisse einem Partner vor. Partnervortrag

Das humanistische Weltbild

Die Humanisten

Gelehrte suchten in alten Klosterbibliotheken nach Handschriften antiker Autoren. Sie übersetzten diese aber nicht nur, sondern versuchten, daraus zu lernen. In ihren Schriften und Kunstwerken entwarfen sie ein neues Bild vom Menschen und der Welt. Man bezeichnet sie als Humanisten, denn für sie war die Individualität, d.h. die Einzigartigkeit jedes Menschen, besonders wichtig. Nach ihren Vorstellungen sollte der Mensch nicht nur an die göttliche übernatürliche Macht glauben. Vielmehr sollte er sein irdisches Dasein selbst in die Hand nehmen und die Welt mit Verstand und Gefühl wahrnehmen.

Der Mensch als Individuum

Das neue Menschenbild lässt sich besonders gut in der Kunst erkennen. Im Auftrag der Stadt Florenz schuf der Bildhauer Michelangelo die über vier Meter hohe Figur des David aus einem Marmorblock. Die biblische Figur des David war ein Symbol für Freiheitsliebe, Klugheit, Mut, Selbstbewusstsein, Kraft und Schönheit.

Auf den Darstellungen des Mittelalters zeigten Menschen selten persönliche Gesichtszüge. Nun aber entstanden Porträts, auf denen die Gesichter lebendig wirkten. Hinter den Personen sind zudem oft Landschaften zu erkennen. Damit wollten die Künstler die Einheit von Mensch und Natur ausdrücken.

M1 David, 1504 (Skulptur von Michelangelo Buonarroti, 1475–1564)

M2 Albrecht Dürer (1471–1528), ein deutscher Maler der Renaissance, las die Schriften antiker Autoren und die von Zeitgenossen über die Darstellung des menschlichen Körpers. So entstand um 1504 das Bild „Adam und Eva".

Leonardo da Vinci – ein Universalgelehrter

Eines der schönsten Bilder malte Leonardo da Vinci (1452–1519). Er porträtierte die Frau eines Florentiner Kaufmanns, die wir heute als „Mona Lisa" kennen. Schon damals bewunderten viele Menschen dieses Gemälde, weil es so naturgetreu wirkte.

Leonardo da Vinci galt als Universalgelehrter. Er arbeitete als Architekt, Baumeister, Bildhauer, Ingenieur, Kartograf, Maler, Naturforscher und Erfinder. Oft beschäftigte er sich mit mehreren Projekten gleichzeitig. Um den Aufbau und die Funktionen des menschlichen Körpers zu ergründen, betrieb er genaue Studien. Dazu untersuchte er auch tote Tiere und menschliche Leichen. Ebenso beobachtete er den Flug der Vögel und entwickelte verschiedene Flugapparate. Er entwarf Mühlen und Ölpressen, aber auch militärische Apparate wie transportable Kanonen, Panzerwagen und eine Art U-Boot. Viele seiner Erfindungen waren ihrer Zeit weit voraus und konnten nicht in die Praxis umgesetzt werden.

M3 „Mona Lisa" (italienisch auch La Gioconda, dt. die Heitere). Gemälde von Leonardo da Vinci, 1503–1506.

> **Q1** Aus dem Bewerbungsschreiben da Vincis an den Herzog von Mailand (1482):
>
> 1. Ich kann außerordentlich leichte und ohne jede Schwierigkeit transportierbare Brücken herstellen [...].
> 2. Ich verstehe es, bei der Belagerung eines Platzes die Wassergräben trockenzulegen. [...]
> 3. Zur See [...] kann ich viele Arten von wirksamem Gerät zum Angriff und zur Verteidigung herstellen.
> 4. Auch will ich Skulpturen in Marmor, Bronze oder Ton machen,
> 5. ebenso alles auf dem Gebiet der Malerei so gut wie jeder andere, wer er auch sein möge.

WES-104982-201
Filmclip über Leonardo da Vinci

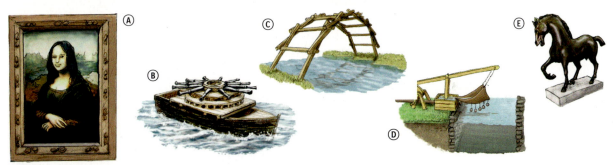

M4 Kunstwerke von Leonardo da Vinci sowie Modelle nach seinen Entwürfen

ARBEITSAUFTRÄGE

1. Erkläre, welche neuen Gedanken die Humanisten entwickelten.
2. „Dürer gelang es, die unterschiedlichsten Dinge perfekt darzustellen – Fell und Haut, Grashalm, Blatt und Baumrinde, Erde und Gestein." Begründe, inwieweit diese Aussage zutrifft.
3. a) Ordne den Nummern 1–5 aus Q1 die entsprechenden Bilder A–E aus M4 zu.
   b) Vermute mithilfe von M4, warum einige Erfindungen von Leonardo da Vinci nicht gebaut werden konnten. HILFE
4. Recherchiere verschiedene Erfindungen, die Leonardo da Vinci beschrieben hat.

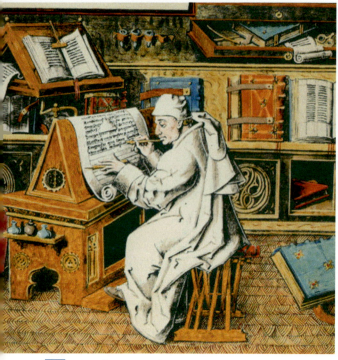
M1 Mönch in der Schreibstube (Buchmalerei, 15. Jahrhundert)

M2 Druckerwerkstatt (kolorierter Druck, 1632)

Die Erfindung des Buchdrucks

Bücher – ein kostbares Gut

Im Mittelalter waren Bücher etwas sehr Seltenes. Bis zur Mitte des 15. Jahrhunderts wurden die meisten Bücher mühsam mit Feder und Tinte auf Pergament abgeschrieben. Schreiben konnten vor allem die Mönche, die in ihren Klöstern Handschriften kopierten. Die Anfertigung einer einzigen Abschrift dauerte bis zu zwei Jahre.

Entsprechend teuer waren die Bücher. Ein Exemplar kostete etwa so viel wie 30 Ochsen. Nur sehr wenige Menschen konnten sich deshalb ein Buch leisten. Etwa 80 % der Menschen in Europa waren Analphabeten. So konnten die meisten Menschen die wertvollen Bücher nicht lesen.

Die Erfindung des Buchdrucks

Um 1450 konnte der Goldschmiedmeister Johann Gutenberg eine Erfindung vorstellen, die weitreichende Folgen hatte: den Buchdruck. Lange Zeit hatte er versucht, die Vervielfältigung von Büchern zu erleichtern. Erste Versuche mit Holzplatten, in die spiegelverkehrt Buchstaben geritzt und die dann mit Farbe bestrichen wurden, waren auf Dauer keine Lösung. Zwar konnten so mehrere Seiten bedruckt werden, der Text auf den Holzplatten war jedoch nicht mehr veränderbar. Gutenberg fand die Lösung im Metall. Er stellte Buchstaben aus Blei her und setzte sie zu Texten zusammen. Die Buchstaben, auch „Lettern" genannt, bestrich er mit schwarzem Rußfett und spannte ein Blatt darauf. Zwei Platten pressten von oben und unten Lettern und Papier zusammen, sodass ein gleichmäßiger Druck entstand. Nach dem Druck ließen sich die Lettern wieder auseinandernehmen und für einen anderen Text neu zusammensetzen.

 Mit einem Eisenstempel wird ein Buchstabenabdruck in weiches Kupfer geschlagen. So entsteht die Matrize, die Gussform.

 Die fertig gegossenen spiegelverkehrten Buchstaben (Lettern) werden in einem Setzkasten sortiert aufbewahrt.

 Mit einem Lederballen wird Druckerschwärze auf den Satzspiegel aufgetragen.

 In einem Gießblock mit der eingeschobenen Matrize wird flüssiges Blei gegossen.

 Ein Setzer fügt die Lettern Zeile für Zeile zusammen, bis die ganze Seite entstanden ist. Die komplette Seite heißt „Satzspiegel".

 Das Papier wird in einem Rahmen auf den Satzspiegel geklappt und von beiden Seiten gepresst.

M3 Gutenbergs Drucktechnik

Die Bibel löst einen Bücherboom aus

Das erste Buch, das Johannes Gutenberg mithilfe des neuen Verfahrens druckte, war die Bibel. Sechs Setzer, zwölf Drucker und weiteres Hilfspersonal waren fast drei Jahre damit beschäftigt, die über 1000 Seiten herzustellen. Damit die gedruckte Bibel den bisherigen handgeschriebenen möglichst ähnlich sah, ließ Johannes Gutenberg die Ränder der einzelnen Seiten aufwendig bemalen. Dennoch kostete ein Exemplar nur 50 Gulden, ein Zehntel des bisherigen Preises. Selbst diesen Preis konnten zwar nur wenige Menschen bezahlen, aber die Druckkunst nach dem von Gutenberg entwickelten Verfahren verbreitete sich in wenigen Jahren über ganz Europa. Schon 50 Jahre nach der Erfindung gab es in 250 europäischen Städten mehr als 1100 Druckereien. Von den 180 gedruckten Bibeln Gutenbergs sind heute noch 48 erhalten.

Q1 Ein Zeitgenosse Gutenbergs berichtete über den Buchdruck:

[Der Buchdruck] ist eine wahrhaft nutzbringende und gar schöne Kunst, denn Abschriften von Büchern zu verschaffen, ist wegen der hohen Preise für jedermann nicht gerade leicht. Aber wenn dies Gott sei Dank für dich kein Hindernisgrund ist, so musst doch auch du den Buchdruck wegen seiner künstlerischen Schönheit hochschätzen; und dann auch deshalb, weil dieser Buchdruck, sobald er einmal richtig feststeht, immer in derselben Weise durch alle Druckbogen fortschreitet, sodass ein Fehler kaum möglich ist, eine Sache, mit der es beim Abschreiben von Büchern ganz anders aussieht.

M4 Eine Seite der Gutenberg-Bibel

ARBEITSAUFTRÄGE

1. Vergleiche in Form einer Tabelle die Entstehung eines Buches vor der Erfindung Gutenbergs und zur Zeit Gutenbergs in M1 und M2. HILFE
2. I Nenne die Vorteile des Buchdrucks.
   II Erkläre, wie mithilfe des Buchdrucks Wissen schneller verbreitet wurde.
   III Bewerte die Erfindung des Buchdrucks für die Verbreitung von Wissen.
3. Begründe mithilfe von Q1 die Entscheidung Gutenbergs, die Bibel nach dem Druck handbemalen zu lassen. 🚏 Bushaltestelle
4. Vermute, warum ausgerechnet die Bibel das erste Buch war, das Gutenberg druckte.

Die Wissensgesellschaft

Die digitale Revolution

Früher war der Austausch von Informationen zwischen verschiedenen Orten schwierig. Informationen aus aller Welt erhielt man durch Zeitungen und später auch durch das Radio. Sie waren die ersten Massenmedien, weil man viele Menschen gleichzeitig mit ihnen erreichen konnte.

Die Erfindung des Personalcomputers bedeutete einen großen technischen Fortschritt. Zusammen mit dem WorldWideWeb war damit ein weiteres Massenmedium zum weltweiten Austausch von Informationen entwickelt: das Internet.

Die Nutzung verschiedener technischer Geräte zum Austausch von Informationen ist die größte Veränderung seit der Erfindung des Buchdrucks. Man nennt diese Veränderung digitale Revolution.

E-Books erobern die Welt

E-Books machen mittlerweile dem traditionellen Buch Konkurrenz. Sie können schnell aus dem Internet heruntergeladen werden und sind dann jederzeit verfügbar.

Massenmedien: technische Verbreitungsmittel, mit denen man eine unbegrenzte Zahl von Menschen gleichzeitig erreichen kann, z. B. Fernsehen, Internet, Radio, Zeitungen, Zeitschriften

WES-104982-202
Hier findet ihr eine Übersicht über die Entwicklung der Medien.

Q1 Vorteile von E-Books gegenüber klassischen Büchern:

Das E-Book steht am Anfang seines Potenzials. Aber schon heute kann man E-Books bei drahtlosen Internetverbindungen sehr einfach per Knopfdruck in wenigen Minuten auf den E-Book-Reader laden und lesen – dabei hat man mit Leseproben beim Buchkauf erst noch bessere Prüfmöglichkeiten, bevor man es kauft. E-Books sind im Allgemeinen preiswerter und Studierende haben auf ihren Geräten Zugriff auf ganze Fachbibliotheken. [...]
Aber auch bessere Recherchemöglichkeiten und Verarbeitungen der Inhalte sind nützlich: Zu einem Kernthema des Buches erfahre ich sofort, wo das Thema im Buch sonst noch behandelt wird, und interessante Aussagen kann man schnell und einfach markieren und archivieren. Und auch die integrierten Wörterbücher sind gerade für Lernende interessant.

M1 Das elektronische Buch

Chancen der Internetnutzung

Unser Alltag hat sich durch die digitale Revolution stark verändert. Noch nie hatten Menschen so viele verschiedene Möglichkeiten, sich über die weltweiten Ereignisse rund um die Uhr zu informieren. Dokumente müssen zum Beispiel nicht mehr per Post verschickt werden, sondern gelangen in Sekunden von einem Ende der Erde zum anderen.

Digitalisierung in der Schule

Das weltweite Netzwerk zum Austausch von Daten gehört für Schülerinnen und Schüler heute zu ihrem Alltag. In fast allen Unterrichtsfächern wird regelmäßig im Computerraum gearbeitet und im Internet recherchiert.

M2 Medienkompetenz wird immer wichtiger

Seit dem Jahr 2020 ist die Digitalisierung in den Schulen stark in den Vordergrund gerückt. Durch die Corona-Pandemie waren die Schulen über Wochen geschlossen. Die Schülerinnen und Schüler wurden über Videokonferenzen unterrichtet, erhielten über Lernplattformen Aufgaben und kommunizierten mit ihren Lehrkräften per E-Mail.

M3 Lernen im Homeschooling

Gefahren der Internetnutzung

Ob gewollt oder nicht, digitale Medien geben Ereignisse immer in vereinfachter Form und damit unvollständig wieder. Sowohl die Auswahl als auch die Aufarbeitung der Themen können die Meinungen beeinflussen. So merkt der Betreffende oft nicht, dass er sich seine Meinung nicht selbst bildet. Niemand ist vor Beeinflussung geschützt. Aber je kritischer man Medienbeiträge hinterfragt, umso eher kann man Beeinflussungen erkennen. Des Weiteren sollte man immer mehrere Quellen nutzen, um sich möglichst objektiv zu informieren.

☐ WES-104982-203
Hier findet ihr Informationen über die Gefahren im Internet.

ARBEITSAUFTRÄGE

1. Erkläre den Begriff Massenmedien und nenne Beispiele.
2. Beschreibe weitere Chancen der Internetnutzung.
3. Beurteile mithilfe von Q1 die Vor- und Nachteile von E-Books und klassischen Büchern. **HILFE**
4. Diskutiert die Vor- und Nachteile von klassischem Unterricht und digitalem Unterricht. Debatte
5. Recherchiert weitere Gefahren der Internetnutzung.

Mittelalterliche Glaubensvorstellungen

Wissenschaft kontra Religion

Die Erde im Zentrum des Universums

Jahrhundertelang galt die Vorstellung als gesichert, dass die Erde der Mittelpunkt des Universums sei. Manche Wissenschaftler fragten sich, wie es sein konnte, dass Schiffe, obwohl sie am Horizont verschwanden, irgendwann wiederkamen, oder warum man erst die Mastspitzen und dann das gesamte Schiff sah. Bereits um 150 n. Chr. entwickelte der griechisch-römische Astronom Ptolemäus aus dieser Naturbeobachtung heraus ein Weltbild, das das gesamte Universum umfasste. Er gelangte zu der Erkenntnis, dass die Erde eine Kugel sein müsste. In seinem Weltbild bildet die Erde den Mittelpunkt des Sonnensystems. Sie wird von Sonne, Mond und Sternen umkreist. Diese Sichtweise des Sonnensystems nennt man „geozentrisches Weltbild".

Im Mittelalter vertrat auch die Kirche die Ansicht, dass die Erde als Schöpfung Gottes im Mittelpunkt des Planetensystems steht.

Die kopernikanische Wende

Der Astronom Nikolaus Kopernikus war anderer Meinung. Er erforschte im 16. Jahrhundert viele Jahre lang die Bewegung der Planeten. Seine Beobachtungen und Berechnungen führten ihn zu der Erkenntnis: Die Erde bildet nicht den Mittelpunkt des Sonnensystems, sondern dreht sich um sich selbst und umkreist wie die anderen Planeten das Zentrum des Sonnensystems: die Sonne. Diese Neuerung bezeichnet man als „heliozentrisches Weltbild" oder „kopernikanische Wende". Für uns heute ist die Entdeckung des Nikolaus Kopernikus eine Selbstverständlichkeit, für die Menschen des Mittelalters war sie eine Sensation. Die meisten Menschen glaubten ihm nicht. Wo war in diesem Weltbild Platz für Gott? Kopernikus wusste von diesen Zweifeln an seiner Entdeckung. Er zögerte bis kurz vor seinem Tod 1543 damit, seine Erkenntnisse zu veröffentlichen. Ihm fehlten noch die wissenschaftlichen Beweise.

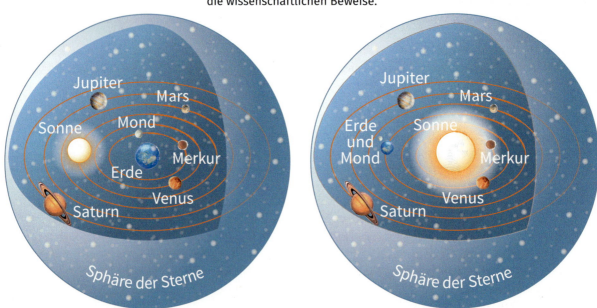

M1 Geozentrisches (links) und heliozentrisches (rechts) Weltbild
Geozentrisches Weltbild (von griech. geo = Erde): Erde im Mittelpunkt des Universums. Sterne und Planeten bewegen sich um diese.
Heliozentrisches Weltbild (von griech. helios = Sonne): Sonne im Mittelpunkt, die anderen Planeten und Sterne umkreisen sie.

Galileo Galilei bestätigt Kopernikus

Die Empörung vieler Kirchenvertreter über seine Entdeckung und den folgenden Konflikt der Gelehrten erlebte Kopernikus nicht mehr. Immer mehr Forscher bestätigten aber seine Theorie – um 1600 etwa Galileo Galilei oder Johannes Kepler. Dennoch dauerte es bis zum 18. Jahrhundert, bis sich das heliozentrische Weltbild im Bewusstsein der Menschen durchsetzte.

Q1 Nikolaus Kopernikus erklärte 1543 den Umlauf der Planeten um die Sonne in seinem Werk „Von den Umdrehungen der Himmelskörper":

Die erste und oberste von allen Sphären ist die der Fixsterne, die sich selbst und alles andere enthält [...]. Es folgt als erster Planet Saturn, der in dreißig Jahren seinen Umlauf vollendet. Hierauf Jupiter mit seinem zwölfjährigen Umlauf. Dann Mars, der in zwei Jahren seine Bahn durchläuft. Den vierten Platz in der Reihe nimmt der jährliche Kreislauf ein, in dem, wie wir gesagt haben, die Erde mit der Mondbahn [...] enthalten ist. An fünfter Stelle kreist Venus in neun Monaten. Die sechste Stelle schließlich nimmt Merkur ein, der in einem Zeitraum von achtzig Tagen seinen Umlauf vollendet. In der Mitte von allen aber hat die Sonne ihren Sitz. [...] So lenkt die Sonne auf königlichem Thron sitzend [...] die sie umkreisenden Gestirne.

M2 Fernrohr des italienischen Wissenschaftlers und Forschers Galileo Galilei, um 1630

Q2 Der Gelehrte Galileo Galilei schrieb 1610 an den Philosophen und Naturwissenschaftler Johannes Kepler:

Was sagen Sie zu den Philosophen [...], die [mit der Unbelehrbarkeit einer Natter] niemals die Planeten, den Mond oder das Fernrohr zu sehen wünschten, obwohl ich es ihnen tausendmal angeboten habe, sie ihnen zu zeigen? Wahrhaftig, einige schließen vor dem Licht der Wahrheit die Augen, andere die Ohren. [...] Diese Art von Zeitgenossen [...] glaubt, man müsse die Wahrheit in der Welt oder in der Natur nicht suchen, sondern es genüge [...] ein Vergleich der Texte. Schade – ich möchte gerne mit Ihnen noch ein bisschen länger lachen! Sie würden sich überkugeln, mein lieber Kepler, wenn Sie hören würden, was der Hauptphilosoph der Schule in Pisa dem Großherzog über mich erzählte, als er mit logischen Gründen die [von mir] neu entdeckten Planeten vom Himmel herunterholen und wegdisputieren wollte!

ARBEITSAUFTRÄGE

1. ‖ Beschreibe M1.
   ‖ Erkläre mithilfe von M1 die Unterschiede zwischen dem geozentrischen und dem heliozentrischen Weltbild.
   ‖ Begründe mithilfe von M1 und Q1, warum die Kirche sich gegen das heliozentrische Weltbild stellte.
2. Begründe, warum Nikolaus Kopernikus seine Erkenntnisse erst kurz vor seinem Tod veröffentlicht hat.
3. Erläutere mithilfe von Q2 die Haltung von Galileo Galilei gegenüber den Philosophen. HILFE
4. a) Recherchiere zur Arbeit von Galileo Galilei oder Johannes Kepler.
   b) Erstelle eine Präsentation.

Mittelalterliche Glaubensvorstellungen

1. Du sollst keine anderen Götter neben mir haben.
2. Du sollst den Namen des Herrn, deines Gottes, nicht missbrauchen.
3. Du sollst den Feiertag heiligen.
4. Du sollst Vater und Mutter ehren.
5. Du sollst nicht töten.
6. Du sollst nicht ehebrechen.
7. Du sollst nicht stehlen.
8. Du sollst nicht falsch Zeugnis reden wider deinen Nächsten.
9. Du sollst nicht begehren deines Nächsten Haus.
10. Du sollst nicht begehren deines Nächsten Weib, Knecht, Magd, Vieh noch alles, was dein Nächster hat.

M1 Die Zehn Gebote

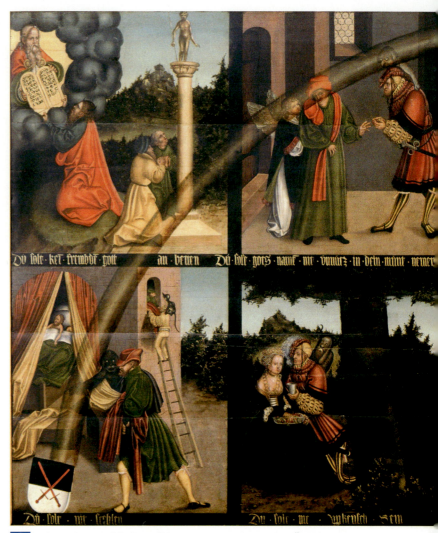

M2 Zehn-Gebote-Tafeln (Gemälde von Lucas Cranach dem Älteren, 1516)

Der Glaube bestimmt das Leben der Menschen

Das Leben auf der Erde

Die Menschen im späten Mittelalter waren sehr religiös. In Europa gehörten fast alle der katholischen Kirche an. Nur in den Städten lebten kleine jüdische Minderheiten. Die Kirche prägte das tägliche Leben und das Bild von der Welt. Die Menschen glaubten daran, dass es nach dem Leben auf der Erde ein Leben nach dem Tod geben würde. Sie waren überzeugt, dass derjenige, der die Gebote Gottes erfüllt, nach dem Tod darauf hoffen kann, in den Himmel zu kommen. Wer hingegen auf der Erde Schlechtes tut, würde nach seinem Tod in die Hölle gelangen.

Macht und Reichtum der Kirche

Aus Furcht vor der Hölle versuchten viele Menschen, Vergebung durch gute Taten zu erlangen. Zu diesen guten Taten gehörte es, die Kirche mit Spenden zu unterstützen. So wurde die Kirche immer reicher. In Italien existierte sogar ein eigener Kirchenstaat. Von hier aus regelte der Papst als Kirchenoberhaupt seine Politik und verhandelte mit anderen Herrschern.

katholische Kirche: Christliche Religionsgemeinschaft, der im Mittelalter die meisten Menschen in Europa angehören. Oberhaupt der katholischen Kirche ist der Papst in Rom, der für sich in Anspruch nimmt, unfehlbar und Christus' Stellvertreter auf Erden zu sein.

Fegefeuer und Buße

Da kein Mensch frei von Sünden war, gab es als „Zwischenstation" auf dem Weg in den Himmel das Fegefeuer. Die Seelen derjenigen, die weder völlig gut noch völlig böse waren, mussten an diesem Ort bleiben, bis das Feuer sie von ihren Sünden „gereinigt" hatte.

Durch fromme Taten, Buße und Gebete konnte jeder Gläubige seine Leidenszeit im Fegefeuer verkürzen.

Fegefeuer: Ort, an dem die Seele des Verstorbenen auf den Himmel vorbereitet wird

Buße: Christen erkennen ihr falsches Handeln und sind bereit, sich auf den richtigen, gottgewollten Weg zu begeben

ARBEITSAUFTRÄGE

1 Erkläre die Bedeutung der Kirche für die Menschen im Mittelalter.
2 Erläutere die mittelalterlichen Vorstellungen vom Leben auf der Erde und nach dem Tod.
3 ▌ Beschreibe die Zehn-Gebote-Tafeln in M2.
▌ Ordne die zehn Gebote in M1 den Bildtafeln in M2 zu.
▌ Erläutere mithilfe der Zehn-Gebote-Tafeln die Vorstellungen der Menschen von einem christlichen Leben. HILFE
4 Begründe, welche Bedeutung die Buße für die Menschen hatte.
  Think-Pair-Share

M1 Musizierender Mönch und tanzende Nonne (Buchmalerei, um 1350)

Missstände in der Kirche

Geistliche sind keine Vorbilder mehr

Die Regeln der Kirche bestimmten zu Beginn des 16. Jahrhunderts das Leben der Menschen. Gottesfürchtig zu sein, bedeutete für sie, nicht zu lügen oder zu stehlen und bescheiden nach den Geboten der Bibel zu leben. Vor allem die Geistlichen sollten nach den christlichen Regeln leben und den Menschen ein Vorbild sein. Doch viele Priester, Mönche und Nonnen ließen es sich lieber gut gehen. Sie führten einen großen Hofstaat und verschwendeten mit vielen Festen das Geld der Kirche. An der Spitze der katholischen Kirche stand der Papst, der in Rom lebte. Dort führte er ein Leben, das von Macht und Reichtum geprägt war. Die geistlichen Bischöfe lebten wie weltliche Fürsten.

Q1 In einem Bericht um 1500 hieß es über die Priester:

Sie sagen, dass die Priester so unpriesterlich und unordentlich lebten, dass es wider den christlichen Glauben wäre, sie länger zu ertragen. Die Priester, so heißt es, liegen Tag und Nacht in den öffentlichen Wirtshäusern, trinken mit den Laien und lassen sich volllaufen. Sie machen dann Lärm, schlagen sich und raufen miteinander. Oftmals gehen sie nach solchem Trinken und Lärmen, ohne zu schlafen oder ins Bett zu gehen, zum Altar, um die Messe zu lesen.

Q2 Bericht über die Hofhaltung von Papst Leo X. (1513–1521):

[Leos] Hofstaat mit 638 Menschen, vom Erzbischof bis zum Elefantenwärter, vom Musiker bis zum Dichterling und zu den Hofnarren, erforderte Unsummen. Oft war Leo wochenlang auf Jagden, an denen bis zu 2000 Reiter teilnahmen, darunter Kardinäle, Spaßmacher und Hofschauspieler.

[verändert]

Der Ablasshandel

Selbst die Päpste in Rom lebten nicht nach den Lehren Jesu Christi. Sie wollten durch den prunkvollen Ausbau der Stadt ihre Macht und ihren Reichtum zeigen. Das zur Finanzierung der Bauvorhaben notwendige Geld beschafften sich die Päpste durch den Handel mit dem Ablass. Wer einen Ablass kaufte, dem sollten die Strafen für seine Sünden erlassen werden. Mönche zogen durch das ganze Land und verkauften Ablassbriefe. Sie fragten dabei nicht, ob die Menschen ihre Sünden bereuen würden, vielmehr waren sie bereit, gegen Geld alle Sünden zu vergeben, sogar zukünftige. Besonders geschäftstüchtig als Ablasshändler war der Dominikaner-Mönch Johann Tetzel. Tetzel verkaufte die Ablassbriefe wie ein Marktschreier.

Weil man auch Ablässe für Verstorbene kaufen konnte, brachte dieses Geschäft sehr viel Geld ein. Ungefähr die Hälfte der Einnahmen bekam der Papst für den Neubau der Peterskirche in Rom, den Rest konnte der Erzbischof von Mainz für sich verwenden, um seine großen Schulden zu bezahlen. Wirkliche Reue, Beichte und Buße wurden bei den Menschen immer seltener.

M2 Johann Tetzel mit Ablassbrief und Geldlade (Holzschnitt, 16. Jahrhundert)

M3 Flugblatt gegen Johann Tetzel (Holzschnitt von 1546)
Der Text auf dem Holzschnitt lautet (vereinfacht): „Oh, ihr Deutschen, hört her / Ich bin des heiligen Vaters Knecht / Und bringe euch Gnade und Ablass von den Sünden / Für euch / eure Eltern / für euer Weib und euer Kind / für jeden so viel / wie er in den Kasten legt / Sobald nämlich das Geld im Kasten liegt / springt die Seele sofort in den Himmel."

ARBEITSAUFTRÄGE

1. Stelle mithilfe von M1 die Missstände der Kirche dar.
2. Beschreibe mithilfe von Q1 und Q2 den Lebenswandel vom Papst und den Priestern.
3. a) Erkläre, warum der Papst den Ablasshandel entwickelte.
   b) Beschreibe den Ablasshandel.
   c) Erläutere die Beweggründe, warum die Menschen Ablassbriefe kauften.
4. Beschreibe M3. HILFE
5. Recherchiere zum Bau und den Kosten des Petersdoms.

Die Zeit der Reformation beginnt

Martin Luther – ein Kritiker der Kirche

Ein frommer Mönch und Theologe

Nicht alle Geistlichen waren mit der Vorgehensweise der Kirche und ihrer Ablassprediger einverstanden. Auch die Kritik an den Missständen in der Kirche und der Ruf nach Erneuerung wurden immer lauter. Ein Theologe und Mönch zweifelte an dem von der Kirche vorgegebenen Weg zum Seelenheil. Der Name dieses Geistlichen war Martin Luther.

95 Thesen gegen den Ablasshandel und die kirchliche Tradition

In der Bibel, die für Luther Maßstab allen christlichen Denkens und Handelns war, fand er keinen Beleg für den Ablasshandel. Er kam zu dem Ergebnis, dass der sündige Mensch nicht durch gute Werke, sondern allein durch den Glauben die Gnade Gottes erwarten könne. Damit begann Luthers Kampf gegen den Ablasshandel. Glaube und aufrichtige Reue seien der einzige Weg zu einer Vergebung der Sünden.

M1 Martin Luther in seinen drei Rollen als Mönch, Universitätslehrer und Junker Jörg (Altarbild von Lukas Cranach, 1572)

Der Verkauf von Ablassbriefen ging weiter. Luther verfasste eine Streitschrift in lateinischer Sprache, die er als Grundlage für eine wissenschaftliche Diskussion an andere Gelehrte verschickte. Nach der durch Quellen nicht belegbaren Überlieferung hat er diese 95 Thesen am 31. Oktober 1517 an der Kirchentür in Wittenberg angeschlagen. Damit begann ein Prozess, der heute als Reformation bezeichnet wird. Luthers Schrift wurde ins Deutsche übersetzt und auf Flugblättern verbreitet. Seine Kritik sollte nun jeder verstehen können. Das Jahr 1517 gilt als Beginn der Reformation.

M2 Darstellung des Thesenanschlags. Im Zentrum des Bildes sind verschiedene Landesherren dargestellt, darunter auch Friedrich der Weise (zeitgenössischer Holzschnitt)

> **Q1 Auszug aus Martin Luthers 95 Thesen:**
>
> 21. Deshalb irren jene Ablassprediger, die sagen, dass durch die Ablässe des Papstes der Mensch von jeder Strafe frei und los werde. [...]
> 27. Menschenlehre predigen die, die sagen, dass sobald der Groschen im Kasten klingt, die Seele aus dem Fegefeuer auffahre. [...]
> 36. Jeder Christ, der wirklich bereut, hat Anspruch auf völligen Erlass von Strafe und Schuld, auch ohne Ablassbrief.
> 37. Jeder wahrhaftige Christ, er sei lebendig oder tot, ist durch Gottes Geschenk aller Güter Christi und der Kirche teilhaftig, auch ohne Ablassbriefe. [...]
> 43. Man soll die Christen lehren: Dem Armen zu geben oder dem Bedürftigen zu leihen ist besser als Ablass zu kaufen. [...]
> 50. Man soll die Christen lehren: Wenn der Papst die Erpressungsmethoden der Ablassprediger wüsste, sähe er lieber die Peterskirche in Asche sinken, als dass sie mit Haut, Fleisch und Knochen seiner Schafe erbaut würde.

ARBEITSAUFTRÄGE

1. III Gib den Inhalt von drei selbst ausgewählten Thesen aus Q1 mit eigenen Worten wieder.
   III Erläutere das Ziel, das Luther mit seinen Thesen verfolgt.
   III Stelle gegenüber, was Luther verurteilt und was er von einem guten Christen erwartet. HILFE
2. Diskutiert darüber, was Luther mit der 43. These aussagen will.
   Kugellager
3. Recherchiere weitere Daten aus Luthers Leben.

Ein neuer Glaube entsteht

Mit seinen 95 Thesen wollte Luther eine Auseinandersetzung über den Missstand des Ablasshandels in Gang setzen und keine neue Glaubenslehre entwickeln. Die große Wirkung seiner Kritik kam auch dem Papst zu Ohren. In einem Brief forderte er Luther auf, seine Kritik zurückzunehmen.

Bruch mit der Kirche

Luther blieb fest bei seiner Meinung und schrieb 1520 in drei Schriften die Grundsätze seiner Kritik an der Kirche in deutscher Sprache nieder. Darin rief er die Adligen als Beschützer auf, die Kirche zu reformieren und vom Papst in Rom zu lösen. Flugblätter machten Luthers Aussagen schnell im ganzen Reich bekannt.

Der Papst drohte nun Luther den Kirchenbann an, wenn er nicht öffentlich seine Schriften verbrennen und widerrufen würde. Doch dazu war Luther nicht bereit, im Gegenteil, er verbrannte vor den Stadttoren das päpstliche Schreiben und kirchliche Gesetzesbücher. Diese Tat besiegelte unwiderruflich Luthers Bruch mit dem römischen Papst. Im Januar 1521 erteilte der Papst den Kirchenbann. Damit wurde Luther aus der christlichen Gesellschaft ausgestoßen.

Kirchenbann: schwerste Strafe der Kirche, da der Gebannte aus der Kirche ausgeschlossen ist, von den Gläubigen gemieden werden soll und im Fall des Todes vom göttlichen Heil ausgeschlossen bleibt

Luther vor dem Kaiser

Der Kaiser war nun verpflichtet, die Reichsacht über den Ketzer zu verhängen. Doch dieses Verfahren zog sich hin, bis der nächste Reichstag im April in Worms stattfand. Luther reiste unter kaiserlichem Geleitschutz und mit viel Zuspruch aus der Bevölkerung nach Worms. Dort sollte er vor den versammelten Fürsten, dem Kaiser und dem Gesandten des Papstes seine Thesen für falsch erklären und zurücknehmen.

Doch Luther berief sich auf die Bibel und verteidigte seine Kritik. Er weigerte sich, seine Thesen zu widerrufen.

Reichsacht: Strafe, die eine Person außerhalb des Rechts stellte. Jeder konnte diese Person nun gefangen nehmen, misshandeln, töten und sich ihren Besitz aneignen.

M1 Luther auf dem Reichstag zu Worms (Gemälde von Anton von Werner, 1877)

> **Q1** Aus Luthers Antwort an den Kaiser auf den Reichtag von Worms 1521:
>
> Weil denn Eure allergnädigste Majestät und fürstliche Gnaden eine einfache Antwort verlangen, will ich sie ohne Spitzfindigkeit und unverfänglich erteilen, nämlich so: Wenn ich nicht mit Zeugnissen der Schrift oder mit offenbaren Vernunftgründen besiegt werde, so bleibe ich von den Schriftstellern besiegt, die ich angeführt habe, und mein Gewissen bleibt gefangen in Gottes Wort, denn ich glaube weder dem Papst noch den Konzilien allein, weil es offenkundig ist, dass sie öfters geirrt und sich selbst widersprochen haben. Widerrufen kann und will ich nicht, weil es weder sicher noch geraten ist, etwas gegen sein Gewissen zu tun. Gott helfe mir, Amen.

M2 Die Wartburg bei Eisenach

Auf der Wartburg als Junker Jörg

Kaiser Karl V. verhängte die Reichsacht und damit wurde Luther für „vogelfrei" erklärt. Das bedeutete, dass ihn jeder ungestraft töten durfte. Der Kaiser gewährte Luther freies Geleit für die Heimreise. Die Kutsche, mit der Luther fuhr, überfielen Raubritter und er wurde entführt. Der Überfall war eine List von Luthers Landesherrn, Friedrich dem Weisen. Er ließ Luther mehrere Monate auf der Wartburg bei Eisenach verstecken.

In dieser Zeit übersetzte Luther die Bibel ins Deutsche. Besonders wichtig war es ihm, dass die Heilige Schrift der Christen jeder verstehen konnte. Er verglich die griechischen und hebräischen Texte mit der lateinischen Übersetzung und drückte sich so aus, wie das Volk redete. Luthers Text wurde in den meisten Teilen Deutschlands verstanden. Mit der Bibel lernten viele Menschen lesen und schreiben. Luther schuf damit die Grundlage für unsere deutsche Schriftsprache, wie wir sie noch heute verwenden.

M3 Erste Seite von Luthers deutscher Übersetzung des Alten Testaments. Bis zu Luthers Tod wurden etwa 600 000 Bibeln gedruckt.

ARBEITSAUFTRÄGE

1. Beschreibe stichwortartig den Ablauf der Ereignisse von der Bannandrohung des Papstes bis zur Bibelübersetzung.
2. Fasse die Aussage Luthers vor dem Kaiser in einem Satz zusammen.
3. Erläutere das Risiko, das Luther beim Besuch des Reichstags auf sich nahm.
4. Erkläre die Bedeutung der Bibelübersetzung für die deutsche Sprache.
5. Entwickelt ein Streitgespräch zwischen dem päpstlichen Gesandten als Ankläger und Luther vor dem Reichstag in Worms. HILFE

M1 Flugblatt „Zweierlei Predigt" von Georg Pencz aus dem Jahr 1529. Links ist ein evangelischer, rechts ein katholischer Priester zu sehen, beide vor einer Gemeinde predigend.

Der neue Glaube setzt sich durch

Luthers Lehre breitet sich aus

Luthers Bibel wurde für Jahrhunderte das Lesebuch des deutschen Volkes. Die Redeweise war anschaulich und klar und wurde in allen Teilen Deutschlands verstanden.

Kirchenbann und Reichsacht konnten die Verbreitung der Lehre Luthers nicht mehr aufhalten. Gedruckte Flugschriften und Bücher erschienen überall im Land. Die neue, veränderte Glaubensrichtung setzte sich immer mehr durch.

Die Menschen folgten Luther aus unterschiedlichen Gründen. Viele Anhänger der neuen Lehre erwarteten eine Verbesserung ihres Lebens. Arme Stadtbewohner forderten mehr Mitbestimmung in der Verwaltung. Bauern hofften auf geringere, Kaufleute und Handwerker auf bessere Geschäfte. Die Landesherren hingegen wollten die Macht und den Reichtum in ihrem Land nicht länger mit den Kirchenherren teilen müssen.

Das Wort Gottes soll von jedem verstanden werden

In vielen Orten wurden die Predigten in deutscher Sprache abgehalten. Die Kirchengemeinden änderten ihre Gottesdienstordnung. Sie wollten ihre Priester nun selbst wählen. Im Mittelpunkt der Gottesdienste stand die Bibel. Kirchenlieder wurden in deutscher Sprache gesungen.

Mönche und Nonnen verließen ihre Klöster und Priester heirateten. Besonders radikale Anhänger der neuen Ideen zerstörten Kircheneinrichtungen.

All diese Veränderungen gingen ursprünglich von den ärmeren Menschen aus. Schon bald aber folgten auch Fürsten der Lehre Luthers und widersetzten sich damit nicht nur dem Papst, sondern auch dem Kaiser. Sie unterstützten die Reformation. Durch diese Entwicklung entstand die protestantische Kirche.

protestantisch: Der Begriff Protestanten oder protestantischer Glaube leitet sich von lat. Protestatio ab, was Widerspruch bedeutet.

Prächtige oder schlichte Kirchen

Auch im Erscheinungsbild der Kirchen wurden die Unterschiede der Glaubensrichtungen deutlich. Während die katholischen Kirchen die Gläubigen durch Bauweise und Ausstattung, z.B. prunkvolle Altäre, beeindrucken und in gehobene Stimmung versetzen sollen, sind die evangelischen Kirchen schlicht. In ihnen sollen die Gläubigen durch nichts von der Predigt abgelenkt werden. Daher steht die Kanzel im Zentrum des Kirchenraums.

M2 Innenraum einer katholische Kirche: Klosterkirche Marienstern in der Lausitz.

M3 Die Torgauer Schlosskirche war der erste evangelische Kirchenbau in Deutschland.

ARBEITSAUFTRÄGE

1. III Nenne die Veränderungen, die sich die Menschen von dem neuen Glauben erhofften. **HILFE**
   III Begründe die Übernahme des neues Glaubens.
2. Erläutere, wie der neue Glaube zu seinem Namen kam.
3. Recherchiere die Unterschiede zwischen evangelischem und katholischem Gottesdienst und berichte einem Partner. Partnervortrag
4. Vergleiche M2 und M3 miteinander. Nenne Gemeinsamkeiten und Unterschiede.

Ein Spottbild analysieren

Um möglichst viele Menschen zu erreichen, wurden Ideen und Gedanken im Spätmittelalter häufig in anschaulichen Bildern unter das Volk gebracht. Spottbilder waren ein beliebtes Mittel, um politische Gegner anzugreifen. Häufig lasen Verkäufer die Beschriftungen solcher Bilder auf Märkten öffentlich vor.

Mit der Erfindung des Buchdrucks konnten Schriften schnell und günstig hergestellt und verbreitet werden. Die Nachfrage nach reformatorischem Gedankengut war groß. Die Anhänger und Gegner Luthers lieferten sich einen regelrechten Schlagabtausch mit grafisch gestalteten Flugblättern.

Die Symbolik in Spottbildern

Spottbilder aus der frühen Zeit des Buchdrucks beinhalten eine Vielzahl von Symbolen. Diese bildhaften Darstellungen müssen heute entschlüsselt werden.

Oft lassen sich Gemeinsamkeiten beim Aufbau der Spottbilder erkennen: Sowohl die Anhänger der Papstkirche als auch die Anhänger Luthers präsentieren sich selbst als „gut" und die Gegenseite als „böse". Die Personen der verspotteten Seite werden häufig als Teufelswesen oder als Tiere dargestellt, welche bestimmte Charaktereigenschaften symbolisieren. Der Zeichner bezieht dabei eindeutig Stellung, was sich an den in der Darstellung verwendeten Symbolen oder an der Mimik und Gestik der Personen erkennen lässt.

In Spottbildern, die gegen die katholische Kirche gerichtet sind, wird der Papst häufig als „Antichrist", also als Gegner des Christentums dargestellt.

Symbol	Bedeutung
Papstkrone	Papst
Schultertuch/Hut	Kardinal
Bischofsmütze	Bischof
Tonsur/Kutte	Mönch
Schleier	Nonne
Krone	König
Pelzkragen	Hoher Adel
Waffen/Rüstung	Ritter
Werkzeug	Handwerker
einfache Kleidung	Bauer
dunkles Gewand	Gelehrter
Feuer	Hölle
Esel	Dummheit
Drache/Teufel	Böses/Gefahr
Wolken/Unwetter	Gefahr
Anker	göttliche Hilfe
Fuß mit Huf	Teufel
Baum	Lebenskraft
Segel	Antrieb
Schiff	Gemeinschaft
weiße Taube	Heiliger Geist
schwarzer Vogel	Tier des Teufels
Hirtenstab	Bischof/Papst
Kreuz	Kirche

M1 Symbole und ihre Bedeutungen

Schritte zur Analyse von Spottbildern

1. **Schritt: Beschreibung**
   - Welche Informationen sind in der Bildunterschrift enthalten?
   - Welche Personen, Tiere und Gegenstände sind dargestellt?
   - Was machen die Personen/Tiere?

2. **Schritt: Analyse**
   - Wie ist das Spottbild aufgebaut? Welche Bildelemente befinden sich im Vordergrund, welche im Hintergrund?
   - Wie sind die Personen dargestellt?
   - Welche Bedeutung haben auffällige Gegenstände, die abgebildet sind?
   - Welche Beschriftungen oder Begleittexte sind zum Spottbild enthalten?
   - Wann wurde das Bild geschaffen?
   - Auf welches Ereignis bezieht sich das Spottbild?

3. **Schritt: Interpretation**
   - Was wird verspottet?
   - Was ist die Kernaussage des Spottbildes?
   - Wer soll durch das Spottbild angesprochen werden?

M2 „Das Schiff der Kirche geht unter"
(Holzschnitt, Nürnberg 1508)

M3 „Luthers und Luzifers einträchtige Vereinigung"
(Holzschnitt, Leipzig 1535), Luzifer ist der Teufel

Stichwortartige Musterlösung zur Analyse des Spottbildes M2:

Schritt 1:
- Das Schiff der Kirche geht unter, Holzschnitt aus Nürnberg um 1508
- Vertreter der Kirche und weltliche Herrscher
- Vertreter der Kirche jammern, weltliche Herrscher schauen unbeteiligt zu.

Schritt 2:
- Im Vordergrund sinkt ein Schiff, in dem Vertreter der Kirche (Papst, Kardinal, Bischof und Mönch) jammernd die Hände heben.
- Im Hintergrund schauen die weltlichen Herrscher zu.
- Personen sind an ihrer Kleidung zu erkennen.
- Auf dem Segel ist Christus am Kreuz abgebildet, das Symbol der Kirche.
- Das Bild wurde 1508, also vor der Reformation, gezeichnet.
- Kritisiert werden die Missstände der katholischen Kirche, die das Schiff zum Sinken bringen.

Schritt 3:
- Der Zeichner greift die Vertreter der Kirche und die weltlichen Herrscher an.
- Die Missstände der Kirche führen zu ihrem Untergang und weltliche Herrscher schauen tatenlos zu.
- Alle Gläubigen

ARBEITSAUFTRÄGE

1. Beschreibe einer Mitschülerin oder einem Mitschüler die Abbildung M2 unter Verwendung der Musterlösung.
2. Erkläre einer anderen Person die im Flugblatt M2 zu erkennenden Gegenstände und Symbole. 🌐 Marktplatz
3. Analysiere das Flugblatt M3 mithilfe der Schritte zur Analyse von Spottbildern.
4. Bewerte die Bedeutung von Spottbildern in der Zeit der Reformation.

Die Reformation ermutigt die Bauern

Die Lage der Bauern

Zur Zeit der Reformation waren die meisten Menschen Bauern. Für ihren Grundherrn mussten sie hohe Abgaben leisten. Außerdem schränkten die Grundherren alte Rechte der Bauern immer mehr ein. Holz, das bisher im gemeinsamen Wald eines Dorfes gefällt wurde, musste nun bezahlt werden. Auch Vieh durfte nicht mehr ohne Bezahlung auf den Wiesen um das Dorf herum weiden. Die Bauern wurden immer unzufriedener.

Durch Luthers Lehre und seinen Widerstand gegen den Papst fühlten sich die Bauern gestärkt. Sie reichten daraufhin ihren Grundherren über 300 Klageschriften ein. Die wichtigsten Forderungen wurden in zwölf Punkten zusammengefasst.

> **Q1 Luther in einer Schrift an die Fürsten (1520):**
>
> Eigentlich verdanken wir den Aufruhr euch, ihr Fürsten. Als weltliche Herren tut ihr nichts anderes, als zu schinden. Ihr müsst anders werden. Ich kann euch nur raten, meine Herren, einigt euch mit den Bauern im Guten.

> **Q2 Die zwölf wichtigsten Forderungen der Bauern von 1525:**
>
> 1. Die Gemeinde soll ihren Pfarrer selbst wählen und abwählen können.
> 2. Wir wollen die Abgaben für Getreide, aber nicht mehr für Vieh an die Kirche leisten.
> 3. Wir wollen nicht mehr leibeigen, sondern frei sein.
> 4. Wir wollen frei jagen und fischen können.
> 5. Jeder soll den Gemeindewald frei nutzen können.
> 6. Die Dienste für den Herrn sollen auf das alte Maß beschränkt werden.
> 7. Die Dienste und Abgaben dürfen nicht erhöht werden.
> 8. Der Pachtzins für Feld und Land soll von unparteiischen Leuten gerecht festgelegt werden.
> 9. Strafen sollen ohne Ansehen der Person gerecht sein.
> 10. Die Grundherren sollen den Gemeinden Wald, Wasser und Weiden zur Nutzung zurückgeben.
> 11. Abgaben bei einem Todesfall sollen abgeschafft werden.
> 12. Nur Forderungen sollen anerkannt werden, die dem Wort Gottes entsprechen.
>
> [verändert]

Beginn und Verlauf des Bauernkriegs

Weil die Grundherren nicht auf die Forderungen der Bauern eingingen, schlossen sich immer mehr Bauern zu Gruppen zusammen und kämpften gegen die Fürsten.

Der Aufstand der Bauern begann im April 1525 in Südwestdeutschland und breitete sich über Franken und Hessen bis nach Thüringen aus. Die Bauern organisierten sich in großen Verbänden, den sogenannten Haufen, um gemeinsam für eine Verbesserung ihrer Lage zu kämpfen. Sie wählten Hauptleute und trugen ihre Waffen zusammen: Sensen, Heugabeln, Dreschflegel und Äxte. Die Bauern stürmten Burgen und Klöster, plünderten und zerstörten sie. Dabei wurden vor allem Urkunden zerrissen, in denen die Abgaben und Dienste für die Fürsten und Grundherren festgelegt waren.

In diesem Konflikt stellte sich Luther zunächst auf die Seite der Bauern. Als jedoch die Aufständischen immer mehr Plünderungen und Morde verübten, wandte er sich gegen sie.

M1 Ein Fahnenträger der aufständischen Bauern (Holzschnitt, 16. Jahrhundert)

M2 Bauern plündern das Kloster Weißenau bei Ravensburg (Zeichnung, um 1525)

Die Niederlage der Bauern

Der Aufstand der Bauern weitete sich aus. In Thüringen kam es bei Frankenhausen am 15. Mai 1525 zur entscheidenden Schlacht. Unter der Führung des Pastors Thomas Müntzer stellten sich über 8000 aufständische Bauern dem Heer der Fürsten entgegen. Die besser ausgebildeten und bewaffneten Soldaten der Fürsten schlugen die Bauern vernichtend. Über 5000 Bauern verloren in dieser Schlacht ihr Leben. Der Anführer Thomas Müntzer wurde gefangen genommen und hingerichtet.

Die Folgen für die Bauern

Nach den verlorenen Schlachten der Bauern bildeten die Fürsten an vielen Orten Gerichte. Die Bauern mussten ihre Waffen abgeben und ihren Herren Treue schwören. Sie mussten versprechen, sich nie mehr gegen ihre Grundherren zu stellen. Außerdem wurden sie dazu verurteilt, den entstandenen Schaden zu ersetzen. Die Männer mussten die zerstörten Klöster, Burgen und Schlösser wieder aufbauen. Gemeinden, die die Bauern unterstützt hatten, mussten hohe Strafen zahlen. Anführer wurden öffentlich gefoltert und hingerichtet.

Q3 Luther in einer Schrift gegen die aufrührerischen Bauern (1525):

Sie richten Aufruhr an. Sie berauben und plündern Klöster und Schlösser, die nicht ihnen gehören. Dadurch machen sie sich zu Straßenräubern und Mördern. […] Darum soll die Aufrührer niederwerfen, wer's […] [kann], denn es gibt nichts Teuflischeres als einen aufrührerischen Menschen. Sie nennen sich christliche Brüder und sind doch eigentlich die größten Gotteslästerer seines heiligen Namens.

ARBEITSAUFTRÄGE

1. I Nenne Gründe für die Unzufriedenheit der Bauern.
   II Erkläre, warum die Bauern immer unzufriedener wurden.
   III Begründe mithilfe von M1, warum die Bauern unzufrieden waren.
2. Arbeite die Forderungen der Bauern in Q2 heraus. Ordne sie nach wirtschaftlichen, politischen und kirchlichen Forderungen. HILFE
3. Recherchiere zum Bauernführer Thomas Müntzer und berichte.
4. a) Vergleiche die unterschiedlichen Haltungen Luthers in Q1 und Q3.
   b) Begründe, warum Luther seine Haltung gegenüber den Bauern änderte.
5. Beurteile, ob die Bauern gegen die Fürsten eine Chance hatten.

Die Spaltung des Glaubens

Karl V. stellt sich gegen die Reformation

Die Ideen Martin Luthers fanden in ganz Deutschland begeisterte Anhänger. Kaiser Karl V. wollte jedoch die Einheit der Kirche erhalten und deshalb gegen Luther und seine Lehre vorgehen. Zahlreiche Landesherren und die freien Reichsstädte missachteten aber seine Befehle und schlossen sich Luther an.

Kaiser Karl V., der gleichzeitig König von Spanien war, besaß im Deutschen Reich nur wenig Macht und war in zahlreiche europäische Kriege verwickelt. Deshalb konnte er nicht konsequent gegen die reformatorische Bewegung vorgehen. Immer wieder musste er Zugeständnisse an die Anhänger Luthers machen, um Hilfe für seinen Kampf gegen seine Feinde zu erhalten.

Landeskirchen entstehen

Luther war der Überzeugung, dass sich die Landesherren, die den reformierten Glauben angenommen hatten, um die Gemeinden in ihrem Gebiet kümmern sollten.

M1 Kaiser Karl V. (1519–1556), Gemälde von Tizian, 1548

> **Q1** In einem Brief an seinen Landesherren Kurfürst Johann Friedrich von Sachsen schrieb Luther 1525:
>
> Die Pfarreien liegen überall elend; da gibt niemand, da bezahlt niemand. So achtet der gemeine Mann weder Predigt noch Pfarrer. Wenn hier nicht eine [...] Ordnung und staatliche Erhaltung der Pfarrer vorgenommen wird, gibt es in kurzer Zeit weder Pfarrhöfe noch Schulen, noch Schüler, und so wird das Wort Gottes zugrunde gehen. Eure Kurfürstliche Gnaden wird wohl Mittel finden.

Luthers Forderungen kamen einigen Landesherren ganz gelegen. Nicht mehr der Papst, sondern sie selbst konnten endlich über kirchliche Fragen entscheiden. Klöster und Pfarreien, der dazugehörige Grundbesitz und die daraus fließenden Einnahmen wurden von den Landesherren verwaltet. Den Pfarrern zahlten die Landesherren Gehälter, richteten Schulen und Krankenhäuser ein und legten fest, dass der Gottesdienst nach Luthers Ideen in deutscher Sprache gefeiert werden sollte. Damit gewannen sie großen Einfluss auf das Leben der Menschen.

Glaubenskampf und Machtkampf

Auf einem Reichstag wurde 1526 festgelegt, dass die neue Glaubensrichtung vorerst geduldet wurde. Im Frühjahr 1529 versuchten Karl V. und die katholische Mehrheit der Fürsten, diesen Beschluss rückgängig zu machen. Die lutherische Minderheit protestierte dagegen. Sie legten dem Kaiser ihr Glaubensbekenntnis vor. Darin nahmen sie zu zahlreichen Fragen des christlichen Glaubens Stellung. Als der Kaiser seine außenpolitischen Konflikte beigelegt hatte, ging er gewaltsam gegen den Protestantismus vor. Da jedoch alle Fürsten im Reich, sowohl die katholischen als auch die evangelischen, ihre Eigenständigkeit durch den Kaiser bedroht sahen, kam es zu einem gemeinsamen Aufstand. Die Fürsten besiegten Karl V.

Der Augsburger Religionsfrieden und seine Folgen

Nach Jahren des Krieges einigten sich im Jahr 1555 der Kaiser und die Fürsten auf dem Reichstag in Augsburg auf einen Friedensvertrag.

In diesem Augsburger Religionsfrieden wurde festgelegt, dass die Landesherren wählen können, ob sie den katholischen oder evangelischen Glauben annehmen. Die Untertanen mussten den Glauben ihres Landesherren annehmen. Wer dies nicht wollte, durfte auswandern. In den Reichsstädten durften Angehörige beider Glaubensrichtungen nebeneinanderleben.

Durch den Augsburger Religionsfrieden kam es zu einer dauerhaften Glaubensspaltung. Dem Kaiser war es nicht gelungen, die Einheit der Christenheit zu bewahren. Er dankte 1556 ab. Die katholische Kirche reagierte auf die Ausbreitung und Festigung des evangelischen Glaubens. Sie versuchte unter anderem den Protestantismus zurückzudrängen. Diese Bewegung wird als Gegenreformation bezeichnet.

Diese Politik führte zu weiteren religiösen Streitigkeiten. Die Anhänger beider Glaubensrichtungen schlossen sich zu Bündnissen zusammen: die Katholiken zur Katholischen Liga, die Evangelischen in der Protestantischen Union.

Lutheraner und Reformierte: Damit sind Menschen gemeint, die der protestantischen Kirche angehören. Sie unterscheiden sich in der Ausübung der Religion in einigen Punkten.

M2 Konfessionen in Europa nach der Reformation

ARBEITSAUFTRÄGE

1. Begründe mithilfe von Q1, warum Luther die Landesherren aufforderte, sich um die Kirchen in ihrem Gebiet zu kümmern.
2. Nenne Aufgaben und Vorteile, welche der Landesherr durch die Entstehung von Landeskirchen übernimmt. HILFE
3. Werte M2 aus: Stühletausch
   a) Wo hat sich die Reformation ausgebreitet?
   b) Welcher Glaubensrichtung gehörten die Menschen deiner Region im 16. Jahrhundert an?
4. Diskutiert, inwieweit der Augsburger Religionsfrieden und seine Folgen geeignet waren, einen dauerhaften Frieden im Reich zu sichern.
   Bienenkorb

Der Dreißigjährige Krieg

Der Beginn eines langen Krieges

„Der Dreißigjährige Krieg war die zweite große Katastrophe in der deutschen Geschichte nach der großen Pest Mitte des 14. Jahrhunderts. Aber während die Pest ‚nur' Menschen hinweggerafft hatte, wurden im Krieg während der Lebenszeit einer ganzen Generation das Land verwüstet und die Städte zerstört", so die Aussage des französischen Historikers Joseph Rovan. Doch wie konnte es zu einem derartigen Krieg kommen?

Unter dem katholischen Kaiser Rudolf war den protestantischen Adligen in Böhmen im Majestätsbrief von 1609 Religionsfreiheit zugesichert worden. Sein Nachfolger Ferdinand II., der seit 1617 böhmischer König war, nahm diese Zugeständnisse jedoch zurück. Die Vertreter des protestantischen Adels in Böhmen betrachteten dieses Vorgehen gegen die Reformation als Verletzung ihrer Rechte.

1618 drangen Vertreter der böhmischen Stände in die Prager Burg ein und warfen kaiserliche Beamte aus dem Fenster. Diese überlebten den Fall, aber der „Prager Fenstersturz" löste einen der längsten Kriege der deutschen und europäischen Geschichte aus.

Ein Fenstersturz mit Folgen

Der Kaiser und die katholischen Landesherren nutzten den Prager Fenstersturz. General Tilly besiegte mit dem Heer der Katholischen Liga die Streitkräfte der Protestantischen Union. Der böhmische Adel wurde hart bestraft. Die Protestanten mussten sich wieder zum katholischen Glauben bekennen. Etwa 150 000 Menschen verließen das Land.

Eingreifen der Nachbarländer

Mit diesem Sieg wollte Kaiser Ferdinand II. seine Macht gegenüber den selbstbewussten evangelischen Landesherren ausbauen. Die Verschiebung der Machtverhältnisse im Reich zugunsten des Kaisers wollten aber die Nachbarländer nicht hinnehmen. Ihre Motive waren unterschiedlich. Sie wollten die evangelischen Glaubensbrüder unterstützen, aber auch ihren Einfluss erweitern und Land gewinnen.

Als der kaiserliche Feldherr Wallenstein mit seinem Heer weiter ins Reich zog, griff der dänische König 1625 mit Truppen auf der Seite der Protestanten ein. Doch die Soldaten der Katholischen Liga und Wallenstein blieben siegreich. Um eine Niederlage der Protestanten zu verhindern, landete der schwedische König mit einer starken Armee im Sommer 1630 an der deutschen Ostseeküste.

Die Schweden drangen rasch vor und zogen plündernd quer durch das Reich. Auch nach dem Tod ihres Königs Gustav Adolf in einer Schlacht im Jahr 1632 führten sie den Krieg weiter. Die Kriegsparteien bekämpften sich in ganz Deutschland, ohne dass eine Seite einen entscheidenden Vorteil erzielen konnte.

Mit der Zeit bestanden die Truppen der Kriegsgegner überwiegend aus Soldaten, die Lohn erhielten und aus den verschiedensten Ländern Europas kamen. Herkunft und Religion spielte keine Rolle. Diese Söldner kämpften und töteten für jeden, der sie bezahlte. In Wallensteins kaiserlichem Heer waren viele Offiziere Protestanten. Im Jahr 1632 zählte es etwa 100 000 Mann.

M1 „Prager Fenstersturz" (zeitgenössische Darstellung)

M2 Johann von Tilly (1559–1632), zeitgenössisches Gemälde

M3 Albrecht Wenzel Eusebius von Wallenstein (1583–1634)

Umgang der Söldner mit der Zivilbevölkerung

Das Besondere des Dreißigjährigen Kriegs war, dass es sich bei den Soldaten vor allem um Söldner handelte. Diese nahmen das Risiko eines Krieges auf sich, um sich und ihren Familien den Lebensunterhalt zu sichern. Da ihr Lohn jedoch sehr gering war, waren sie auf Kriegsbeute wie Wertgegenstände oder Gefangene, die verkauft werden konnten, angewiesen.

Bei den Soldaten durften sich Offiziere in den eroberten Städten bedienen. Den einfachen Soldaten hingegen war das Plündern verboten. Da ihre Bezahlung aber zu gering war und in den letzten Kriegsjahren ganz ausblieb, plünderten auch sie.

> **Q1** Aus dem Tagebuch eines Söldners im Jahre 1634:
>
> Sind gezogen nach Freising, über die Isar, nach Landshut. Das haben wir beschossen. [...] Hier sind wir 8 Tage stillgelegen, haben die Stadt ausgeplündert. Hier habe ich als meine Beute ein hübsches Mädelein bekommen und 12 Taler an Geld.

M4 Vergehen der Söldnertruppen an der Zivilbevölkerung (Radierung von 1646, nachkoloriert)

ARBEITSAUFTRÄGE

1. Erkläre, wie es zum Krieg zwischen Protestanten und Katholiken gekommen war.
2. Beschreibe, warum die Nachbarländer in den Konflikt eingriffen.
3. a) Nenne Gründe dafür, dass Söldner in den Heeren mitkämpften.
   b) Vermute, warum die Heere vor allem aus Söldnern bestanden.
4. Diskutiert, ob der Dreißigjährige Krieg ein Glaubenskrieg war.
   🗨 Fishbowl
5. a) Recherchiert in Gruppen Wallensteins, Tillys und Gustav Adolfs Lebenslauf. 🗨 Gruppenpuzzle
   b) Stellt eure Ergebnisse der Klasse vor.

M1 „Die großen Schrecken des Krieges" (Kupferstich von Jacques Callotum, 1632)

📄 WES-104982-204
Hörszene zu den Folgen des Dreißigjährigen Kriegs

Das Ende des langen Kriegs

Die Situation der Bevölkerung

Dass der Dreißigjährige Krieg für die Menschen katastrophale Folgen hatte, lag nicht nur an der Dauer der Auseinandersetzung. Eine Vielzahl weiterer Gründe ist zu nennen:
- Manche Gebiete wurden im Laufe der Zeit mehrmals verwüstet.
- Felder konnten nicht mehr bewirtschaftet werden, somit war die Versorgung der Bevölkerung mit Nahrungsmitteln unterbunden.
- Aufgrund des Hungers und des Elends zogen viele Menschen mit den Soldaten in der Hoffnung auf Essbares umher, wodurch die ansässige Bevölkerung nicht nur von den Soldaten, sondern auch noch von dem Tross in Mitleidenschaft gezogen wurde.
- Viele Menschen starben nicht direkt durch die Kämpfe, sondern aufgrund von Hunger, Unterernährung und Krankheiten.

Neben den körperlichen Verletzungen sind vor allem auch die psychischen Folgen zu nennen, mit denen die Menschen zurechtkommen mussten. Nach Schätzungen ging die Einwohnerzahl des Reiches während des Dreißigjährigen Krieges von 1618–1648 von 21 auf 13 Millionen zurück.

Ein endloser Krieg

Das katholische Frankreich hatte längere Zeit bereits Gustav Adolf finanziell unterstützt, um damit den Kaiser zu schwächen. 1635 verständigte sich der Kaiser mit der protestantischen Seite. Somit kämpfte nun das katholische Lager des Kaisers zusammen mit den Protestanten gegen das protestantische Schweden.

Aus einer Auseinandersetzung um den richtigen Glauben wurde immer mehr ein Krieg um Macht und Einfluss. Doch Frankreich kämpfte nun offen gegen den katholischen Kaiser. Eine endgültige Entscheidung konnte aber nicht erzwungen werden.

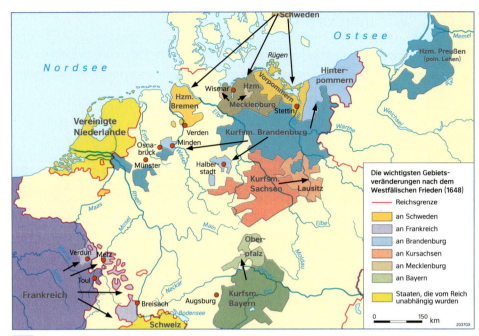

M2 Das Reich nach dem Westfälischen Frieden

Der Westfälische Frieden von 1648

Im Dreißigjährigen Krieg wurden mehrere Konflikte ausgetragen. So wurde zwischen den Konfessionen gekämpft. Des Weiteren war es ein Konflikt des Kaisers mit den böhmischen Adeligen. Schließlich entwickelte es sich dann auch zu einer Auseinandersetzung zwischen dem Reich und ausländischen Mächten. Nachdem es aufgrund dieser verworrenen Lage zu keinen militärischen Entscheidungen gekommen war, führten langwierige Verhandlungen im katholischen Münster (mit Frankreich und seinen Verbündeten) und im evangelischen Osnabrück (mit den Schweden) zum Westfälischen Frieden. Damit wurde der Krieg beendet und die Religionskonflikte zwischen den Reichsständen beigelegt:

Durch den Verlauf des Dreißigjährigen Krieges und die Ergebnisse des Westfälischen Friedens änderte sich auch das europäische Staatensystem:
- Frankreich ging als kontinentale Vormacht aus dem Krieg hervor, da das französische Staatsgebiet bis an den Rhein vorgeschoben wurde.
- Schweden konnte seine Macht im Norden ausbauen. Es wurde zur Vormacht im gesamten Ostseeraum.
- Die protestantischen Niederlande und die Schweizer Eidgenossenschaft schieden aus dem Reichsverband aus.

Die Folgen des Krieges waren in Deutschland katastrophal. Handel, Gewerbe und Landwirtschaft kamen zum Erliegen. Seuchen und Hunger führten zum Massensterben. Es dauerte Jahrzehnte, bis sich die Länder von diesem Krieg erholten.

M3 Urkunden des Friedensvertrages von Münster 1648

ARBEITSAUFTRÄGE

1. Begründe, warum besonders die bäuerliche Bevölkerung gelitten hat.
2. Nenne Gründe, die dazu führten, dass die kriegsführenden Parteien Friedensverhandlungen aufnahmen.
3. Stelle mithilfe von M2 die Gebietsveränderungen nach dem Westfälischen Frieden dar. HILFE

Wir drucken selbst

Gutenbergs Druckpresse war eine revolutionäre Erfindung. Der Buchdruck gilt als eines der Merkmale, die das Mittelalter beendeten und den Beginn der Neuzeit kennzeichnen.

Ihr könnt selbst einen Text mehrfach drucken. Dazu braucht ihr keine Druckerwerkstatt oder gegossene Lettern, sondern nur Kartoffeln oder Styropor.

Das benötigt ihr:
- etwa 30–40 größere rohe Kartoffeln oder mehrere Würfel aus Styropor
- je Person ein Gemüsemesser und ein Frühstücksbrettchen
- Wasserfarben und Pinsel zum Anmischen der Farben oder mehrere große Stempelkissen
- Zeitungspapier zum Abdecken
- zu bedruckendes Papier (Plakate oder Urkundenpapier)

So geht ihr vor (am Beispiel der Kartoffel):

1. **Herstellung der Druckformen: Vorbereitung**
   - Legt euren Arbeitsplatz mit Zeitungspapier aus.
   - Nehmt die Kartoffel und teilt sie auf dem Brettchen mit dem Gemüsemesser in zwei gleich große Hälften.
   - Aus jeder Hälfte versucht ihr, einen Würfel mit etwa 4 cm Seitenlänge zu schneiden. Fünf beschnittene Seiten reichen aus.

2. **Herstellung der Druckformen: Schnitzen**
   - Verteilt die zu erstellenden Buchstaben in eurer Klasse. Von bestimmten Buchstaben solltet ihr eine größere Anzahl herstellen, da sie öfter in unserer Sprache vorkommen.
   - Zeichnet den Umriss eines Druckbuchstabens spiegelverkehrt auf den Kartoffelwürfel. Übt das vorher mit einem Pappkarton. Schaut, dass alle Buchstaben etwa gleich groß sind.
   - Schneidet mit dem Gemüsemesser vorsichtig die Buchstaben heraus. Sie sollten sich etwa 5 mm vom Kartoffelblock abheben. Beginnt außen und arbeitet zuletzt mit der Messerspitze die Öffnungen innerhalb der Buchstaben heraus.

3. **Drucken**
   - Mischt die Wasserfarben in flachen Schälchen an. Achtet darauf, dass die Farbe nicht zu dünnflüssig ist.
   - Legt auf das zu bedruckende Blatt ein langes Holzlineal. Die in Farbe getunkten Buchstaben richtet ihr darauf aus, damit die Wörter gleichmäßig gedruckt werden.
   - Wenn ihr es perfekt machen möchtet, nehmt ihr zwei Holzleisten, die so lang sind, wie euer Blatt breit ist. Zwischen diese Holzleisten klemmt ihr eure Kartoffelwürfel. Nun könnt ihr eine ganze Zeile mehrfach drucken.

M1 Arbeitstechnik Kartoffeldruck

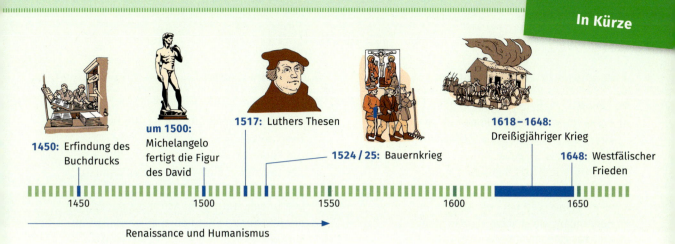

In Kürze

Das Europa der Reformationszeit

Die Humanisten des 15. und 16. Jahrhunderts verehrten die griechische und römische Antike, die ihnen als Vorbild diente. In der Renaissance verstanden sich die Menschen stärker als Individuen. Wichtige Erfindungen wie der Buchdruck pägten den Übergang vom Mittelalter zur Neuzeit.

Das Lebensgefühl der mittelalterlichen Menschen wurde geprägt von Höllenangst und Todesfurcht. Die meisten Geistlichen kümmerten sich aber eher um ihr eigenes Wohlbefinden und lebten kein frommes Leben mehr. Viele Menschen wünschten sich daher Veränderungen in der Kirche.

Im Jahre 1517 veröffentlichte der Mönch und Universitätsprofessor Martin Luther 95 Thesen gegen den Ablasshandel. Er geriet mit seinen Ideen, die sich sehr schnell in Deutschland verbreiteten, in Konflikt mit der Kirche. Luther wollte seine Ansichten aber nicht widerrufen. Deshalb verhängte der Papst 1521 den Kirchenbann gegen ihn, kurz darauf folgte mit dem Wormser Edikt die Reichsacht durch den Kaiser.

Luthers Lehre ermunterte die Bauern, sich für eine Veränderung ihres Lebens starkzumachen. Im Bauernkrieg von 1524/1525 kämpften sie vergeblich für mehr Freiheit und Unabhängigkeit. Etliche Landesherren schlossen sich Luthers neuer Lehre an. Mit der Gründung von Landeskirchen konnten sie ihre Macht gegen den katholisch gebliebenen Kaiser stärken. Die Auseinandersetzungen zwischen Protestanten und Katholiken spitzten sich immer weiter zu, bis sie schließlich 1618 zum Dreißigjährigen Krieg führten. Erst der Westfälische Friede von 1648 sicherte ein Nebeneinander der katholischen und der neuen protestantischen Kirche.

WICHTIGE BEGRIFFE:

der Ablasshandel
der Bauernkrieg
der Buchdruck
der Dreißigjährige Krieg
der Humanismus
die Katholiken
der Kirchenbann
die Landeskirche
Leonardo da Vinci
Martin Luther
das Neue Testament
die Protestanten
die Reichsacht
die Renaissance
die Thesen
das Wormser Edikt

Kompetenzcheck

1 Renaissance und Humanismus

Du kannst …
a) erklären, was das Wort Renaissance bedeutet und was für die Menschen dieser Zeit wichtig war. ✓
b) mithilfe von Q1 die typischen Merkmale eines gebildeten Menschen der Renaissance-Zeit nennen. ✓✓
c) begründen, wie sich die Humanisten den Menschen vorstellten. ✓✓✓

> **Q1** Der italienische Humanist und Architekt Leon B. Alberti (1404–1472) schrieb:
>
> Wer wüsste nicht, dass das Erste, was nottut, die Geistesbildung ist; so sehr das Erste, dass selbst ein geborener Edelmann ohne Bildung nur für einen Tölpel gelten wird! Ich selbst wünschte die jungen Edlen öfter mit einem Buch in der Hand als mit dem Falken auf der Faust zu sehen; keineswegs gefällt mir der gemeine Gebrauch mancher, die da sagen: „Es reicht, wenn du deinen Namen schreiben und zusammenrechnen kannst, was man dir schuldig ist!"
> [verändert]

2 Das neue Weltbild

Du kannst …
a) die Darstellung des neuen Weltbildes M1 beschreiben. ✓
b) die neuen Erkenntnisse der Darstellung nachweisen und den Astronomen nennen, der sie als Erster veröffentlichte. ✓✓
c) begründen, warum der Astronom mit der Veröffentlichung seiner neuen Erkenntnisse bis kurz vor seinem Tod gewartet hat. ✓✓✓

M1 Darstellung des Weltbildes aus dem 16. Jahrhundert

3 Der Ablasshandel

Du kannst …
a) mithilfe von M2 erklären, was der Ablasshandel ist. ✓
b) erläutern, warum Martin Luther den Ablasshandel kritisiert. ✓✓
c) begründen, warum Martin Luther den Ablasshandel ablehnt und welche Forderungen er deswegen an die katholische Kirche stellt. ✓✓✓

M2 Der Ablasshandel: Links verliest ein Mönch die päpstliche Ablassbulle. Vor der Kanzel steht die Ablasskiste, in der das Geld für Rom gesammelt wird. An dem großen Tisch vorn werden die Ablassbriefe verkauft. Im Hintergrund auf zwei Fahnen die Papstwappen.
(Flugblatt, vor 1520)

4 Kreuzworträtsel

Fertige eine Kopie dieser Seite an und löse dann das Kreuzworträtsel.

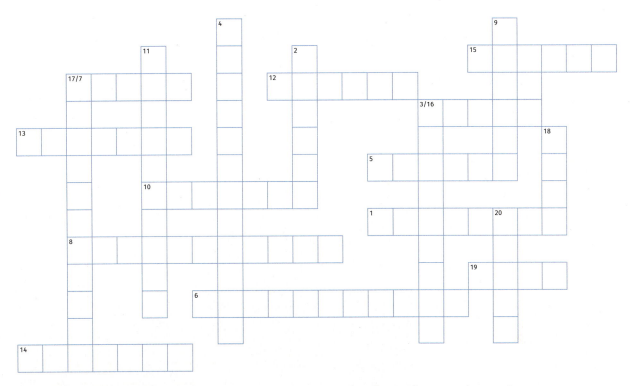

waagerechte Zeilen von links nach rechts:

1. Versteck eines Reformators
5. alte Kirchensprache
6. Erneuerung der Kirche
7. Grundlage des evangelischen Glaubens
8. schwerste Kirchenstrafe
10. Friedrich von … war ein Anhänger Luthers.
12. … lehnten sich gegen ihre Landesherren auf.
13. neue Sprache im Gottesdienst
14. Die Bauern leisteten hohe …
15. Vorname eines Pastors und Anführers der Bauern
16. Oberhaupt der katholischen Kirche
19. katholisches Kriegsbündnis

senkrechte Spalten von oben nach unten:

2. Vorname eines Kirchenkritikers
3. große Kirche in Rom
4. Geld machen mit dem schlechten Gewissen
9. Luther veröffentlichte 95 …
11. Der Kaiser verhängte die … über Luther.
17. Bezeichnung für einen Aufstand der Landbevölkerung
18. In dieser Stadt begann der Dreißigjährige Krieg.
20. protestantisches Kriegsbündnis

Du kannst …
a) das Kreuzworträtsel lösen. ✓
b) fünf der Begriffe aus dem Kreuzworträtsel erklären. ✓✓
c) mithilfe der Begriffe den Ablauf der Reformation beschreiben. ✓✓✓

WES-104982-205
Lösungen zum Kompetenzcheck

Revolution und Reform im Europa der Neuzeit

Der französische König Ludwig XIV. herrschte mit uneingeschränkter Macht. Er musste sich vor niemandem rechtfertigen.
Diese Herrschaftsform heißt Absolutismus. Viele andere Fürsten folgten seinem Vorbild und auch dem luxuriösen Hofleben.
Doch zur gleichen Zeit diskutierten Gelehrte in Europa die Frage, ob der Absolutismus überhaupt rechtmäßig ist, denn die einfachen Bürger waren nicht an der Königsherrschaft beteiligt.
Schließlich stürzte das französische Volk im Jahr 1789 in einer Revolution den damaligen König und beendete seine Herrschaft.

Blick auf das Schloss Versailles vom Schlosspark aus. Das Schloss und die weitläufigen Gartenanlagen gehören zu den meistbesuchten Touristenattraktionen von Paris. (Aktuelles Foto)

Absolutismus in Frankreich

Der König als uneingeschränkter Herrscher

Ludwig XIV. übernimmt die Alleinherrschaft in Frankreich

Der französische König Ludwig XIV. war bereits als vierjähriges Kind zum König gekrönt worden. Bis zu seiner Volljährigkeit regierten andere für ihn das Land. Doch als er 1681 mit 22 Jahren selbst die Regierung übernahm, entschloss er sich fortan allein zu regieren. In Frankreich durfte nichts mehr ohne seine Befehle oder gegen seinen Willen geschehen.

M1 Ludwig XIV. (1638–1715), König von Frankreich (Gemälde von René Antoine Houssace, 1679)

Absolutismus: vom lateinischen Wort absolutus = losgelöst abgeleitet, Regierungsform, in der ein König oder Fürst uneingeschränkt herrscht

> **Q1** Ludwig XIV. begründete seine Alleinherrschaft folgendermaßen:
>
> Was die Personen betrifft, die mir bei meiner Arbeit behilflich sein sollten, so habe ich mich [...] entschlossen, keinen Premierminister mehr in meinen Dienst zu nehmen. [...] Ich entschloss mich noch zu einem weiteren Schritt. Ich wollte die oberste Leitung ganz allein in meiner Hand zusammenfassen.

Die Idee, dass der König den Staat allein regiert, war nicht neu. Bisher aber mussten die Könige immer mit dem Adel zusammenarbeiten, der über viel Grundbesitz verfügte. Doch nun übernahm Ludwig XIV. allein die Regierung. „Der Staat bin ich!" – so soll er es beschrieben haben. Diese Alleinregierung eines Königs heißt Absolutismus.

Die Stützen der Macht im Absolutismus

Um seinen Willen und seine Befehle umzusetzen und den französischen Staat allein zu regieren, kontrollierte Ludwig XIV. drei Bereiche:
- Beamte aus dem Bürgertum leiteten die Verwaltung. Sie setzten die Befehle des Königs um und trieben für den König die Steuern ein.
- Es gab eine ständig einsatzbereite Armee, das „stehende Heer". Den obersten Befehl über die Armee hatte der König.
- Der König bestimmte über die Finanzen des Staates, also darüber, wofür das Geld ausgegeben wurde.

Durch diese Herrschaftsführung drängte Ludwig XIV. den Einfluss der Adeligen so weit zurück, dass auch sie ihm gehorchen mussten.

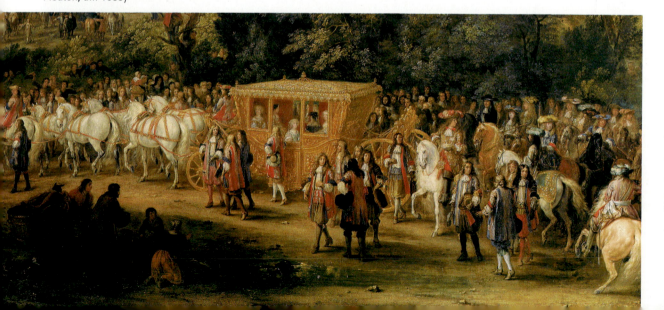

M2 Mit Gold verzierte Kutsche Ludwig XIV. (Gemälde von Adam Frans van der Meulen, um 1685)

M3 Die Stützen der Macht im Absolutismus

Der König ist von Gott eingesetzt

Seine absolute Herrschaft rechtfertigte Ludwig XIV. mit dem Gottesgnadentum, d. h. von Gott auserwählt zu sein.

Aus seiner Sicht musste er sich bei seinen Befehlen oder Entscheidungen niemals rechtfertigen. Der König verkörperte den französischen Staat.

> **Q2** Ein französischer Bischof rechtfertigte 1682 den Absolutismus:
>
> Die Fürsten handeln also als Gottes Diener und Statthalter auf Erden […]. Die königliche Gewalt ist absolut. […] Niemand kann daran zweifeln, dass der ganze Staat in der Person des Fürsten verkörpert ist. Bei ihm liegt die Gewalt. In ihm ist der ganze Wille des Volkes wirksam.

Ludwig XIV. überstrahlt Frankreich

Aus seiner Sicht war er ebenso unerreichbar wie unersetzlich. Als Zeichen seiner umfassenden Herrschaft wählte er sich die Sonne aus.

> **Q3** Ludwig XIV. schrieb 1670 über die Sonne als Symbol des Königs:
>
> Die Sonne ist ohne Zweifel das lebendigste und schönste Sinnbild eines großen Fürsten deshalb, weil sie […] durch den Glanz, der sie umgibt, durch das Licht, das sie den anderen Gestirnen spendet.

Sein Schloss Versailles war mit goldenen Symbolen einer Sonne verziert. Daher wurde er als Sonnenkönig beschrieben.

M4 Sonnensymbol am Gitterzaun des Schlosses Versailles

ARBEITSAUFTRÄGE

1. Fasse mithilfe von Q1 den Herrschaftsantritt Ludwig XIV. zusammen.
2. III Benenne anhand von M3 die drei Stützen der absolutistischen Herrschaft.
   III Beschreibe jede der drei Stützen in M3 ausführlich. HILFE
   III Begründe die Notwendigkeit der drei Stützen in M3 für einen absoluten Herrscher. HILFE
3. Begründe die Auswahl der Sonne als Herrschaftszeichen mithilfe der beiden Textquellen Q2 und Q3. 🚏 Bushaltestelle

Ein Herrscherbild analysieren

Schon in der Antike ließen sich z. B. römische Kaiser auf Münzen oder als Statuen abbilden. In der Neuzeit beauftragten die Herrscher Maler, Porträts von ihnen anzufertigen. Die absolutistischen Könige und Fürsten nutzten diese Herrscherporträts, um ihre uneingeschränkte Macht, ihre Stellung an der Spitze des Staates, ihre militärische Stärke oder ihre allgemeine Bedeutung zu zeigen.

Daher war bei den Herrscherbildern jede Einzelheit wichtig und wie ein Puzzle zusammengesetzt. Bewusst bildeten die Maler Herrschaftszeichen wie Krone, Schwert, königliche Kleidung oder auch die Körperhaltung als Ausdruck der absoluten Herrschaft in den Porträts ab.

Gleichzeitig wurden andere Äußerlichkeiten weggelassen oder sehr stark beschönigt. So war Ludwig XIV. bereits 63 Jahre alt, als das bekannte Herrscherporträt entstand. Er ließ sich aber deutlich jünger darstellen, denn das angefertigte Herrscherbild sollte keine wirkliche Abbildung sein. Der König oder Fürst bestimmte die Ansicht, die er dem Betrachter vermitteln wollte.

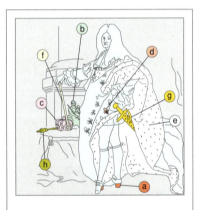

a) rote Absätze – durfte nur der König tragen
b) Justitia – Göttin der Gerechtigkeit
c) Königskrone
d) Lilie – altes Symbol der französischen Könige
e) Hermelin-Pelz – durften nur Könige tragen
f) Zepter – Zeichen der Herrschaftsgewalt
g) Schwert der französischen Könige – steht für Tapferkeit
h) Schwurhand – Zeichen für Rechtsprechung

M1 Ludwig XIV., König von Frankreich (Gemälde des Hofmalers Hyacinthe Rigaud, 1701. Maße: 2,77 x 1,94 m)

Schritte zur Analyse eines Herrscherbildes

1. **Schritt: Das Herrscherbild beschreiben**
   - Wer oder was steht im Mittelpunkt des Gemäldes?
   - Wie ist der Herrscher dargestellt? Welche Gestik, Mimik und welche Körperhaltung kommen zum Ausdruck?
   - Welche Gegenstände sind auf dem Gemälde vorhanden?

2. **Schritt: Das Herrscherbild einordnen**
   - Wann entstand das Gemälde? Ist es ein zeitgenössisches Bild oder entstand es erst später?
   - Wer war der Auftraggeber, wer der Maler?
   - Welche Bedeutung haben die Gegenstände, die zu sehen sind?

3. **Schritt: Das Herrscherbild bewerten**
   - Was sagt das Bild des Herrschers über seine Regierungsweise aus?
   - Welche Absicht verfolgt der Herrscher mit dem Bild?

Stichwortartige Musterlösung zur Auswertung des Bildes M1:

1. **Schritt:**
   - König Ludwig XIV.
   - aufrecht, sehr selbstbewusst, stützt den Arm auf das Zepter, blickt den Betrachter direkt an
   - Schwert, Zepter, Krone im Hintergrund

2. **Schritt:**
   - 1701, d. h., Ludwig XIV. war 63 Jahre alt
   - im Auftrag Ludwig XIV. durch den Hofmaler Hyacinthe Rigaud
   - Die Gegenstände zeigen die königliche Herrschaft.

3. **Schritt:**
   - Ludwig sah sich selbst als das Zentrum des französischen Staats.
   - Die absolutistische Regierungsweise als Herrscher, der niemandem Rechenschaft schuldet, kommt zum Ausdruck.

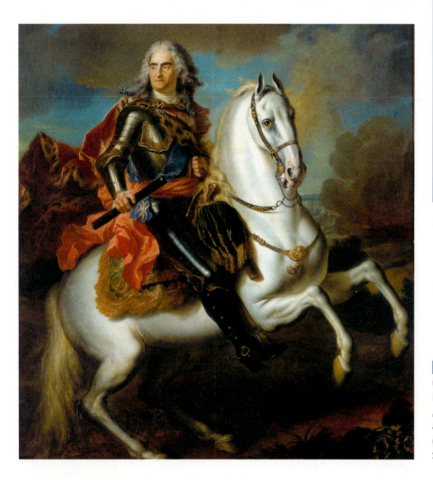

M2 König August II. von Polen (1670–1733)
Der sächsische Kurfürst August „der Starke" wurde nach einem Krieg auch König von Polen.
(Gemälde des Hofmalers Louis de Silvestre, um 1718. Maße: 2,67 x 2,08 m)

ARBEITSAUFTRÄGE

1. Ordne die Informationen der Musterlösung dem Bild M1 zu.
2. Beschreibe das Bild M2 mithilfe der Schritte zur Analyse eines Herrscherbildes und orientiere dich an der Musterlösung. Stühletausch

Ludwig XIV. und sein Hof

Ein Schloss für den Sonnenkönig

Die absolute Macht König Ludwig XIV. sollte sichtbar werden. Daher ließ er ein Jagdschloss am Rand von Paris prächtig ausbauen. Schloss Versailles diente als eine Art Bühne des Sonnenkönigs:
- Die Baukosten waren hoch, da nur edle Materialien verwendet wurden. Im Gold, den Fenstern und Spiegeln sollte sich die Sonne als Ausdruck des Glanzes seiner Herrschaft widerspiegeln.
- Breite Wege durchzogen die Gartenanlage. Blumenbeete, Hecken und Bäume waren in Form geschnitten, die Wasserspiele der vielen Brunnen mit Figuren der Antike verziert.

Die gesamte Schlossanlage Versailles richtete sich auf den Herrscher aus. Alles war dem Willen des Sonnenkönigs unterworfen. Daher führten die Wege strahlenförmig auf das Schloss zu.

M1 Spiegelsaal in Schloss Versailles

> **Q1** Liselotte von der Pfalz war mit einem Bruder Ludwig XIV. verheiratet. Sie beschrieb 1671 in einem Brief Schloss Versailles:
>
> An Marmor und Gold wurde nicht gespart. Edelsteine, Spiegel, Edelhölzer, Teppiche, wohin du schaust, kostbare Gemälde und Statuen. Und erst die Springbrunnen, Wasserspiele und Pavillons in dem riesigen Park. [...] Das ist aber nichts gegen die Dienerschaft des Königs [...]. Es sollen 20 000 zum Hofstaat gehören, darunter 383 Köche [...], 12 Manteltäger, 8 Rasierer.

Weit über 1000 Diener und Arbeiter sorgten sich ständig um den Garten und die 1800 Räume des Schlosses. König Ludwig XIV. selbst bewohnte „nur" 152 Zimmer. Den europäischen Fürsten diente sein Hofleben und die Pracht seines Schlosses als Vorbild.

M2 Schloss und Park von Versailles (Gemälde von Pierre Patel, 1668)

M3 Der König wird durch Diener angekleidet, während gleichzeitig Adelige dabei sind und zusehen. (Farblithografie von Maurice Leloir, 1904)

Die Sonne steht auf

Das gesamte Hofleben in Schloss Versailles drehte sich um König Ludwig XIV., vom Erwachen am Morgen bis zum Schlafengehen. Alle Handlungen im Tagesablauf waren Symbol für die Königsherrschaft.

> **Q2** So beschrieb ein Herzog die Aufstehzeremonie von Ludwig XIV.:
>
> Um acht Uhr morgens weckte der erste Kammerdiener den König. Der Leibarzt […] und, solange sie lebte, die Amme des Königs traten zur gleichen Zeit ein. Die Amme küsste ihn, die anderen rieben ihn mit Tüchern ab, zogen ihm, weil er meist stark schwitzte, ein anderes Hemd an. Um Viertel nach acht rief man den Großkämmerer. Einer von ihnen öffnete den Bettvorhang […] und reichte dem König mit Weingeist vermischtes Wasser […] diese Herren verweilten einen Augenblick, sofern sie dem König etwas zu sagen hatten oder ihn um etwas bitten wollten […] dann gingen sie hinüber in den Sitzungssaal […]. Nach kurzem Gebet rief der König und sie kamen alle wieder herein. Der Oberkämmerer brachte ihm seinen Morgenrock, […] nun erschien alles, was Rang und Namen hatte.

WES-104982-301
Hier findest du eine Hörszene zum Leben am Hof von Versailles.

Nach der Morgenzeremonie und einem Gottesdienst kümmerte sich der König um die Regierungsgeschäfte. Am Abend folgten oft kostspielige Feste mit Musik, Tanz, Akrobaten und Feuerwerk. Auch sie sollten die Macht, den Reichtum und den Glanz des Sonnenkönigs ausdrücken.

ARBEITSAUFTRÄGE

1. Recherchiere zu Schloss Versailles und erstelle eine kurze Reisebroschüre für Kinder. Galeriegang HILFE
2. III Schildere mithilfe von Q2 und M3 die morgendliche Zeremonie.
   III Beschreibe mithilfe von M3 und Q2 das aus unserer heutigen Sicht doch Ungewöhnliche am Hofleben.
   III Begründe die besondere Auszeichnung oder Ehre, König Ludwig XIV. beim Waschen oder Ankleiden behilflich sein zu dürfen. HILFE

Wirtschaft im Absolutismus

Der Staat braucht Geld

Die Ausgaben des französischen Staates waren unter Ludwig XIV. enorm hoch und stiegen Jahr für Jahr immer weiter an. Die Gründe dafür lagen in den Stützen seiner absoluten Herrschaft. Das stehende Heer war sehr teuer, denn es musste mit Waffen und Uniformen ausgerüstet werden. Kasernen wurden gebaut und die Soldaten mussten versorgt werden. Außerdem führte der König viele Kriege, was zusätzliches Geld verschlang. Und auch die königlichen Beamten, die für die Umsetzung seiner Maßnahmen sorgten, mussten bezahlt werden.

Außerdem verschlangen seine aufwendige Hofhaltung mit den vielen teuren Festen und der Ausbau von Schloss Versailles mit seinen großen Gartenanlagen ungefähr ein Drittel der gesamten Steuereinnahmen.

Die Wirtschaft wird gefördert

Die wichtigste Einnahmequelle des Staates war eine Art Kopfsteuer, die von den Untertanen bezahlt werden musste. Der Adel und der Klerus waren davon befreit. Um die Einnahmen des Staates zu erhöhen, führte der Finanzminister Jean Baptiste Colbert einige Maßnahmen durch:

- französische Betriebe sollten gefördert,
- Straßen, Häfen und Kanäle als Handelswege ausgebaut,
- ausländische Waren hoch besteuert und
- eine indirekte Verbrauchssteuer auf Waren erhoben werden, die jeder zahlen musste.

Tatsächlich gelang es durch diesen sogenannten Merkantilismus, die Steuereinnahmen des Staates enorm zu vermehren. Die Ausgaben des französischen Staates waren aber immer höher als dessen Einnahmen. Daher wuchsen auch die Schulden des Staates trotzdem immer weiter an.

Merkantilismus: Absolutistisches Wirtschaftssystem, das durch hohe Schutzzölle die einheimische Wirtschaft schützte. Gleichzeitig sollten Waren im Ausland verkauft und hohe Gewinne erzielt werden.

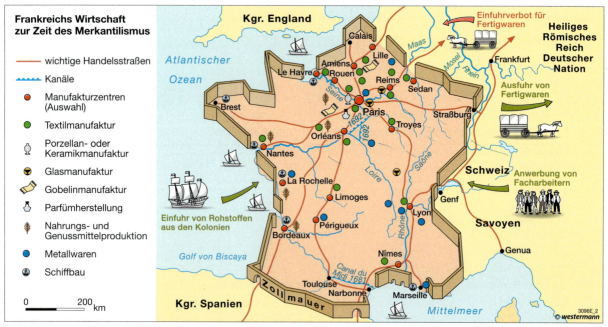

M1 System des Merkantilismus

M2 Die staatliche Rasiermessermanufaktur in Paris. Sie wurde gegründet, um von der Einfuhr aus England unabhängig zu sein. (Flugblatt von 1800)

Manufakturen verändern die Arbeitswelt

Die Herstellung von Produkten in Arbeitsteilung, d. h., dass der Produktionsvorgang in kleine wiederkehrende Arbeitsschritte zerlegt wurde, war auch bei den Handwerkern üblich. Doch in Frankreich wurde dieser Herstellungsprozess nun in handwerklichen Großbetrieben, sogenannten Manufakturen, weiter verbessert. Dies gelang auch, weil Spezialisten und Facharbeiter im Ausland angeworben wurden. Erst deren Wissen ermöglichte es, in den staatlich gelenkten Manufakturen:
- die Qualität der Produkte zu steigern,
- die Waren schneller herzustellen,
- die Arbeiter besser auszubilden.

In den Manufakturen wurden keine Alltagswaren, sondern Luxuswaren wie teure Wandteppiche, edle Stoffe, wie Spitze oder Seide, oder Uhren, Möbel und Porzellan hergestellt. Die Produkte ermöglichten hohe Gewinne und damit auch hohe Einnahmen für den Staat.

Der Staat wird zum Unternehmer

Die Manufakturen wurden vom Staat direkt als Unternehmer betrieben. So floss der Gewinn direkt in die Staatskasse. Der Finanzminister Colbert verkaufte an Privatunternehmer auch das Recht, eigene Manufakturen zu errichten. Der Staat verlieh hierfür sogar Geld und profitierte nun mehrfach: von der Rückzahlung des Kredits, einer Art Lizenzgebühr für die Warenherstellung und den Steuereinnahmen.

M3 Jean Baptiste Colbert (1619–1683) war Finanzminister unter Ludwig XIV. (zeitgenössisches Gemälde)

📱 WES-104982-302
Hier findest du eine Abbildung zu einer Spielkartenmanukaktur und eine Erläuterung der einzelnen Arbeitsschritte.

ARBEITSAUFTRÄGE

1. Zähle die Bereiche auf, für die König Ludwig XIV. viel Geld benötigte.
2. III Benenne die Maßnahmen, durch die von Colbert die Wirtschaft gefördert wurde.
   III Beschreibe den Warenfluss im Schaubild M1. HILFE
   III Erläutere mithilfe des Schaubilds M1 und der Produktion eines Rasiermessers in M2 das System des Merkantilismus.
3. Stelle dir vor, du besuchst eine Manufaktur. Schildere knapp die Herstellung eines Produkts und den aufgeteilten Arbeitsvorgang. Reporter

Absolutismus in Preußen

M1 König Friedrich II. (1712–1786) Zeittypisches Gemälde des preußischen Königs von Johann Heinrich Christoph Franke, um 1763.

Friedrich II. – ein absolutistischer König

Absolutismus als Vorbild für die eigene Regierung

Das Vorbild Ludwig XIV. strahlte auch auf die kleinen und großen Fürsten in den deutschen Gebieten aus. Sie regierten uneingeschränkt, also absolut, befehligten die Beamtenschaft, unterhielten ein stehendes Heer und entschieden über die Finanzen des Staates. Auch das aufwendige Hofleben des französischen Königs in Versailles versuchten sie zu kopieren. Sie bauten prachtvolle neue Schlösser mit Gartenanlagen. Der sächsische Kurfürst baute z. B. den Zwinger in Dresden oder Schloss Pillnitz an der Elbe. Die Wirtschaft wurde durch den Bau von Manufakturen nach französischem Vorbild gefördert.

Der steile Aufstieg eines unbedeutenden Staates

Nach dem Ende des Dreißigjährigen Krieges war das Kurfürstentum Brandenburg und spätere Königreich Preußen ein unbedeutendes Gebiet innerhalb des Reiches. Unter König Friedrich II. stieg Preußen ab 1740 nach einer ganzen Reihe von Kriegen zu einem der mächtigsten Staaten in Europa auf. Wichtige Merkmale seiner Politik waren:
- die preußische Wirtschaft und die Staatsfinanzen durch eine merkantilistische Wirtschaftspolitik zu stärken und
- das Land mit Siedlern zu bevölkern. So kamen z. B. protestantische Glaubensflüchtlinge aus Frankreich oder Österreich.
- Eine dem König und preußischen Staat treu ergebene Beamtenschaft verwaltete die Landesteile und
- kontrollierte mit ihm alle Einrichtungen des Staates.
- Eine starke, dem König untergebene Armee wurde finanziert.

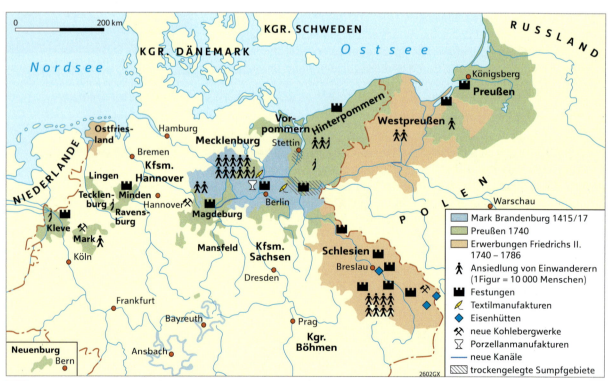

M2 Die Entwicklung Brandenburg-Preußens bis 1786

König und gleichzeitig oberster Beamter

Für König Friedrich II. war entscheidend, dass seine Regierungshandlungen immer dem preußischen Staat nützten. Das unterschied ihn deutlich von anderen absolutistischen Herrschern. Ein prachtvolles Hofleben erschien ihm als Verschwendung. Er sah sich als „erster Diener" seines Staates und hatte für dessen Wohl zu sorgen.

An seiner absoluten Macht als König hielt er aber fest, auch wenn er sich als oberster Beamter fühlte, der an der Spitze des Staates stand.

> **Q1** Friedrich II. beschrieb 1752 die Aufgaben eines Königs:
>
> Trägheit, Vergnügungssucht und Dummheit: Diese drei Ursachen hindern die Fürsten […] für das Glück ihrer Völker zu wirken […]. Der Herrscher ist nicht zu seinem hohen Rang erhoben, man hat ihm nicht die höchste Macht anvertraut, damit er in Verweichlichung dahinlebe […]. Der Herrscher ist der erste Diener des Staates […]. Er wird gut besoldet […]. Man fordert aber von ihm, dass er werktätig für das Wohl des Staates arbeite.

Das Land wird ständig kontrolliert

König Friedrich II. überwachte und kontrollierte ständig die Umsetzung seiner Anweisungen, denn er misstraute seinen eigenen Beamten.

Brandenburg-Preußen entwickelte sich unter Friedrich zu einem in ganz Europa beachteten Musterstaat. Aber die gesellschaftlichen Verhältnisse änderten sich nicht. Der Adel bestimmte weiterhin über die in Unfreiheit lebenden Bauern. Ein sozialer Aufstieg oder politische Ämter waren für Bürger kaum erreichbar.

M3 König Friedrich II. kontrolliert die Landwirtschaft.
Um die Ernährung der Bevölkerung besser zu sichern, hatte Friedrich II. den Bauern befohlen, Kartoffeln anzubauen. (Gemälde von 1886)

ARBEITSAUFTRÄGE

1
- ∎ Zähle die Maßnahmen auf, durch die König Friedrich II. den preußischen Staat förderte.
- ∎ Arbeite Gemeinsamkeiten zwischen Friedrich II. und Ludwig XIV. in ihrer Regierungsweise heraus.
- ∎ Erläutere mithilfe von Q1, M2 und M3 das Zitat, der König sei „der erste Diener des Staates". HILFE

2 Vergleiche das Herrscherbild M1 von Friedrich II. mit dem Herrscherbild von Ludwig XIV. auf Seite 82. 🐝 Bienenkorb HILFE

Der König und der Philosoph

Der preußische König diskutiert mit Philosophen

Als Friedrich II. im Jahr 1740 König wurde, blickten viele Zeitgenossen in ganz Europa erwartungsvoll nach Preußen. Denn von ihm wurde erwartet, ein moderner König zu werden und viele neuartige Ideen und Gedanken in die Tat umzusetzen. Das lag an seinen Briefkontakten mit vielen bedeutenden Gelehrten, allen voran mit dem berühmten französischen Dichter und Philosophen Voltaire.

Jener hatte die Missstände der absolutistischen Herrscher und deren Verschwendungssucht kritisiert. Er fragte auch, woher sie sich das Recht nahmen, allein über alles im Staat zu bestimmen. Friedrich II. bewunderte den französischen Philosophen und diskutierte mit ihm in Briefen. Als er König wurde, lud er Voltaire an seinen Hof ein.

Friedrich und Voltaire

Auch Voltaire war von Friedrich beeindruckt. Er nahm die Einladung an und lebte über zwei Jahre am Hof in Potsdam. Ihre Freundschaft hielt über 40 Jahre. Sie war von gegenseitiger Verehrung geprägt. In Schloss Sanssouci philosophierten beide nun direkt miteinander. Sie diskutierten z. B. auch die Frage, woran sich ein Fürst bei seiner Herrschaft orientieren sollte. Ihre übereinstimmende Antwort lautete, dass sich der Herrscher dem Staatswohl unterordnen müsse und die Pflicht habe, seinem Land zu dienen.

Dagegen stritten Voltaire und Friedrich II. über die Ständegesellschaft und eine Aufhebung der Vorrechte des Adels. Hier beharrte der preußische König auf dem bisherigen Standpunkt.

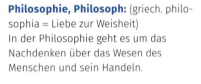

Philosophie, Philosoph: (griech. philosophia = Liebe zur Weisheit) In der Philosophie geht es um das Nachdenken über das Wesen des Menschen und sein Handeln.

M1 Tafelrunde in Schloss Sanssouci
Auf dem Gemälde aus dem Jahr 1850 ist Friedrich in blauer Uniform in der Mitte zu sehen. An der linken Seite beugt sich der französische Philosoph Voltaire nach vorn. Die übrigen Personen sind preußische Generäle und Gelehrte aus Berlin.

M2 Friedrich II. und Voltaire im Schlosspark von Sanssouci (Holzstich von 1857)

Reformen im preußischen Staat

Einige der mit Voltaire diskutierten Gedanken setzte Friedrich II. in seinem Königreich um. So gewährte er z.B. seinen Untertanen Glaubensfreiheit. Denn für ihn war nur wichtig, dass sie dem preußischen Staat nützlich waren.

> **Q1** Gedanken über die Religionen in Preußen (1752):
>
> Katholiken, Lutheraner, Reformierte, Juden und zahlreiche andere [...] wohnen in Preußen und leben friedlich beieinander. Wenn der Herrscher [...] auf den Einfall käme, eine dieser Religionen zu bevorzugen, so würden sich sofort Parteien bilden und heftige Streitereien ausbrechen [...]. Für die Politik ist es völlig belanglos, ob ein Herrscher religiös ist oder nicht [...] man muss auf die große Masse so weit Rücksicht nehmen, dass man ihre religiösen Gefühle nicht verletzt, einerlei, welchem Glauben sie angehören.

Auch in der Rechtsprechung handelte er anders als die absolutistischen Herrscher. Er verzichtete darauf, sich in Gerichtsverfahren einzumischen.

> **Q2** Gedanken über die Rechtsprechung in Preußen (1752):
>
> Ich habe mich entschlossen, niemals in den Lauf des gerichtlichen Verfahrens einzugreifen; denn in den Gerichtshöfen sollen die Gesetze sprechen und der Herrscher soll schweigen.

M3 Voltaire (1694–1778) Gemälde, 1811

ARBEITSAUFTRÄGE

1. Beschreibe anhand von M1 und M2, wie der Gedankenaustausch zwischen Friedrich II. und Voltaire vom jeweiligen Maler dargestellt wurde.
2. III Benenne mithilfe von Q1 und Q2 die Reformen und Haltungen, die vom Vorbild der absolutistischen Herrscher abweichen.
   II Begründe die Gleichstellung der Religionen in Preußen aus der Sicht Friedrichs.
   III Diskutiert die Sichtweise, Friedrich II. sei ein „moderner Herrscher".
   Kugellager HILFE

Das Zeitalter der Aufklärung

Denken in neue Richtungen

Neue Wege in der Naturwissenschaft

Bereits in der Renaissance hatten Gelehrte wie Galileo Galilei nach Antworten auf Fragen gesucht, die nicht mithilfe der Bibel zu erklären waren: z. B. die Umlaufbahnen der Planeten um die Sonne. Diese Entwicklung setzte sich im 17. Jahrhundert fort und immer mehr Wissenschaftler forschten an ungeklärten Phänomenen. Einige der Fragen waren:
- Wohin verschwindet eine Kerze oder ein anderer Gegenstand beim Verbrennen?
- Woraus besteht Luft, warum ist sie unsichtbar und weshalb steigt warme Luft nach oben?
- Was ist Elektrizität und wie lässt sie sich erzeugen?

Die Beobachtung der Natur

Wissenschaftler an Universitäten beobachteten die Natur immer genauer und suchten Antworten. Vom englischen Wissenschaftler Isaac Newton (1642–1727) ist überliefert, dass er sich fragte, warum ein Apfel immer senkrecht zu Boden fällt. Bei der systematischen Lösung des Problems ermittelte er das physikalische Gesetz der Schwerkraft. Außerdem konnte er beweisen, dass scheinbar unsichtbares Licht aus einer Vielzahl von Farben zusammengesetzt ist.

Systematische Antworten auf Fragen

Durch wissenschaftliche Experimente sollten Naturphänomene systematisch überprüft und erklärt werden. Die Ergebnisse mussten messbar und wiederholbar sein sowie immer das identische Resultat liefern. Nur auf dieser Grundlage konnte dann ein allgemein gültiges Naturgesetz, wie z. B. das Gesetz der Schwerkraft, formuliert werden.

Nicht mehr die Bibel und der Glaube, sondern die wissenschaftlichen Erklärungen lieferten nun Antworten. Die Naturwissenschaftler erklärten von nun an, wie die Welt aufgebaut ist und wie sie funktioniert. Die Kirche und die Bibel dienten nicht mehr als Grundlage für die Forschung.

M1 Isaac Newton bei einem Experiment zur Lichtbrechung (Zeichnung, 1727)

M2 Ballon der Brüder Montgolfier vor dem Schloss Versailles am 19.09.1783, sie nutzten die Erkenntnis, dass warme Luft nach oben steigt. (Kupferstich, 1783)

Neue Wege in der Philosophie

Auch Philosophen stellten seit der Renaissance die Frage nach der Natur des Menschen und suchten die Antworten nicht mehr allein in der Bibel:
- Sie bezweifelten zwar nicht die Existenz Gottes, doch fragten sie nach dessen Eingriff in das jeweilige Leben. Sie glaubten nicht mehr daran, dass Gott das ganze Leben lenkt.
- Den freien Willen jedes einzelnen Menschen setzten sie als Grundlage des Handelns der alten Denkweise gegenüber.

Antworten auf philosophische Fragen

Ein wichtiger Philosoph war Immanuel Kant. Er interessierte sich auch für Naturwissenschaft und Mathematik. Für Kant war nicht der Glaube, sondern das eigenständige Denken die Basis, um die Welt zu verstehen.

M3 Porträt von Immanuel Kant (1724–1804) Ölgemälde, 1791

> **Q1** Was ist Aufklärung? Immanuel Kant beschrieb dies 1784:
>
> Aufklärung ist der Ausgang des Menschen aus seiner selbst verschuldeten Unmündigkeit. Unmündigkeit ist das Unvermögen, sich seines Verstandes ohne Leitung eines anderen zu bedienen. Selbstverschuldet ist diese Unmündigkeit, wenn die Ursache derselben nicht am Mangel des Verstandes, sondern der Entschließung und des Mutes liegt, sich seiner ohne Leitung eines anderen zu bedienen. „Sapere aude! Habe Mut, dich deines eigenen Verstandes zu bedienen!" ist also der Wahlspruch der Aufklärung. [verändert]

Vereinfacht ausgedrückt meinte Kant, dass der Einzelne für sein gesamtes Handeln immer allein die Verantwortung trägt und nicht von einer göttlichen Macht abhängig ist, die in das Schicksal eingreift.

Die Zeit der Aufklärung

Im Deutschen wurde für das neue Denken der Begriff Aufklärung benutzt. Er steht dafür, etwas zu erhellen, also das notwendige Wissen über Ursachen und Zusammenhänge eines Themas zu vermitteln. „Aufklären" stand für das neue Denken im Zeitalter der Vernunft.

Die Philosophen tauschten über Briefe, wissenschaftliche Abhandlungen, bei Vorträgen oder in Diskussionen ihre Gedanken und Erkenntnisse aus. In Lesezirkeln oder bei öffentlichen Vorlesungen in Universitäten wurden die Fragestellungen der Aufklärung auch vom Bürgertum diskutiert.

ARBEITSAUFTRÄGE

1. Begründe mithilfe von M1 und M2 die Verwunderung der Zuschauer bei der Vorführung wissenschaftlicher Erkenntnisse. HILFE
2. Recherchiere die naturwissenschaftlichen Lösungen auf eine der damaligen Fragen. Graffiti
3. III Benenne die Fähigkeit des Menschen, die die Aufklärer in den Mittelpunkt rückten.
   III Benenne die von Kant in Q1 genannten Gründe für Unmündigkeit.
   III Begründe aus Sicht von Kant einen sogenannten mündigen Menschen. HILFE
4. Erkläre mithilfe von Q1 den Begriff Aufklärung in eigenen Worten.

Nachdenken über die Aufteilung der Macht

Der Absolutismus als Ausgangspunkt

Die Denker der Aufklärung stellten in ihren Überlegungen auch das Herrschaftssystem des Absolutismus infrage:
- War der König wirklich zur alleinigen Herrschaft berufen?
- Hatten sich die Menschen freiwillig einem König unterworfen oder waren sie vielmehr in den Absolutismus hineingezwungen worden?
- Gab es eine andere, gerechtere Möglichkeit, den Staat zu regieren?

M1 Schaubild zum Prinzip des Absolutismus

Niemand soll allein bestimmen

Die Aufklärer wollten die Herrschaftsrechte des Königs begrenzen. Der Franzose Charles de Montesquieu (1689–1755) forderte daher:
- Eine gesetzgebende Gewalt, die Legislative, sollte die Gesetze schaffen, z. B. die Höhe der Steuern festlegen.
- Eine ausführende Gewalt, die Exekutive, sollte die Gesetze umsetzen, also z. B. die Steuern einfordern oder konkrete Projekte wie z. B. den Bau von Straßen verwirklichen.
- Eine richterliche Gewalt, die Judikative, sollte unabhängig von den anderen Gewalten Gerichtsurteile fällen.

Außerdem sollte die Exekutive durch die beiden anderen Gewalten kontrolliert werden können, ob sie sich an die bestehenden Gesetze hält.

M2 Charles de Montesquieu (Gemälde, 1728)

> **Q1** Montesquieu (1689–1755) stellte dem absolutistischen Herrschaftsmodell eine Aufteilung der Gewalten gegenüber. Er beschrieb die Teilung der Gewalten im Staat folgendermaßen:

> In jedem Staat gibt es drei Arten von Gewalten: die gesetzgebende Gewalt, die ausführende Gewalt und die richterliche Gewalt. Wenn die gesetzgebende Gewalt mit der ausführenden in einer Person [...] vereinigt ist, dann gibt es keine Freiheit, weil man fürchten kann, derselbe Herrscher werde tyrannische Gesetze geben, um sie tyrannisch auszuführen [...].
> Alles wäre verloren, wenn ein und derselbe Mensch diese drei Gewalten ausübte.

Gewaltenteilung als neues Herrschaftsmodell

Niemand war aus der Sicht der Philosophen der Aufklärung zur alleinigen Herrschaft geboren, auch nicht der absolute Herrscher. Diese Gedanken widersprachen aber vollkommen der absolutistischen Herrschaftsform. Keiner der damaligen Könige war freiwillig dazu bereit, Macht abzugeben oder sich kontrollieren zu lassen.

Von den Aufklärern wurde aber die heute in unseren modernen Staaten übliche Gewaltenteilung vorausgedacht.

M3 Schaubild zum Prinzip der Gewaltenteilung

Das Volk muss an der Macht beteiligt sein

Der französische Aufklärer Jean-Jacques Rousseau (1712–1778) ging der Frage nach, welche Mitbestimmungsrechte der Einzelne im Staat haben sollte. Neben der Gewaltenteilung war für ihn entscheidend, dass jeder Bürger durch Wahlen an der Führung des Staates beteiligt wurde und mitbestimmen konnte.

> **Q2** Rousseau (1712–1778) stellte dem absolutistischen Herrschaftsmodell eine Aufteilung der Gewalten gegenüber. Er beschrieb die Beteiligung des Volkes im Staat folgendermaßen:
>
> Solange ein Volk gezwungen wird zu gehorchen und gehorcht, so tut es wohl: sobald es aber [die Fessel] abwerfen kann, so tut es besser. Rechtmäßige Gewalt kann nur auf einer Übereinkunft der Menschen gründen. Auf Freiheit verzichten heißt auf seine [...] Menschenrechte verzichten. Eine solche Entsagung ist mit der Natur des Menschen unvereinbar.

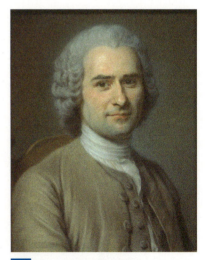

M4 Jean-Jaques Rousseau (Gemälde, 1753)

ARBEITSAUFTRÄGE

1. ■ Benenne mithilfe von Q1 und M3 die von Montesquieu geforderten drei Gewalten im Staat.
   ■ Gib das Recht jeder einzelnen Gewalt wieder. 🤝 Partnervortrag
   ■ Erkläre den Begriff der Gewaltenteilung.
2. Arbeite den Widerspruch zwischen Absolutismus und Gewaltenteilung mithilfe der Textquellen Q1 und Q2 heraus. HILFE

Die Französische Revolution

Die Lebensverhältnisse der Menschen

Der erste und der zweite Stand

Die französische Gesellschaft war in drei Stände aufgeteilt. Eine bevorzugte Stellung hatten die ersten beiden Stände, weil für sie Steuerbefreiungen und politische Mitsprache galten.

- Zum ersten Stand gehörten die Geistlichen, der sogenannte Klerus. Es gab große Unterschiede, da einerseits mächtige und einflussreiche Bischöfe und Äbte, andererseits auch einfache Priester und Mönche dazugehörten.
- Der zweite Stand umfasste die Adligen, bei denen es ebenso reiche und sehr mächtige, aber gleichzeitig auch unbedeutende oder verarmte Familien gab.

Beide Stände führten meist ein luxuriöses Leben mit hohen Ausgaben, besonders am Hof des Königs in Schloss Versailles.

Der dritte Stand

Die Mehrheit der Bevölkerung, etwa 98 Prozent, bildete den dritten Stand, der in seiner Zusammensetzung sehr unterschiedlich war. Neben den vielen Bauern, die zum Teil in großer Armut lebten, gab es auch die aufstrebende Bürgerschicht in den Städten. Viele von ihnen erwarben als Kaufleute, Unternehmer, Ärzte, Beamte, Anwälte oder Gelehrte Wohlstand und eine angesehene Position in der Gesellschaft. Doch politisch hatten sie gegenüber dem König und den ersten beiden Ständen kein Gewicht.

> **Q1** Ein Adeliger äußerte sich im Jahr 1689 zur Ständegesellschaft:
>
> [Es ist] die unterste Schicht des Volkes, die durch ihre Arbeit, durch ihren Handel, ihre Abgaben den König und sein ganzes Reich bezahlt. Sie stellt Soldaten, Arbeiter ... Tagelöhner. Es ist nichts Ungewöhnliches, wenn man bei einer Steuereintreibung nach Verkauf der Hauseinrichtung auch noch die Türen aushängt und die Balken abmontiert.

M1 Schaubild zur Gesellschaft im absolutistischen Frankreich

M2 „Das Austernfrühstück" (Gemälde von 1735)

M3 Suppenküche in einem Elendsviertel

Die wirtschaftliche Lage des dritten Stands

Im Jahr 1788 gab es große Ernteausfälle und einen sehr kalten Winter. Das Grundnahrungsmittel Brot wurde erheblich teurer. Zwei Kilo Brot kosteten fast so viel, wie ein Bauarbeiter an einem Tag verdiente.

Aufgrund der Befreiung des ersten und zweiten Stands von einer Kopfsteuer lag die ganze Steuerlast auf den Schultern des dritten Standes. Je mehr die Ausgaben des Königs stiegen, desto schwieriger wurde die Situation für den dritten Stand. Denn trotz der wirtschaftlichen Krise musste der dritte Stand die Abgaben leisten. Die Unzufriedenheit mit dieser Situation wurde immer größer.

Die politische Situation im Absolutismus

Im Verlauf des 18. Jh. hatten sich die aufklärerischen Ideen in Frankreich verbreitet. Die Forderungen nach Gewaltenteilung und Volkssouveränität führten zu immer mehr Kritik an der französischen Ständegesellschaft. Das Bürgertum, das neben der nötigen Bildung auch ein wachsendes Selbstbewusstsein mitbrachte, nahm die Gedanken der Aufklärung bereitwillig auf und diskutierte öffentlich darüber in Zeitungen, Flugblättern und Büchern. Doch deren Forderungen nach Gewaltenteilung oder Mitbestimmung fanden kein Gehör. Der König wollte seine Macht nicht mit den Bürgern teilen.

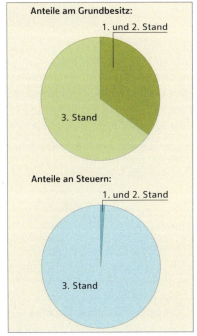

M4 Verteilung von Grundbesitz und Steuern in Frankreich im 18. Jahrhundert

ARBEITSAUFTRÄGE

1. Beschreibe anhand von M1 den Aufbau der französischen Gesellschaft.
2. Vergleiche die Gesellschaftsschichten in M2 und M3 miteinander. Achte auf Kleidung, Situation und Nahrung. Lege eine Tabelle an.
   👥 Partnervortrag HILFE
3. III Ordne die Personen der Abbildungen M2 und M3 in das Schaubild M1 ein.
   III Benenne die Aufgaben der einzelnen Stände.
   III Erläutere den Begriff der Ständegesellschaft.
4. Bewerte die Ständegesellschaft im Verhältnis zu den Forderungen der Aufklärung. HILFE

Ein Rollenspiel zur Ständegesellschaft

Bei einem Rollenspiel zur Ständegesellschaft musst du dich in eine andere Person versetzen: ihren Stand, ihr Einkommen und ihre Lebenssituation. Erst dann kannst du ihre möglichen Gedanken und ihr Verhalten spielerisch darstellen.

> **Schritte für die Durchführung eines Rollenspiels**
>
> 1. **Schritt: Das Rollenspiel vorbereiten**
>   - Kopiert die beiden Buchseiten, schneidet die Rollenkarten aus.
>   - Verteilt diese in der Klasse. Die Personen können auch mehrfach besetzt werden.
>   - Denke dich in deine Rolle mithilfe der Personenbeschreibung hinein. Was würde sie sagen? Wie würde sie auftreten?
>
> 2. **Schritt: Das Rollenspiel durchführen**
>   - Handle während der Durchführung nach deiner Rollenkarte.
>   - Achte auf die Äußerungen deiner Mitspieler. Antworte mit der vermutlichen Meinung der von dir gewählten Person.
>
> 3. **Auswertung des Rollenspiels**
>   - Bewertet das Rollenspiel und die einzelnen Personen: Wie gut haben sie ihren Standpunkt vertreten? Wer hat die Rolle überzeugend dargestellt?

Du bist der wohlhabende **Charles Longue**, dir gehört eine Tuchfabrik und ein großes Wohnhaus in einem feinen Pariser Stadtviertel. Obwohl du genug Geld hast, ärgern dich die Steuern und die Wirtschaftspolitik des Königs: Er hat die Zölle für die Einfuhr englischer Tuche gesenkt, aber England lässt französische Stoffe nicht ins Land. Dich ärgert, dass der König alles allein bestimmt.

Du bist **Jean Vagabonde** und arbeitest zur Saat- und Erntezeit bei Großbauern. Früher hattest auch du einen Hof. Doch als du die Abgaben nicht mehr zahlen konntest, fiel er an den Grafen zurück. Jetzt hast du nur zweimal im Jahr Arbeit, den Rest der Zeit ziehst du umher. Der Hunger macht dich oft zum Dieb.

Du bist die Marktfrau **Suzanne Fleuris** und verkaufst Obst und Gemüse auf den Pariser Märkten, um deine vier Kinder am Leben zu erhalten. Dein Mann ist tödlich verunglückt. Die hohen Brotpreise bringen euch an den Rand des Verhungerns. Ihr wohnt alle in einem Zimmer und du hast sogar noch ein Bett vermietet, aber es reicht nicht.

Du bist die **Marquise de Maronne** und gehörst zum Hofadel des Königs. Du bist auf seine Gunst und Zahlungen angewiesen und strebst danach, ihm positiv aufzufallen. Dein Leben ist bestimmt von Festen, Ballkleidern und dem „süßen Leben" in Versailles.

Du bist **Françoise Paysanne** mit sieben Kindern. Dein Mann hat einen kleinen Acker, eine Kuh und ein klappriges Pferd. Ihr schuldet eurem Grundherrn 168 Pfund Hafer und vier Hühner. Auch die Steuern drücken sehr. Doch woher sollen alle diese Abgaben kommen?

Du bist die Wäscherin **Charlotte Ariel**. Du wäschst auf den Pariser Waschkähnen die Wäsche der Reicheren. Dort erfährst du viel Neues, denn Waschfrauen aus ganz Paris treffen sich hier. Du lebst trotz der harten Arbeit ganz gut. Aber durch die letzte Steueranhebung sind auch die Preise für Seife drastisch gestiegen.

Du bist der Bischof **Pierre Gourmet** und gehörst zur hohen Geistlichkeit. Du besitzt ein Schloss und mehrere Klöster. Deine Bauern zahlen dir den Zehnten. Das meiste behältst du selbst, einen Teil gibst du (freiwillig!) an den Staat ab. Der Erhalt der Kirchen kümmert dich wenig.
Du interessierst dich mehr für die Verschönerung deines Schlosses. Für die Armen hast du ein Hospital errichtet.
Viel Geld steckst du nicht hinein.

Du bist der **Graf von Alsace** und lebst auf deinem Landsitz. Die Abgaben der Bauern sichern dir nicht den Lebensstil, den du gern hättest. Deine weit verzweigte adlige Verwandtschaft soll nicht merken, dass du gar nicht so reich bist, wie du tust.
Deswegen hast du deine Tochter mit einem reichen Fabrikanten verheiratet und dir von ihm Geld geborgt.

Du bist ein Bauer mit Landbesitz und heißt **Jacques Bonhomme**. Du bist der reichste Bauer des Dorfes und hast dort viel Einfluss. Kleinen Bauern hilfst du mit Pferd und Wagen aus – für Gegenleistungen, versteht sich. Den Kirchenzehnten findest du gut, aber die Steuern des Königs für Getränke, Salz und Schinken ärgern dich sehr. Auch dass dein Grundherr noch über das Markt- und Mühlrecht verfügt, empört dich – du willst dein Getreide selbst und teurer verkaufen.

Du bist der Anwalt **Hugo Jure**. Deine wirtschaftliche Situation ist gut, denn deine Kundschaft besteht aus wohlhabenden Bürgern. Zufrieden bist du trotzdem nicht. Du meinst, dass Menschen, die viel für die Gesellschaft leisten, auch politisch mitentscheiden sollten. Das dürfen zurzeit aber nur die, die das Glück haben, aus einer adligen Familie zu kommen.

Du bist **Jérôme Taxis**, ein hoher Steuerbeamter des Königs. Du bist verantwortlich für die Steuereintreibung in einer Provinz. Von den eingezogenen Steuern für den König darfst du einen bestimmten Prozentsatz für dich behalten. Daher hast du viel Geld. Du bist nicht von Adel, dennoch akzeptierst du die bestehende Ordnung, da sie dir viele Vorteile bringt.

Du bist **Luc Travailleur** und Arbeiter in einer Fabrik. Dort machst du die Drecksarbeit. Du lebst in einem Elendsviertel und kannst von deinem Lohn gerade Miete und Brot bezahlen. Wenn der Brotpreis steigt, reicht das Geld nicht.

ARBEITSAUFTRÄGE

1. Bereitet das Rollenspiel anhand der Methodenschritte vor.
2. Führt nun ein Rollenspiel zu folgender Situation durch:
   Die Personen treffen sich auf einem Markt in Paris. In einer Ecke diskutieren drei Angehörige des dritten Standes über ihre Lebenssituation. Nach einiger Zeit kommen die übrigen Personen hinzu und es entsteht eine lebhafte Diskussion zur Ständegesellschaft.
3. Wertet das Rollenspiel anhand der Methodenschritte aus.
4. Gestaltet ein weiteres Rollenspiel, z. B.: Die Personen diskutieren über ungleiche Lebenschancen, über die Steuern, ihre Wohnungen, die Ernährung oder ähnliche Alltagssituationen.

Frankreich steckt in der Krise

Der französische Staat ist bankrott

Als der zwanzigjährige Ludwig XVI. im Jahr 1774 den französischen Thron bestieg, war die Staatskasse leer. Die aufwendige Hofhaltung in Versailles, die vielen Kriege und die damit verbundenen hohen Kosten für das stehende Heer steigerten die Ausgaben immer weiter.

Der französische Staat brauchte dringend Geld. Der Vorschlag des Finanzministers, dass auch die ersten beiden Stände Steuern zahlen sollten, wurde von den Betroffenen entschieden abgelehnt. So litt allein der dritte Stand unter der wachsenden Last der hohen Steuern.

Die Generalstände werden einberufen

Der König berief daraufhin eine Versammlung mit Vertretern aller drei Stände ein, die sogenannten Generalstände. Nur mit deren Hilfe war Ludwig XVI. in der Lage, eine Steuerreform durchzusetzen, die an den Steuerprivilegien der ersten beiden Stände rüttelte. Am 5. Mai 1789 trat diese Versammlung in Versailles zusammen.

Der dritte Stand ist benachteiligt

Jeder Stand konnte in dieser Versammlung nur gemeinsam abstimmen und hatte dann eine Stimme. Der dritte Stand war bei diesem Verfahren stets chancenlos gegen die beiden anderen Stände.

Es gab jedoch eine andere Möglichkeit: Der erste und zweite Stand hatten jeweils 300 Vertreter in der Versammlung. Der dritte Stand erhielt 600 Abgeordnete. Würde nun nach Köpfen abgestimmt werden, könnten die ersten beiden Stände den dritten nicht mehr überstimmen, da sie zusammen nicht mehr als 600 Stimmen haben. Darüber entzündete sich ein Streit, der nicht beigelegt werden konnte.

M1 Die Versammlung der Generalstände (Zeichnung 1789)

M2 Der Ballhausschwur am 20.06.1789 (Gemälde von Jacques-Louis David, 1791)

WES-104982-303
Hörszene zum Ballhausschwur

Ein Treueschwur des dritten Standes

Der dritte Stand forderte politische Mitbestimmung. Doch weder der König noch die ersten beiden Stände waren bereit, Macht abzugeben. In dieser Situation erklärten sich die Vertreter des dritten Standes zur Nationalversammlung, d. h. zur rechtmäßigen Versammlung für das ganze Volk.

> **Q1 Die Nationalversammlung entsteht**
> Am 17. Juni 1789 gaben die Abgeordneten des dritten Standes folgende Erklärung ab:
>
> Wir sind die Vertreter von 24 Millionen Franzosen. Wir sind die einzigen Vertreter des gesamten französischen Volkes. Wir sind die versammelte Nation, die Nationalversammlung!

Die Abgeordneten trafen sich in einer Sporthalle, dem „Ballspielhaus". Sie wollten eine Verfassung erarbeiten, in der allen Bürgern unabhängig vom jeweiligen Stand politische Mitbestimmungsrechte garantiert wurden.

> **Q2 Der Ballhausschwur vom 20. Juni 1789:**
>
> Die Nationalversammlung beschließt, dass es ihr Auftrag ist, die Verfassung des Königreiches festzulegen […].
> [Sie schwört …] sich niemals zu trennen […] bis die Verfassung des Königreiches geschaffen und auf feste Grundlagen gestellt worden ist.

ARBEITSAUFTRÄGE

1. Benenne die Bevölkerungsgruppe in M1, die in den Generalständen überhaupt keine Stimme hatte.
2. ▌ Gib den Streit der Generalstände über die Abstimmungsweise mit eigenen Worten wieder.
   ▌ Suche mithilfe von Q1 nach einer Rechtfertigung für die Erklärung des dritten Standes.
   ▌ Diskutiert mithilfe von Q2 aus der Sicht des dritten Standes den Wunsch nach einer Verfassung. 🗨 Debatte HILFE

M1 Sturm auf die Bastille (Gemälde, um 1789)

Die alte Ordnung bricht zusammen

Der Sturm auf die Bastille

Die Stimmung in Paris war aufgeheizt. Besonders bei der einfachen Bevölkerung, den Arbeitern und ihren Familien, herrschten Hunger, Not und Elend. Vor der Stadt hatte der König Soldaten stationiert. Die Einwohner von Paris fühlten sich von diesen Truppen bedroht. Als sie erfuhren, dass der König nicht bereit war, auf die Forderungen des dritten Standes einzugehen, stürmte eine aufgebrachte Menge am 14. Juli 1789 ein Waffenlager in der Stadt und schließlich das Pariser Staatsgefängnis, die Bastille. Sie galt als Symbol der königlichen Herrschaft und Unterdrückung. Dieses Ereignis im Jahr 1789 markiert den Beginn der Französischen Revolution.

Revolution: (lat.: Umdrehung) So wird der plötzliche Wandel von politischen, gesellschaftlichen oder wirtschaftlichen Verhältnissen bezeichnet.

Die Revolution breitet sich aus

Die Nachricht über die Ereignisse in Paris führte in ganz Frankreich zu Unruhen auf dem Land. „Freiheit, Gleichheit, Brüderlichkeit" lautete ein Protestaufruf. Bauern bewaffneten sich mit Sensen und Dreschflegeln und stürmten Schlösser und Klöster. Sie verbrannten Urkunden, in denen die Rechte der Grundherren und die Abgaben oder Frondienste der Bauern aufgeschrieben waren. Die Nationalversammlung reagierte darauf, indem sie Forderungen aufstellte,
- alle Steuervorrechte des Adels und Klerus abzuschaffen,
- die Ständegesellschaft zu beseitigen und
- den Besitz der Kirche zum Staatseigentum zu erklären.

Sie begann mit der Ausarbeitung einer Verfassung, in der diese Neuerungen verankert werden sollten.

Frankreich bekommt eine Verfassung

Den Neuerungen, die die Nationalversammlung beschlossen hatte, verweigerte der König seine Zustimmung. Im Juni 1791 scheiterte dessen Fluchtversuch ins Ausland. Sein Ansehen in der Öffentlichkeit hatte er damit gänzlich verloren. Es schien, dass er Frankreich im Stich ließ. Unter dem Druck der Ereignisse leistete er den Eid auf die neue Verfassung vom 3. September 1791. Frankreich wurde von einer absoluten zu einer konstitutionellen Monarchie, denn …
- die Macht des Königs wurde nun durch eine Verfassung eingeschränkt und
- die Staatsgewalt wurde aufgeteilt in gesetzgebende Gewalt, ausführende und richterliche Gewalt.

M2 Der König im Käfig der Verfassung (Darstellung, um 1791)

Allen Bürgern werden Rechte garantiert

An den Beginn der Verfassung wurden Rechte gestellt, die für alle Bürger galten. Diese sogenannten Menschen- und Bürgerrechte galten immer und unabhängig von Stand oder Einkommen.

Konstitutionelle Monarchie: Staatsform, in der die Rechte des Königs durch eine Verfassung begrenzt sind

> **Q1** Auszug aus der Erklärung der Menschen- und Bürgerrechte vom August 1789:
>
> 1. Die Menschen werden frei und gleich an Rechten geboren und bleiben es.
> 2. Der Zweck jeder staatlichen Vereinigung ist die Erhaltung der natürlichen und unverjährbaren Menschenrechte. Diese sind das Recht auf Freiheit, das Recht auf Eigentum, das Recht auf Sicherheit und das Recht auf Widerstand gegen Unterdrückung.
> 3. Der Ursprung jeder Herrschaft liegt wesensmäßig beim Volke, keine Körperschaft, kein Einzelner kann Herrschaft ausüben, die nicht ausdrücklich von ihm ausgeht.
> 4. Die Freiheit besteht darin, alles tun zu können, was einem anderen nicht schadet. [...]
> 6. Das Gesetz ist der Ausdruck des allgemeinen Willens. Alle Bürger haben das Recht, an seiner Gestaltung persönlich oder durch ihre Vertreter mitzuwirken. Es soll für alle Bürger das Gleiche sein [...].
> 11. Die freie Mitteilung der Gedanken und Ansichten ist eines der kostbarsten Menschenrechte, daher kann jeder Bürger frei sprechen, schreiben, drucken. [...]

Die bisherige Gesellschaftsordnung war zusammengebrochen. Es gab nun keine Stände mehr. Aus Bauern und Handwerkern, Adeligen und Klerus wurden gleichrangige Bürger der französischen Nation.

M3 Abzeichen aus Stoff als Zeichen der Revolution
Aus den drei verwendeten Farben entstand 1794 die französische Nationalflagge.

ARBEITSAUFTRÄGE

1. Fasse mithilfe von M1 und M2 die Ereignisse bis zur Entstehung einer Verfassung zusammen. 👥 Partnervortrag
2. ▌ Beschreibe die Darstellung des Königs in der Karikatur M2.
   ▌ Begründe die Darstellung des Königs in der Karikatur M2.
   ▌ Erläutere mithilfe von Q1 und M2 den Widerspruch zur absolutistischen Herrschaft. HILFE
3. a) Gib den Inhalt der einzelnen Artikel in Q1 in eigenen Worten wieder.
   b) Suche zu den folgenden Grundrechtsartikeln unserer Verfassung die Entsprechung in der Quelle Q1: Art. 2 GG, Art. 3 GG, Art. 5 GG HILFE

M1 Patriotischer Frauenklub 1789
Hier konnten sich Frauen politisch engagieren und Forderungen erarbeiten, die sie der Nationalversammlung vortrugen. (Gemälde, um 1790)

Die Revolution verändert Frankreich

Gleiche Rechte für die Frauen

Auch die Frauen engagierten sich in der Französischen Revolution. Etwa 6000 Pariser Marktfrauen zogen beispielsweise am 5. Oktober 1789 bewaffnet nach Versailles, um den König auf ihre Not aufmerksam zu machen. Sie stürmten die Nationalversammlung, von der sie ausgeschlossen waren, und forderten eine Debatte über ihre Notlage.

Obwohl in der „Erklärung der Menschen- und Bürgerrechte" die Gleichheit aller Menschen festgeschrieben war, blieben Frauen von politischen Abstimmungen ausgeschlossen.

Durch die Revolution beeinflusst wurden immer mehr Frauen politisch aktiv und forderten ihre Rechte ein. Als Beispiel für eine politisch engagierte Französin gilt Madame de Stael, Schriftstellerin und Inhaberin eines Pariser Salons, eines Debattierklubs für Frauen.

Die formulierten Forderungen nach politischer Mitsprache wurden damals noch nicht umgesetzt, wiesen aber in die Zukunft.

> **Q1** Die Schriftstellerin Olympe de Gouges (1748–1793) verfasste während der Revolution zahlreiche Flugschriften. Im Jahr 1791 erklärte sie folgende Rechte der Frau und Bürgerin:
>
> Artikel 1: Die Frau wird frei geboren und bleibt dem Manne gleich in allen Rechten […].
> Artikel 2: Ziel und Zweck jedes politischen Zusammenschlusses ist die Wahrung der natürlichen […] Rechte von Frau und Mann, als da sind: Freiheit, Eigentum, Sicherheit und insbesondere das Recht auf Widerstand gegen Unterdrückung.

Einheitliche Maße und Gewichte

Den Drang nach Einheit bzw. Vereinheitlichung spürten die Menschen auch im Alltag. Früher waren von Region zu Region die Maße und Gewichte sehr unterschiedlich. Diese wurden nun ersetzt. Seit 1795 galt in ganz Frankreich das Dezimalsystem. Liter, Gramm und Meter sollten den Handel und die Verwaltung vereinfachen.

Eine Kleiderordnung, die seit Jahrhunderten das Aussehen der Menschen bestimmt hatte, gab es nicht länger. Die schlichte und einheitliche Bürgerkleidung unterstrich die Gleichheit aller Bürger der Nation.

Dagegen ließ sich die Abschaffung der kirchlichen Feiertage nicht dauerhaft durchsetzen und wurde wieder zurückgenommen.

M2 Einheitliche Maße und Gewichte (Druck, 1799)

Folgen der Revolution

Die Umwälzungen der Französischen Revolution sind nicht zu unterschätzen. Die Forderungen nach Freiheit und Gleichheit brachten damals tief greifende Veränderungen mit sich:
- Die Ständegesellschaft wurde beseitigt.
- Die Leistung, nicht mehr die Geburt, war ausschlaggebend für die gesellschaftliche Stellung einer Person.

Auch wenn die Veränderungen zunächst auf Frankreich beschränkt waren, wirkten sie langfristig über die Landesgrenzen hinaus. Die Schaffung einer Republik oder die Erklärung der Menschen- und Bürgerrechte, aber auch die politische Mitbestimmung in Form des Wahlrechts wurden zum Vorbild in der staatlichen Weiterentwicklung anderer Länder Europas.

ARBEITSAUFTRÄGE

1. a) Fasse die Forderungen der Frauen in Q1 zusammen.
   b) Recherchiere zu Olympe de Gouges und ihrem Engagement während der Französischen Revolution. HILFE
   c) Gestalte einen Lexikonartikel über Olympe de Gouges. Graffiti
2. Beschreibe mithilfe von M2 die Verbesserungen, die sich im Alltag durch die einheitlichen Maße und Gewichte ergaben.

Methode

Umgang mit Schaubildern

Im Geschichtsunterricht werden Schaubilder oft eingesetzt, um schwierige Zusammenhänge oder Abläufe grafisch darzustellen. Die Verfassung eines Staates wird oft in ein Schaubild übertragen. Dieses soll die schwierigen Zusammenhänge vereinfachen. Meist beschränken sich die Historiker darauf, die Gewaltenteilung und gegenseitige Abhängigkeiten oder Kontrollen im Schaubild herauszuheben.

In modernen Demokratien geht die Macht vom Volk aus, doch das ist in Schaubildern häufig unten angeordnet. Daher müssen auf Verfassungsschaubildern die Pfeilrichtungen immer besonders beachtet werden.

M1 Eine Schülerin wertet ein Verfassungsschaubild aus.

Stichwortartige Musterlösung zur Auswertung des Schaubildes M2:

1. Schritt:
- Verfassung von 1791

2. Schritt:
- verdeutlichen die Gewaltenteilung
- Pfeile mit Erklärungen und ergänzende Infotexte

3. Schritt:
- Zusammenhang durch Pfeile verdeutlicht, z. B.: Volk wählt Legislative und Judikative
- Gewaltenteilung und Volkssouveränität: Legislative kontrolliert den König; Exekutive leitet Regierung und ernennt die obersten Beamten; Judikative unabhängige Gewalt, vom Volk bestimmt

4. Schritt:
- Die konstitutionelle Monarchie, in der die Rechte eines Herrschers begrenzt sind, wird deutlich.
- Das Volk könnte auch als oberste Gewalt angeordnet werden. Es fehlt, dass die Legislative die Gesetze beschließt.

Schritte für den Umgang mit Schaubildern

1. Schritt: Thema des Schaubildes erfassen
- Was ist im Schaubild dargestellt?

2. Schritt: Ausgestaltung des Schaubildes beschreiben
- Welche Bedeutung haben die benutzten Farben?
- Sind ergänzende Informationen im Schaubild aufgenommen?

3. Schritt: Aussage des Schaubildes formulieren
- Welcher Zusammenhang besteht zwischen den einzelnen Elementen?
- Welche Informationen und Zusammenhänge können dem Schaubild entnommen werden?

4. Schritt: Das Schaubild bewerten
- Wurden die Informationen klar und verständlich dargestellt?
- Fehlt etwas oder könnte etwas am Schaubild verändert werden?

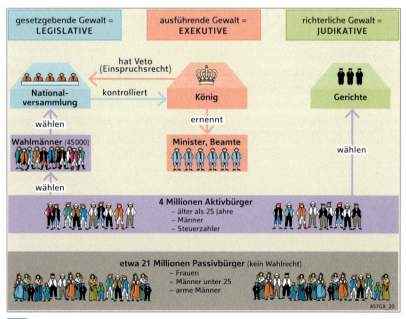

M2 Die Verfassung der konstitutionellen Monarchie in Frankreich von 1791

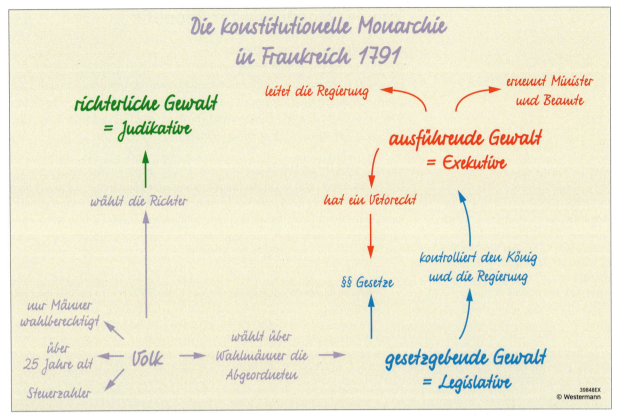

M3 Lösung zur Auswertung des Verfassungsschaubilds von einer Schülerin in Form einer Skizze

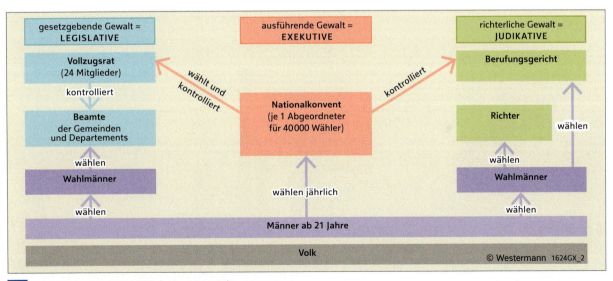

M4 Die Verfassung der Französischen Republik von 1793

ARBEITSAUFTRÄGE

1. Ordne die Informationen der Musterlösung dem Schaubild M3 zu.
2. Beschreibe das Verfassungsschaubild M4 mithilfe der Schritte zur Analyse eines Schaubilds und orientiere dich an der Musterlösung.
   Stühletausch
3. Fertige eine digitale Skizze zu deiner Lösung an.

Von der Monarchie zur Republik

Der König verliert an Ansehen ...

Die Stimmung gegen den König verschärfte sich durch die außenpolitische Lage. Der französische König nahm heimlich Kontakt mit dem Ausland auf, um durch einen Krieg gegen das eigene Land die Revolution zu beenden. Denn die europäischen Fürsten hatten Angst, dass es auch in ihren Ländern zu einer Revolution kommen könnte.

... und wird hingerichtet

Das Misstrauen fand in der Gefangennahme der königlichen Familie einen vorläufigen Höhepunkt. Der König wurde abgesetzt und gefangen genommen. Eine Republik wurde gegründet. Schließlich wurde Ludwig XVI. wegen Landesverrats angeklagt, zum Tode verurteilt und 1793 hingerichtet, wenig später auch seine Frau Marie Antoinette.

> **Q1** Auszug aus der Anklage gegen den König durch Maximilien de Robespierre:
>
> Hier ist kein Prozess zu führen […]. Ihr habt kein Urteil für oder gegen einen Menschen zu fällen, sondern […] einen Akt nationaler Vorsehung zu vollziehen. Was schreibt eine gesunde Politik vor, um die werdende Republik zu stärken? Den Herzen eine tiefe Abscheu vor dem Königtum einzuflößen.

Die Hinrichtung des Königs verstärkte die Angst der europäischen Fürsten. Doch ihr Feldzug gegen das revolutionäre Frankreich scheiterte.

Republik: (lat.: res publica = „Sache des Volkes") Eine Republik ist ein Staat, in dem eine vom Volk gewählte Regierung das Land regiert. Die Amtszeit ist zeitlich begrenzt und das Parlament kontrolliert die Regierung.

WES-104982-304
Hier findest du einen Filmclip zum Schicksal der französischen Königin Marie Antoinette.

M1 Die Hinrichtung Ludwigs XVI. aus einem Bilderbogen 1793

Die Gesellschaft richtete sich neu aus

Die Hinrichtung des Königs und die Einführung der Republik war ein außergewöhnliches Ereignis. Zwei Gruppen der Bürgerschaft scharten nun Anhänger der Republik um sich. Beide wollten mit aller Kraft das mögliche Wiederaufleben der Königs- und Adelsherrschaft endgültig verhindern.

Die Jakobiner nannten sich nach ihrem Treffpunkt, dem Kloster St. Jakob in Paris. Sie stammten oft aus dem gebildeten, reicheren Bürgertum und traten für eine Republik ein. Die Sansculotten, das heißt „ohne Kniebundhosen", stammten überwiegend aus dem ärmeren Volk, waren einfache Kleinhändler und Handwerker. Als gemeinsames Protestzeichen trugen sie lange Hosen. Dies sollte zeigen, dass die Herrschaft der Kniebundhosenträger, der Adeligen, vorbei war. Beide politischen Kräfte gewannen immer mehr Anhänger und mobilisierten die Bürger für die Republik.

> **Q2** In einer Flugschrift aus dem Jahr 1793 hieß es über die Sansculotten:
>
> Ein Sansculotte, ihr Herren Schufte? Das ist einer, der immer zu Fuß geht, der keine Millionen besitzt, wie ihr sie alle gern hättet, keine Schlösser, keine Diener zu seiner Bedienung, und der mit seiner Frau und seinen Kindern, wenn er welche hat, ganz schlicht im vierten oder fünften Stock wohnt. Er ist nützlich, denn er versteht, ein Feld zu pflügen, zu schmieden, zu sägen, zu feilen, ein Dach zu decken, Schuhe zu machen und bis zum letzten Tropfen sein Blut für das Wohl der Republik zu vergießen.

M2 Bewaffneter Revolutionär in zeittypischer Kleidung (kolorierte Radierung von 1789)

M3 Bild einer Sansculotten-Familie (Illustration von Pierre-Antoine Lesueur, um 1793)

ARBEITSAUFTRÄGE

1. a) Fasse die Ereignisse bis zur Entstehung einer Republik zusammen.
   b) Nimm zur Anklage des Königs in Q1 Stellung. 🌐 Engel und Teufel
2. Arbeite mithilfe von Q2, M2 und M3 heraus, wodurch sich die Sansculotten vom Adel abgrenzen wollten. **HILFE**

Gewalt als Mittel der Politik

Die Herrschaft der Jakobiner ...

Noch bevor die erarbeitete republikanische Verfassung in Kraft trat, übernahmen radikale Jakobiner die Macht. Sie sahen sich als „Hüter der Revolution". Im Sommer 1793 erließen die Jakobiner ein Gesetz, um vermeintliche Gegner der Revolution anklagen zu können. Doch vor diesen Revolutionsgerichten war für jeden Angeklagten Widerspruch zwecklos und eine Verteidigung nicht möglich. In Frankreich kam es zu gegenseitigen Anschuldigungen und Misstrauen. Jeder war verdächtig: ehemalige Adlige, ihre Dienstboten oder königliche Beamte.

> **Q1** Aus den Verhandlungen vor einem Revolutionsgericht:
>
> Vor dem Richter [...] und dem Ankläger erscheint als Erster Monsieur Champagny. Ein kurzer Blick in die Akten. „Seid Ihr nicht ein Exadeliger?" – „Ja." – „Das genügt. Der Nächste!" [...]
> „Guidreville, seid Ihr nicht ein Priester?" – „Ja, aber ich habe die Verfassung beschworen." – „Habe ich nicht gefragt. Der Nächste!" [...]
> „Vely, wart Ihr nicht königlicher Baumeister?" – „Ja, aber schon 1788 in Ungnade." – „Der Nächste!" [...]
> „Durfort, wart Ihr nicht Leibgardist?" – „Das schon, aber ich bin 1787 freiwillig ausgeschieden, weil [...]" – „Schon gut."
> In jedem Fall wurde das Todesurteil ausgesprochen und schon am nächsten Tag vollstreckt.

... führt zu Terror

Alle, die die Willkür der Jakobiner oder deren Anführer Maximilien de Robespierre kritisierten, mussten damit rechnen, vor einem Revolutionsgericht zu landen. Besonders die ehemaligen Adeligen und die Anhänger der Monarchie wurden verfolgt.

Zwischen 1793 und 1794 wurden ca. 500 000 Menschen verhaftet. Bis zu 40 000 von ihnen wurden hingerichtet oder starben in Gefangenschaft. Die Hinrichtungen wurden mit der Guillotine, einem Fallbeil, vorgenommen.

Auch Anhänger der Revolution und selbst Robespierre blieben nicht verschont. Die Herrschaft der Jakobiner wurde eine Zeit des Schreckens, die sogenannte Jakobinerdiktatur.

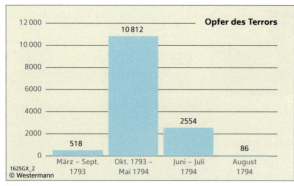

M1 Todesurteile der Revolutionsgerichte

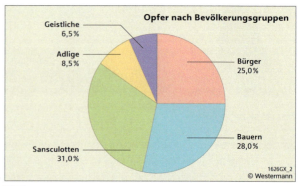

M2 Hingerichtete während der Terrorherrschaft

M3 Verurteilung eines Gefangenen vor einem Revolutionsgericht, 1793
(kolorierte Radierung nach zeitgenössischer Darstellung)

Frankreich nach dem Tod von Robespierre

Im Sommer 1794 übernahmen nun wieder gemäßigtere Abgeordnete die Führung des Landes. Sie stützten sich auf das wohlhabende Bürgertum. Doch auch diese Regierung hatte mit erheblichen Schwierigkeiten zu kämpfen. Die Bevölkerung in Paris und anderen Städten protestierte z. B. wegen der schlechten Versorgungslage und der hohen Lebensmittelpreise. Und nach wie vor gab es Anhänger der alten Königsherrschaft und Aufstände.

Das Ende der Revolution

Nur mithilfe der Armee konnten diese Proteste gewaltsam niedergeschlagen werden. Die Truppen standen unter der Führung eines ehrgeizigen Befehlshabers: General Napoleon Bonaparte. Dieser hatte bereits erfolgreich im Süden Frankreichs für die Revolution gekämpft. Nun führte er die ihm unterstellten Truppen nach Paris und schlug die dortigen Aufstände nieder. Von der Regierung wurde er danach zum Oberbefehlshaber der gesamten französischen Armee ernannt.

Seine neue Machtstellung nutzte er schließlich 1799 aus und ließ die Regierungsmitglieder verhaften. Er übernahm nun selbst die Macht im Land. Die Zeit der Revolution war vorüber und es begann eine erneute Alleinherrschaft.

M4 Napoleon als General der Revolutionsarmee
(Gemälde von Antoine-Jean Gros, 1796)

ARBEITSAUFTRÄGE

1.
   I Beschreibe anhand von Q1 das Vorgehen des Revolutionsgerichts.
   II Begründe mithilfe der Diagramme M1 und M2 die Herrschaft der Jakobiner als „Zeit der Terrorherrschaft". HILFE
   III Bewerte das Vorgehen der Jakobiner, mit Gewalt die Revolution zu retten. Debatte

2. Beschreibe die Zeichen oder Symbole im Gemälde M4, die Napoleon als Anhänger der Revolution erkennen lassen.

Projekt

Friedlicher Protest und Engagement

Friedliche Proteste und das Engagement von Bürgerinnen und Bürgern haben das Ziel, auf aktuelle Themen wie die Herausforderungen des Klimawandels oder gesellschaftliche Missstände aufmerksam zu machen.

Es gibt viele verschiedene Arten von friedlichen Protesten, um auf die Wichtigkeit eines Themas hinzuweisen. Die Weitergabe von Informationen und das Werben zugunsten des friedvollen Eintretens für ein Thema spielen dabei eine wichtige Rolle:
- Spruchbänder und Demonstrationsschilder,
- Bedruckte T-Shirts oder Einkaufstaschen,
- großflächige Werbetafeln oder
- Infoflyer zum Thema.

Im Zeitalter der Digitalisierung spielt für die heutige Gewinnung von Mitstreitern der Online-Aktivismus eine große Rolle. Immer mehr Kampagnen werden über das Internet weltweit verbreitet, d. h., eine große Zielgruppe kann mit dieser Form des Protests erreicht werden.

M1 Demonstration gegen Rassismus (Riesa, 12.01.2019)

Liebe Schülerinnen und Schüler,
anlässlich der Initiative „Schülerinnen und Schüler engagieren sich für gemeinsames Miteinander" soll ein kurzes Handy-Video erstellt werden, in dem ihr für das friedliche Eintreten zugunsten
- von Klimaschutzbewegung,
- von verschiedenen Aktivitäten gegen Rassismus und Diskriminierung,
- den Tier- und Pflanzenschutz werbt.

ARBEITSAUFTRÄGE

1. Bildet Vierergruppen.
2. Entscheidet euch für eine der drei Vorgaben und gestaltet ein kurzes Video mit selbst gemachten Bildern und kurzen Texten.
3. Überlegt euch auch kurze Reden, in denen ihr für eure gewählte Initiative werbt.
4. Versucht im Anschluss bei euren Mitschülerinnen und Mitschülern für die jeweilige Initiative zu werben.

M2 Schülerprotest „Fridays for Future" für eine andere Klimapolitik (Dresden, 15.03.2019)

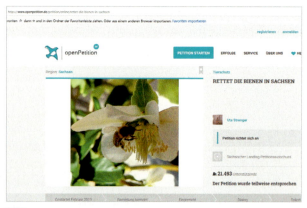

M3 Beispiel einer Online-Petition aus Sachsen: Per Mausklick gibt man dafür seine Zustimmung, www.openpetition.de

In Kürze

1643–1715:
Regierungszeit Ludwig XIV.

Der dritte Stand leidet im Absolutismus

Zeitalter der Aufklärung

1740–1786:
Regierungszeit Friedrichs II.

14. Juli 1789:
Sturm auf die Bastille

1793: Hinrichtung des Königspaares

1793–1794: Schreckensherrschaft der Jakobiner

1640 — 1680 — 1720 — 1760 — 1800

Revolution und Reform im Europa der Neuzeit

In Frankreich regierte König Ludwig XIV. mit uneingeschränkter Macht. Diese Herrschaftsform heißt Absolutismus. Als Sonnenkönig wurde sein Hofleben zum Vorbild für andere Herrscher. Auch in die Wirtschaft griff der König ein. Im System des Merkantilismus wurden Manufakturen gefördert, um die Einnahmen des Staates zu erhöhen.

Im 18. Jahrhundert führte König Friedrich II. in Preußen eine Reihe von Reformen durch. Dabei wurde er vom Philosophen Voltaire beeinflusst, mit dem er über viele neuartige Ideen diskutierte, wie z. B. die Frage, woran sich ein Fürst bei seiner Herrschaft orientieren sollte. Trotzdem hielt Friedrich II. aber an seiner absoluten Macht als König fest.

Im Zeitalter der Aufklärung veränderte sich vor allem die bisherige Sicht auf politische und gesellschaftliche Zustände. Besonders die aufklärerischen Ideen der Gewaltenteilung beeinflussten die Politik.

Die Erstürmung der Bastille war 1789 der Beginn der Französischen Revolution. Die Rechte des absolutistisch regierenden Königs wurden durch eine Verfassung und ein gewähltes Parlament begrenzt. Diese konstitutionelle Monarchie fand mit der Hinrichtung des Königs ihr Ende. Wie von den Aufklärern vorausgedacht, wurde Frankreich zu einer Republik.

WICHTIGE BEGRIFFE:

der Absolutismus
das stehende Heer
das Beamtentum
Ludwig XIV.
der Merkantilismus
das höfische Leben
die Aufklärung
die Gewaltenteilung
der Sturm auf die Bastille
die Revolution
die Republik
die Jakobinerdiktatur

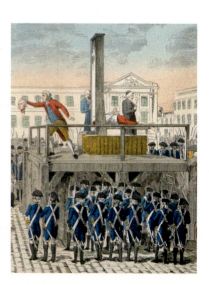

Kompetenzcheck

1 Der Absolutismus

Du kannst …
a) die Buchstaben in M1 richtig ordnen und Begriffe zum Absolutismus bilden.
b) den Begriff Merkantilismus erklären.
c) den Ziffern in M2 die richtigen Buchstaben zuordnen.

```
TEMUNETBEAM
ESENDEHTS EREH
ENREUTS
LOSCHLSS AIELSVERS
LBNEEOHF
KONNÖNISGE
MERANITLIMKUS
URANKTMAFU
```

M1 Buchstabensalat

a Erwerb von Kolonien
b Verarbeitung der Rohstoffe in Manufakturen wird gefördert
c Maße und Gewichte vereinheitlichen
d Einfuhrverbot von Fertigwaren
e Zollmauer gegen Fertigwaren
f Ausbau der Verkehrswege
g billige Rohstoffe aus den Kolonien
h Ausfuhrverbot für Rohstoffe
i eigene Handelsschiffe
j Ausfuhr von Fertigwaren (Luxusartikel)

M2 Das System des Merkantilismus

2 Die Aufklärung

Du kannst …
a) in M3 drei mögliche weitere Sätze zu Forderungen der Aufklärer ergänzen.
b) die Gewaltenteilung beschreiben.
c) den Widerspruch zwischen den Forderungen der Aufklärer und der absolutistischen Herrschaft erklären.

M3 Forderungen der Aufklärer

3 Methode: Umgang mit Schaubildern

Du kannst …
a) die drei Stände benennen. ✓
b) die Methode zum Umgang mit Schaubildern anwenden. ✓✓
c) die Ungerechtigkeit bei den Abstimmungen in den Generalständen mithilfe der beiden Schaubilder M4 und M5 begründen. ✓✓✓

◻ WES-104982-305
Lösungen zum Kompetenzcheck

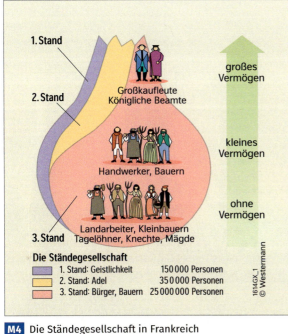

M4 Die Ständegesellschaft in Frankreich

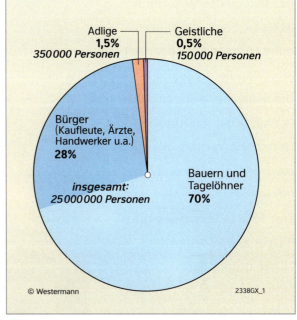

M5 Die Bevölkerungsverteilung in Frankreich vor der Revolution

4 Die Französische Revolution

Du kannst …
a) die Begriffe in M6 herausfinden, die nicht zur Französischen Revolution passen. ✓
b) mithilfe der richtigen Begriffe jeweils Sätze zur Französischen Revolution formulieren. ✓✓
c) den Begriff „konstitutionelle Monarchie" erklären. ✓✓✓

Schwarze Schafe

1) Einigkeit – Freiheit – Gleichheit – Recht – Brüderlichkeit
2) Bastille – Wartburg – Versailles – Pyramide – Ballhaus
3) Robespierre – Ludwig XIV. – Karl V. – Luther – Montesquieu
4) Habsburger – Jakobiner – Girondisten – Kurfürsten – dritter Stand
5) Generalstände – Konzil – Reichstag – Menschenrechte – Nationalversammlung
6) Reformation – Revolution – Hexenverfolgung – Ständegesellschaft – Absolutismus

M6 Zwei Begriffe pro Zeile sind „scharze Schafe". Sie passen nicht zum Thema Französische Revolution.

Deutsche Staaten und Europa im 19. Jahrhundert

Der Beginn des 19. Jahrhunderts ist durch die Neuordnung Europas nach dem Zeitalter Napoleons geprägt.
Die deutschen Fürsten beharrten auf ihren traditionellen Herrschaftsrechten, die durch die Französische Revolution infrage gestellt worden waren.
Erst 1848/49 erstritten die Bürger in den deutschen Fürstentümern demokratische Mitbestimmung und Freiheitsrechte in einer Revolution.
Doch kam damals noch kein deutscher Nationalstaat zustande.
Erst 1871 wurde diese Idee verwirklicht.
Otto von Bismarck war der wichtigste Politiker im Deutschen Kaiserreich.

Blick auf den Reichstag in Berlin. In diesem Gebäude tagte die gleichnamige parlamentarische Vertretung im Deutschen Kaiserreich. (Aktuelles Foto)

Die Herrschaft Napoleons

Napoleon herrscht als Kaiser in Frankreich

Napoleon beruhigt das Land ...

Napoleon Bonaparte war als Offizier der Revolutionsarmee bis zum General aufgestiegen. Mithilfe der Armee hatte er 1799 die Revolutionsregierung gestürzt. Trotz eines gewählten Parlaments regierte Napoleon allein und erließ Gesetze:
- Der Preis für Brot wurde wieder festgesetzt und ein weiterer Preisanstieg beendet.
- Bürger ohne Einkommen erhielten eine geringe staatliche Unterstützung. Bereits hierdurch konnte die größte Not eingedämmt werden.
- Durch Rüstungsaufträge für das Militär und z. B. den Ausbau des Straßennetzes kam auch die Wirtschaft wieder in Gang.
- Auf ausländische Waren wurden hohe Zölle erhoben, sodass die inländische Wirtschaft geschützt wurde.

Von Vorteil war dabei, dass er auch die Kriegsbeute zur finanziellen Stabilisierung einsetzen konnte.

M1 Napoleon als Offizier in der Revolutionsarmee (Gemälde von Jacques-Louis David, 1800)

... und bewahrt Erfolge der Revolution

Schließlich gestattete Napoleon den während der Revolutionsjahre geflohenen Adeligen, nach Frankreich zurückzukommen. Doch er knüpfte Bedingungen an ihre Rückkehr. Sie mussten die Herrschaft Napoleons anerkennen und wie alle anderen Steuern zahlen. Die Adeligen durften wieder als Offiziere in der französischen Armee dienen, doch ihren alten Landbesitz und die Herrschaft über die Bauern erhielten sie nicht zurück.

Der Code civil

Schließlich wurden 1804 in einem Gesetzbuch, dem Code civil, für alle Franzosen die in der Revolution erkämpften Rechte festgeschrieben. Am wichtigsten waren dabei:
- Die Gleichheit aller Franzosen, d. h., alle Bürger besaßen die gleichen Rechte.
- Die Freiheit jedes Einzelnen, d. h., jeder durfte ohne Einschränkung z. B. über seine Arbeit oder seinen Wohnort entscheiden.

Nun übernahm der Staat auch Aufgaben, die vorher ausschließlich die Kirche ausgeübt hatte. Eheschließungen wurden bei einem staatlichen Beamten vorgenommen und Geburten von diesem protokolliert. Der Code civil war ein wegweisendes Gesetzeswerk, welches später in vielen europäischen Ländern zum Vorbild wurde.

M2 Titelblatt des Code civil von 1804

> **Q1** Auszug aus dem Code civil von 1808:
>
> 55. Jede Geburt soll binnen den ersten drei Tagen nach der Niederkunft dem Ortsbeamten des Personenstandes gemeldet und das Kind ihm vorgezeigt werden. [...]
> 57. Die Geburtsurkunde muss den Tag, die Stunde und den Ort der Geburt, das Geschlecht des Kindes und die Vornamen, die man ihm gegeben hat, die Geschlechtsnamen, das Gewerbe und den Wohnort der Eltern, wie auch der Zeugen, enthalten.

M3 Kaiser Napoleon nach seiner Krönung
(Gemälde von Francois Gérard, 1810)

Das französische Kaisertum

Trotz der Revolution stimmten die französischen Bürger in einer Volksabstimmung für die Alleinherrschaft Napoleons auf Lebenszeit. In Frankreich gab es nun wieder eine Königsherrschaft. Schließlich krönte er sich selbst 1804 in einer feierlichen Zeremonie zum Kaiser und seine Gattin Josephine zur Kaiserin.

Mit dem Kaisertitel wollte er nicht nur seine Macht innenpolitisch sichern, sondern auch seine Position gegenüber den anderen Königen und Staaten in Europa klarstellen. Aber die Nachbarmonarchien erkannten seine Kaiserkrönung ebenso wenig an, wie sie vorher die Revolution oder die Abschaffung der Ständeordnung akzeptiert hatten.

ARBEITSAUFTRÄGE

1 a) Fasse die Artikel des Code civil in Q1 jeweils in einem Satz zusammen.
b) Recherchiere im Internet oder beim örtlichen Standesamt das heutige Recht. HILFE
c) Vergleiche die Bestimmungen im Code civil mit dem heutigen Recht.

2 III Beschreibe in M3 die Symbole, die Napoleon als Kaiser kennzeichnen.
III Vergleiche die Darstellung Napoleons mit der Darstellung von Ludwig XIV. auf Seite 82.
III Begründe, warum die Kaiserkrönung der Revolution widersprach.
 Stühletausch

M1 Neuordnung der deutschen Fürstentümer

Napoleon beherrscht Europa

Napoleon ordnet die deutschen Staaten neu

Napoleon wollte, dass der französische Staat an der Spitze Europas stand, aber auch, dass die Erfolge der Revolution verbreitet werden.

1801 eroberten Napoleons Truppen deutsche Gebiete und er drohte mit weiterem Krieg. Daher setzten die deutschen Fürsten 1803 seine Vorgaben einer grundlegenden Neuordnung um: Fürstentümer wurden zusammengeschlossen und kirchliche Gebiete eingegliedert. Die deutschen Herrscher waren von Napoleon abhängig, da sie ihm die Gebietsvergrößerungen verdankten. So z. B. Sachsen, das sich nun Königreich nennen durfte.

Reformen im Reich

Napoleon wollte die Bevölkerung in den von Frankreich abhängigen Fürstentümern für sich gewinnen. Deshalb drängte er zu Reformen nach französischem Vorbild. Viele deutsche Staaten führten z. B. das napoleonische Gesetzbuch, den Code civil, ein. Diese Errungenschaften der Revolution und die französischen Soldaten hatte die Bevölkerung anfangs freudig begrüßt. Mit zunehmender Dauer wurde die Abhängigkeit vom Willen Napoleons allerdings als Fremdherrschaft empfunden.

Der Russlandfeldzug

Ursprünglich waren Frankreich und Russland miteinander verbündet. Napoleon warf dem russischen Zaren vor, Frankreich im Krieg gegen Österreich zu wenig zu unterstützen und weiter Handel mit Großbritannien, einem weiteren Gegner, zu betreiben. Mit einer Armee von über 600 000 Soldaten aus 20 Nationen marschierte Napoleon im Juni 1812 in Russland ein. Die russischen Truppen zogen sich zurück und steckten die eigenen Dörfer und Felder in Brand. Sie wollten den Eindringlingen weder Wohnraum noch Nahrung überlassen. Durch diese Taktik der „verbrannten Erde" litt die russische Bevölkerung zusätzlich zum Krieg große Not.

M2 Rückzug der „Großen Armee" aus Russland
(Bildausschnitt des zeitgenössischen Gemäldes von Johann Adam Klein)

Die Niederlage leitet das Ende von Napoleon ein
Als der Winter kam, musste Napoleon mit seinen Soldaten den Rückzug antreten. Auf dem Rückmarsch forderten die Kälte, fehlende Verpflegung und die Angriffe russischer Truppen viele Opfer. Nur etwa 30 000 Soldaten kehrten aus Russland zurück.

> **Q1** Eine Adelige schrieb im Dezember 1812 in ihren Briefen über die Erlebnisse ihres Sohns im Russlandfeldzug:
>
> Er schreibt, dass sie […] mit Hunger, Not, Mangel an Kräften und Lebensmitteln zu kämpfen hatten … Die Franzosen sind ohne Schwertschlag in Moskau eingerückt, doch was haben sie erobert? Nichts als – Rauch und Dampf! Wie viele Opfer wird dieser Krieg noch fordern!

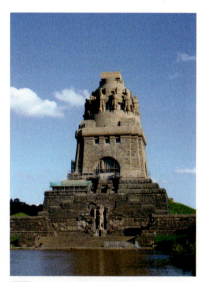

Nun sahen Österreich und die deutschen Staaten die Chance, sich von Napoleon zu befreien. Nationalstolz und das Eintreten für die Freiheit ergriffen nahezu alle Volksschichten. Freiwilligenverbände und über 500 000 Soldaten kämpften in der Völkerschlacht bei Leipzig 1813 gemeinsam erfolgreich gegen die Franzosen und deren Herrschaft.

Nach dieser Niederlage wurde Napoleon zur Abdankung gezwungen und auf die italienische Insel Elba verbannt. Doch 1815 kehrte Napoleon noch einmal als Machthaber Frankreichs zurück, scheiterte aber. In der Schlacht bei Waterloo in Belgien wurde er endgültig besiegt. Er starb 1821 in der Verbannung auf der Insel St. Helena, im Atlantik.

M3 Völkerschlachtdenkmal in Leipzig
Im Vordergrund: „See der Tränen um die gefallenen Soldaten"

ARBEITSAUFTRÄGE

1. Beschreibe die in M1 deutlich werdenden Veränderungen der deutschen Fürstentümer. HILFE
2. III Fasse in eigenen Worten den Augenzeugenbericht Q1 zusammen.
   III Begründe mithilfe von Q1, warum der Feldzug scheiterte.
   III Erkläre mithilfe der Quelle Q1 und der Bilder M2 und M3 die Aussage „… was haben sie erobert? Nichts als – Rauch und Dampf!"
     Bushaltestelle
3. Erstelle einen Infoflyer für Kinder zum Völkerschlachtdenkmal. Arbeitet in Kleingruppen.

Karikaturen analysieren

Karikaturen stellen besondere Bilder dar. Es sind künstlerische Darstellungen, in denen Eigenschaften von Personen besonders herausgestellt und Verhaltensweisen übertrieben dargestellt werden, um z. B. auf ein Fehlverhalten aufmerksam zu machen.

In der Karikatur soll den Betrachtenden weitaus mehr vermittelt werden als das, was zunächst sichtbar ist. Die Verfasserinnen und Verfasser von Karikaturen wollen Menschen oder einen gesellschaftlichen Sachverhalt durch eine komische und übertriebene Darstellung verspotten und kritisieren. Ihr Ziel ist es somit, zu einem Ereignis oder zu einer Person Stellung zu beziehen.

Typische Mittel in Karikaturen sind Übertreibung und Verfremdung. So werden z. B. einzelne Körperteile zu groß oder zu klein gezeichnet, um dadurch die Person verzerrt oder seltsam wirken zu lassen.

Damit die Betrachtenden den Spott und die Kritik schnell verstehen können, werden komplizierte Sachverhalte oft auf eine Kernaussage reduziert. Um die Aussage einer Karikatur begreifen zu können, ist es jedoch notwendig, dass die karikierte Person oder der Sachverhalt bekannt ist.

Während der Französischen Revolution und der Herrschaft Napoleons waren Karikaturen ein beliebtes Mittel, um Ereignisse zu kommentieren und zu bewerten. Vor allem waren auch Menschen, die nicht lesen konnten, in der Lage, die Karikaturen zu verstehen.

> **Schritte zur Auswertung von Karikaturen**
>
> 1. **Schritt: Entstehung der Karikatur**
>   - Wann ist die Karikatur entstanden?
>   - Wer ist der Zeichner?
>
> 2. **Schritt: Inhalt der Karikatur erfassen**
>   - Was ist dargestellt?
>   - Benenne Titel, Untertitel oder Texte.
>   - Auf welche Dinge legt der Karikaturist besonderen Wert? Achte auf die verwendeten Symbole, Zeichen oder Farben.
>
> 3. **Schritt: Absichten des Karikaturisten deuten**
>   - In welcher Absicht wurde diese Karikatur gezeichnet? Wer war die Zielgruppe?
>   - Welche Mittel setzt der Karikaturist ein?
>
> 4. **Schritt: Die Karikatur verstehen**
>   - Welche Meinung zum historischen Sachverhalt wird in der Karikatur deutlich?
>   - Wer oder was wird kritisiert, gelobt oder verächtlich gemacht?

M1 „Triumph des Jahres 1813"
(Gebrüder Henschel, kolorierte Radierung, veröffentlicht in „Berliner Nachrichten", 1813)

M2 „Der Pariser Nussknacker" (anonyme Karikatur von 1813)

besondere Gestaltungsmittel	Wofür stehen sie?
Hut, rechte Hand in der Brusttasche der Uniformjacke	Napoleon
Nuss mit Aufschrift „Leipzig"	Leipziger Völkerschlacht
gezogener Degen	militärische Aufgabe, Kampfbereitschaft
aufgerissene Augen, weit geöffneter Mund	Anstrengung
besonders ausgeprägte Eckzähne	Raubtier
Platte mit Totenkopf und Knochen	Sargdeckel, Symbole der Vergänglichkeit, Niederlage, Tod
Redewendung: sich an etwas die Zähne ausbeißen	Versagen trotz Anstrengung, Härte der Aufgabe, Scheitern

M3 Symbole aus der Karikatur M2

Stichwortartige Musterlösung zur Auswertung der Karikatur M1:

1. **Schritt:**
   - 1813 veröffentlicht
   - Urheber: Gebrüder Henschel

2. **Schritt:**
   - Napoleon im Profil, als Leichenkopf dargestellt
   - Titel: „Triumph des Jahres 1813"; Untertitel: „Den Deutschen zum neuen Jahr"
   - Gesicht von Leichen übersät; Kopfbedeckung: Adler, der Napoleon packt; Uniform als Stück des Königreichs Sachsen

3. **Schritt:**
   - Zielgruppe: deutsche Bevölkerung
   - Absicht ist, die kriegerische Politik Napoleons zu kritisieren

4. **Schritt:**
   - Kritik am Großmachtstreben Napoleons, dem zahlreiche Menschen zum Opfer fielen

ARBEITSAUFTRÄGE

1. Ordne die Informationen der Musterlösung der Karikatur M1 zu.
2. Beschreibe die Karikatur M2 mithilfe der Schritte zur Analyse einer Karikatur. Orientiere dich an der Musterlösung. Stühletausch

Die Neuordnung Deutschlands

Der Wiener Kongress und seine Folgen

Der Wiener Kongress

Der gemeinsame Sieg der europäischen Länder über Napoleon hatte dessen Herrschaft beendet. Daher trafen sich 1814/15 in Wien die wichtigsten Könige und Fürsten Europas und ihre Diplomaten.

Die fünf Großmächte Preußen, Österreich, Russland, Großbritannien und Frankreich achteten in den Verhandlungen darauf, dass das Gleichgewicht in Europa erhalten blieb.

Großmächte: sehr große Staaten, die anderen militärisch, wirtschaftlich oder finanziell überlegen sind und diese Überlegenheit ausnutzen

WES-104982-401
Hörszene zum Wiener Kongress

M1 Karikatur zum Wiener Kongress: Napoleon beobachtet von Elba aus die Neuaufteilung von Europa durch Alexander I., Franz I. und Friedrich Wilhelm III. (v. l. n. r.).

Die Wiederherstellung der alten Ordnung

Die Fürsten verfolgten das Ziel, die Ordnung so wie vor der napoleonischen Besatzungszeit wiederherzustellen:
- Allein die Zugehörigkeit zum Adelsstand und nicht eine Verfassung rechtfertigte die Herrschaft der Fürsten.
- Gemeinsam wollten sie jede revolutionäre Bestrebung bekämpfen, die ihre Macht bedrohen konnte.
- Die gesellschaftlichen Zustände vor der Revolution sollten wiederhergestellt werden.

Mit dem österreichischen Staatskanzler Fürst von Metternich ist diese Politik – die sogenannten Restauration – eng verbunden.

Enttäuschte Hoffnungen der Bürger

Die Bürger hatten in den Befreiungskriegen nicht nur gegen Napoleon gekämpft. Sie waren vor allem für nationale Einheit und politische Mitbestimmung eingetreten. Diese bürgerlichen Forderungen standen im Widerspruch zu den Interessen der Fürsten. Der Wunsch der Bürger in den deutschen Territorien nach einem gemeinsamen Staat wurde von den Fürsten auf dem Wiener Kongress nicht erfüllt.

M2 Klemens Wenzel Fürst von Metternich (1773–1859)
Porträt, 1815

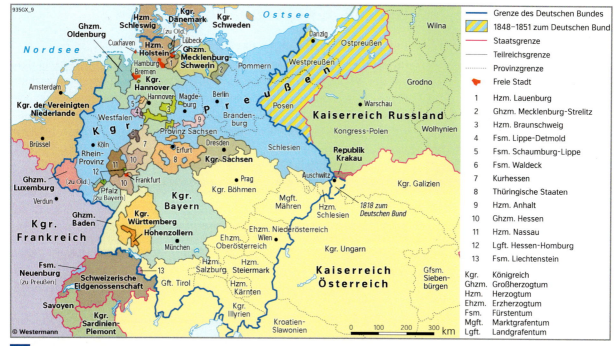

M3 Mitteleuropa nach den Beschlüssen des Wiener Kongresses von 1815

Nur ein lockeres Bündnis – der Deutsche Bund

Der Deutsche Bund verband 35 selbstständige deutsche Fürstentümer und vier Reichsstädte miteinander. Er war ein Staatenbund unabhängiger Mitgliedsstaaten ohne gemeinsame Regierung, Währung oder Armee, denn kein Fürst musste irgendwelche Rechte abtreten. Jeder Staat konnte eigenständig Gesetze erlassen.

> **Q1** Der ehemalige preußische Minister Freiherr von Stein beurteilte 1815 den Deutschen Bund:
>
> Unsere neuen Gesetzgeber haben an die Stelle des alten Deutschen Reiches […] einen Deutschen Bund gesetzt, ohne Haupt, ohne Gerichtshöfe, schwach verbunden […]. Von solch einer fehlerhaften Verfassung lässt sich nur ein schwacher Einfluss auf das öffentliche Glück Deutschlands erwarten.

ARBEITSAUFTRÄGE

1. Benenne die beiden Großmächte im Deutschen Bund mithilfe der Karte M3. HILFE
2. III Benenne die Ziele der Fürsten, auf die sich diese einigten.
   III Gib die in Q1 geäußerte Haltung zum Deutschen Bund wieder.
   III Beurteile die Ablehnung eines gemeinsamen Staates aus Sicht der Fürsten. HILFE
3. Stelle dir vor, du hast in den Befreiungskriegen für Freiheit und Einheit gekämpft. Begründe, warum du von der Politik der Restauration enttäuscht bist. Fishbowl

Die Zeit der Restauration

Enttäuschte Hoffnungen der Bürger

Im Oktober 1817 gedachten Studenten, Mitglieder von Burschenschaften, auf der Wartburg bei Eisenach der Völkerschlacht und dem gemeinsamen Kampf gegen die napoleonische Herrschaft. In Reden protestierten sie gegen die Restauration. Also dagegen, …
- dass die Fürsten die einfachen Bürger nicht an der Herrschaft beteiligten und
- dass es keinen gemeinsamen deutschen Staat gab.

Diese Erwartungen waren von den Fürsten unterdrückt worden.

M1 Wartburgfest 1817 (zeitgenössische Abbildung)

Burschenschaften: studentische Zusammenschlüsse, die Reformen im Deutschen Bund forderten

> **Q1** Rede eines Vertreters der Jenaer Burschenschaft auf dem Wartburgfest 1817:
>
> Vier lange Jahre sind seit jener Schlacht [bei Leipzig] verflossen; das deutsche Volk hatte schöne Hoffnungen gefasst, sie sind alle vereitelt; alles ist anders gekommen, als wir erwartet haben […]. Der Geist, der uns hier zusammengeführt, der Geist der Wahrheit und Gerechtigkeit, soll uns leiten durch unser ganzes Leben, dass wir alle Brüder, alle Söhne eines und desselben Vaterlandes [sind] […] dass nimmer in uns erlösche das Streben nach […] jeglicher menschlichen und vaterländischen Tugend.

Als Zeichen ihrer Wut verbrannten sie Symbole der Unterdrückung: eine Perücke als Zeichen für die Herrschaft des Adels, Uniformen und eine Abschrift der Wiener Bundesakte als Zeichen für den Deutschen Bund.

Enttäuschte Hoffnungen der Bürger

Die Fürsten strebten die Zustände in ihren Staaten wie in der Zeit vor der Französischen Revolution und der napoleonischen Besatzungszeit an. Dazu gehörte aus ihrer Sicht auch, dass keine Kritik an der Politik oder an den gesellschaftlichen Verhältnissen geäußert werden durfte. Daher schreckte der Protest der Studenten die Fürsten im Deutschen Bund auf.

> Auf dem Wandplakat in M2 steht:
> *Gesetze des Denker-Clubs*
> I. Der Präsident eröffnet präzise 8 Uhr die Sitzung.
> II. Schweigen ist das erste Gesetz dieser gelehrten Gesellschaft.
> III. Auf dass kein Mitglied in Versuchung geraten möge, seiner Zunge freien Lauf zu lassen, so werden beim Eintritt Maulkörbe ausgeteilt.
> IV. Der Gegenstand, welcher in jedesmaliger Sitzung durch ein reifes Nachdenken gründlich erörtert werden soll, befindet sich auf einer Tafel mit großen Buchstaben deutlich geschrieben.

M2 Karikatur zu den Beschlüssen im Deutschen Bund (kolorierte Radierung 1825)

Die Karlsbader Beschlüsse

Unter Leitung von Fürst Metternich einigten sich die Fürsten in Karlsbad 1819 für alle Staaten im Deutschen Bund auf gemeinsame Beschlüsse. Mit den beschlossenen Gesetzen wollten sie weitere Proteste oder gar eine Revolution verhindern:
- Professoren und ihre Lehre an den Universitäten wurden von den fürstlichen Polizeibehörden kontrolliert.
- Studenten wurden überwacht und deren Zusammenschlüsse in Burschenschaften verboten.
- Kritik am Landesherrn oder den politischen Zuständen war strengstens verboten.

> **Q2** Karlsbader Beschlüsse von 1819:
>
> a) Pressegesetz (Auszug)
> [Es] dürfen Schriften, die in Form täglicher Blätter oder heftweise erscheinen, desgleichen solche, die nicht über 20 Bogen[1] im Druck stark sind, in keinem Bundesstaat ohne Vorwissen und […] Genehmigung der Landesbehörden zum Druck befördert werden. Alle in Deutschland erscheinenden Druckschriften […] müssen mit dem Namen des Verlegers und … auch mit dem Namen des Redakteurs versehen sein. […]
> b) Universitätsgesetz (Auszug)
> Die seit langer Zeit bestehenden Gesetze gegen geheime oder nicht autorisierte Verbindungen auf den Universitäten sollen in ihrer ganzen Kraft und Strenge aufrechterhalten und […] umso bestimmter ausgedehnt werden […]. Den Regierungsbevollmächtigten soll in Ansehung dieses Punktes eine vorzügliche Wachsamkeit zur Pflicht gemacht werden.
>
> [1] entspricht 320 Seiten

M3 Fahne der Jenaischen Burschenschaft
Die Farben Schwarz, Rot und Gold leiten sich von den Uniformfarben des Lützower Freikorps, einer Freiwilligeneinheit, ab. Sie hatten in den Befreiungskriegen gegen Napoleon gekämpft.

WES-104982-402
Hörszene zum Attentat eines Burschenschaftlers

Das Volk wird unterdrückt

Mithilfe der Gesetze von 1819 wurden nun zuerst die Studenten und dann alle Bürger in allen Staaten des Deutschen Bunds politisch überwacht. Politische Versammlungen waren verboten. Alle Bücher und Zeitungen unterlagen einer strengen Zensur, d. h., vor deren Veröffentlichung musste die Zustimmung einer Behörde erfolgen. Es sollte keine negative Meinung mehr zu den Fürsten und ihrer Herrschaft geäußert werden können. Vorherige Kritiker, Anführer der Studenten oder Professoren wurden verurteilt und inhaftiert oder gezwungen, das jeweilige Fürstentum zu verlassen.

Zensur: ist die staatliche Kontrolle von unerwünschten Äußerungen. In der Zeit der Restauration mussten die zensierten Stellen z. B. in Zeitungen, Büchern oder Liedern verändert werden, sonst wurde das Werk verboten.

ARBEITSAUFTRÄGE

1. a) Benenne mithilfe von Q1 den Grund für das Zusammentreffen der Studenten.
   b) Begründe mithilfe von Q1 die Enttäuschung der Studenten.
2. III Fasse die in Q2 genannten Verbote zusammen.
   III Weise die in Q2 enthaltene Furcht der Fürsten vor den Bürgern nach.
   HILFE
   III Belege die in Q2 genannten Verbote in der Karikatur M2.
3. Begründe, warum die Zensur im Widerspruch zur Meinungsfreiheit steht.
   Think-Pair-Share

Methode

Umgang mit politischen Liedern

Wenn im Geschichtsunterricht das Lebensgefühl der Menschen in einer bestimmten Zeit erfasst werden soll, können Lieder und Liedtexte besonders hilfreich sein. In der Musik kommt aber nicht nur das Lebensgefühl zum Ausdruck, sondern in sogenannten politischen Liedern auch die Haltung und Einstellung zu den Ereignissen der jeweiligen Entstehungszeit.

Besonders im 19. Jahrhundert entstanden im deutschsprachigen Raum viele Lieder, in denen politische Ideen weitergegeben und verbreitet wurden. Besonders in den studentischen Burschenschaften und auf den politischen Versammlungen wie den Märzfesten des Jahres 1832 wurden diese Lieder gesungen. Sie vermittelten dabei auch ein Gefühl von Gemeinsamkeit und Zusammengehörigkeit.

M1 Hoffmann von Fallersleben (1798–1874)
Er lebte in der Zeit der Restauration. Seine kritischen Gedichte und Lieder durften aufgrund der Zensur nicht erscheinen. Dies galt auch für sein „Lied der Deutschen" aus dem Jahr 1841.
(Zeichnung, um 1850)

Schritte zur Analyse von politischen Liedern

1. Schritt: Den Inhalt erschließen
- Höre dir das Lied zunächst an.
- Lies dann den Text jeder Strophe in Ruhe durch. Durchsuche das Lied nach unbekannten Wörtern und kläre ihre Bedeutung.
- Fasse den Inhalt jeder Strophe zusammen. Was wird in den einzelnen Strophen und dem Refrain ausgesagt, kritisiert oder gefordert?

2. Schritt: Die Melodie untersuchen
- Höre dir das Lied noch einmal an und beschreibe, wie die Melodie auf dich wirkt. Beurteile, ob die Musik den Text unterstützt.
- Welche Stimmung wird durch die Melodie weitergegeben? Benutze als Hilfe einen Adjektivzirkel (M2).

3. Schritt: Die Ergebnisse auswerten
- Recherchiere den Hintergrund des Liedes und die Entstehungszeit.
- Welche Reaktionen könnte das Lied zur Zeit seiner Entstehung ausgelöst haben?
- Welche politische Einstellung hatten der Texter oder der Komponist?

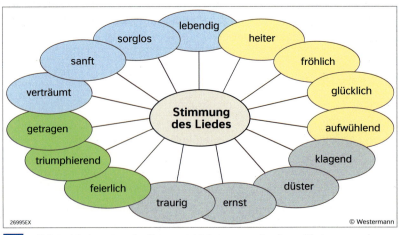

M2 Adjektivzirkel zur Beschreibung von Stimmungen in einem Lied

Q1 Das „Lied der Deutschen" aus dem Jahr 1841:

Deutschland, Deutschland über alles,
Über alles in der Welt,
Wenn es stets zu Schutz und Trutze
Brüderlich zusammenhält,
Von der Maas bis an die Memel,
Von der Etsch bis an den Belt –
Deutschland, Deutschland über alles,
Über alles in der Welt!

Deutsche Frauen, deutsche Treue,
Deutscher Wein und deutscher Sang
Sollen in der Welt behalten
Ihren alten schönen Klang,
Uns zu edler Tat begeistern
Unser ganzes Leben lang –
Deutsche Frauen, deutsche Treue,
Deutscher Wein und deutscher Sang!

Einigkeit und Recht und Freiheit
Für das deutsche Vaterland!
Danach lasst uns alle streben
Brüderlich mit Herz und Hand!
Einigkeit und Recht und Freiheit
Sind des Glückes Unterpfand –
Blüh' im Glanze dieses Glückes,
Blühe, deutsches Vaterland!

Stichwortartige Musterlösung zur Auswertung des Liedes Q1:

1. **Schritt:**
   - Anhören des Liedes
   - Liedtext in
     – Strophe 1: Zusammengehörigkeit im Gebiet des Deutschen Bundes angesprochen
     – Strophe 2: kulturelle Gemeinsamkeiten an Beispielen herausgehoben
     – Strophe 3: bürgerliche Forderungen des Liberalismus und Nationalismus dargestellt
2. **Schritt:**
   - Melodie zunächst nicht mitreißend, doch steigert sie sich im Refrain
   - getragen, langsam und feierlich
3. **Schritt:**
   - Entstehungszeit 1841; Ausdruck der Gedanken und Forderungen der Bürger
   - Dichter des Textes war Kritiker der Restauration

📱 WES-104982-403
Hier kannst du dir die Melodie der Nationalhymne (Q1) anhören.

📱 WES-104982-404
Hier kannst du dir das Lied „Die Gedanken sind frei" (Q2) anhören.

Q2 Volkslied „Die Gedanken sind frei"
Fassung von Heinrich Hoffmann von Fallersleben aus dem Jahr 1842:

Die Gedanken sind frei,
Wer kann sie erraten?
Sie fliehen vorbei,
wie nächtliche Schatten.
Kein Mensch kann sie wissen,
kein Jäger erschießen.
Es bleibet dabei:
Die Gedanken sind frei.

Ich denke, was ich will
und was mich beglücket,
doch alles in der Still
und wie es sich schicket.
Mein Wunsch und Begehren
kann niemand verwehren.
Es bleibet dabei:
Die Gedanken sind frei. [...]

Und sperrt man mich ein
im finstern Kerker,
das alles sind rein
vergebliche Werke.
Denn meine Gedanken
zerreißen die Schranken
und Mauern entzwei:
Die Gedanken sind frei.

ARBEITSAUFTRÄGE

1. Ordne die Informationen der Musterlösung dem Liedtext Q1 zu.
2. Werte das Lied „Die Gedanken sind frei" mithilfe der vorgegebenen Methode in drei Schritten aus. Orientiere dich an der Musterlösung.
   🔄 Stühletausch
3. Recherchiere, seit wann die dritte Strophe des „Lied der Deutschen" die offizielle Hymne der Bundesrepublik Deutschland ist.

M1 Der Zug zum Hambacher Schloss am 27. Mai 1832 (Zeichnung, 1832)

Die Bürger fordern Beteiligung

Eine große politische Demonstration

Trotz der Verbote der Fürsten kam es 1832 in der bayerischen Rheinpfalz, in der Nähe von Speyer, zu einer großen Kundgebung, dem Hambacher Fest. Die fast 30 000 Teilnehmer aus unterschiedlichen Bevölkerungsschichten strömten aus einem weiten Umkreis zum Versammlungsort, dem Hambacher Schloss. Bürger, Arbeiter, Professoren, Studenten, Handwerker und Bauern trugen gemeinsam schwarz-rot-goldene Fahnen oder Abzeichen mit sich. Die Redner forderten eine geeinte deutsche Nation in einem gemeinsamen Staat, Bürgerrechte und ein Ende der Zensur.

M2 Abzeichen eines Teilnehmers am Hambacher Fest 1832

> **Q1** Der Rechtsanwalt und Journalist Philipp Jakob Siebenpfeiffer eröffnete das Hambacher Fest mit der folgenden Rede:
>
> Lasset uns nur eine Farbe tragen, damit sie uns stündlich erinnere, was wir sollen und wollen, die Farbe des deutschen Vaterlands; auf ein Gesetz nur lasset im Geist uns schwören, auf das heilige Gesetz deutscher Freiheit; auf ein Ziel nur lasset uns blicken, auf das leuchtende Ziel deutscher Nationaleinheit [...]. Es lebe das freie, das einige Deutschland!

Aufgrund dieser Demonstration reagierten die Fürsten und verschärften nochmals die Unterdrückung und Zensur. Die schwarz-rot-goldenen Abzeichen wurden als Symbol der Nationalbewegung im gesamten Gebiet des Deutschen Bundes verboten.

Liberalismus und Nationalismus

Für die politischen Forderungen der Bürger nach Verfassungen, Mitbestimmung und einem geeinten Staat werden von Historikerinnen und Historikern die Begriffe Liberalismus und Nationalismus verwendet:
- Unter Liberalismus werden die Forderungen nach freiheitlichen Verfassungen, der Garantie der Bürgerrechte, nach unabhängigen Gerichten sowie Mitbestimmungsrechten gewählter Parlamente verstanden.
- Der Begriff des Nationalismus steht für das bürgerliche Streben nach einem gemeinsamen Deutschland. Alle Deutschen sollten künftig in einem geeinten Staat zusammenleben und in diesem auch mitbestimmen können.

Beide widersprachen vollkommen den Zielsetzungen der Fürsten. Doch diese Forderungen ließen sich nicht einfach weiterhin unterdrücken.

Die Spannungen entladen sich

Der Unmut der Bürger darüber, dass sie nicht gehört wurden, wuchs immer mehr. Als es auch noch zu Missernten kam und die Preise für Grundnahrungsmittel wie Kartoffeln und Getreide nach oben schnellten, entlud sich im März 1848 zuerst bei den Bauern die gesamte Unzufriedenheit. Sie besetzten die Herrschaftshäuser ihrer Gutsherren, verbrannten die Grundbücher, in denen die Abgaben eingetragen waren, denn sie wollten zukünftig frei von der Grundherrschaft sein.

Diesem Bauernaufstand schlossen sich in den Städten Tagelöhner, Handwerker, Studenten und Bürger an. Rasch breiteten sich die Aufstände über das gesamte Gebiet des Deutschen Bundes aus.

M3 Bauern erstürmen das Schloss Waldenburg in Sachsen (Holzstich, 1848)

ARBEITSAUFTRÄGE

1.
   - Beschreibe mithilfe von M1 die Zusammenkunft von 1832.
   - Benenne das in Q1 genannte Ziel der Teilnehmer am Hambacher Fest.
   - Vergleiche die Textquelle Q1 mit dem Bild M1. Finde Übereinstimmungen. HILFE
2. Gib für die Begriffe Liberalismus und Nationalismus jeweils eine Erklärung in eigenen Worten wieder. Marktplatz
3. Benenne die Ursachen für die Aufstände im Frühjahr 1848.

Die Revolution von 1848

Bürger, Studenten und Soldaten kämpfen gemeinsam

In allen Staaten des Deutschen Bundes fanden im März 1848 Demonstrationen statt. Als gemeinsames Zeichen wurden die verbotenen schwarz-rot-goldenen Flaggen oder Abzeichen getragen. Als der preußische König in Berlin auf Demonstranten schießen ließ, kam es dort zu Straßenkämpfen. Die Berliner Bevölkerung errichtete Barrikaden, besorgte sich Waffen und kämpfte gemeinsam gegen die Soldaten des Königs.

> **Q1** Über die Ereignisse im März 1848 berichtete ein Zeitgenosse in seinen Lebenserinnerungen:
>
> Bald waren in allen Richtungen die Straßen mit Barrikaden gesperrt. Die Pflastersteine schienen von selbst aus dem Boden zu springen und sich zu Brustwehren[1] aufzubauen, auf denen dann schwarz-rot-goldene Fahnen flatterten – und hinter ihnen Bürger aus allen Klassen [...] – hastig bewaffnet mit dem, was eben zur Hand war – Kugelbüchsen, Jagdflinten, Pistolen, Spiesen, Säbeln, Äxten, Hämmern usw. [...] Und hinter den Barrikaden waren die Frauen geschäftig, den Verwundeten beizustehen und die Kämpfenden mit Speis und Trank zu stärken, während kleine Knaben eifrig dabei waren, Kugeln zu gießen oder Gewehre zu laden.
> [1] Schutzwall oder Hindernisse im Straßenkampf

◻ WES-104982-405
Hörszene zum 18. März 1848

M1 Der Kampf der Bürger gegen das königliche Militär am Alexanderplatz in Berlin am 18. März 1848 (Lithografie, 1848)

Die Fürsten müssen nachgeben

Da immer mehr Soldaten sich auf die Seite der Bürger stellten, musste der preußische König nachgeben. Wie alle anderen Fürsten hatte auch er Angst, seine Macht zu verlieren. Daher gab er dem Wunsch nach einer politischen Beteiligung der Bürger nach. Er versprach sogar, dass er für einen geeinten deutschen Staat eintreten werde.

> **Q2** Aufruf des preußischen Königs vom 21. März 1848:
>
> An mein Volk und an die deutsche Nation
> Mit Vertrauen spreche ich heute, wo das Vaterland in höchster Gefahr schwebt, zu der deutschen Nation [...]. Ich habe heute die alten deutschen Farben angenommen und mich und mein Volk unter das ehrwürdige Banner des deutschen Reiches gestellt. Preußen geht fortan in Deutschland auf.

M2 Der preußische König reitet durch Berlin und erkennt die Revolution an. (Abbildung aus „Neuruppiner Bilderbogen", 1848)

Eine gemeinsame Volksvertretung

Ein gemeinsamer Nationalstaat mit festen Bürgerrechten schien zum Greifen nahe. Die Fürsten im Deutschen Bund stimmten zu, dass eine Nationalversammlung gewählt wurde. Erstmals konnte das Volk frei über Abgeordnete bestimmen. Aber nur Männer, die über Besitz oder Einkommen verfügten und mindestens 25 Jahre alt waren, durften wählen. Frauen blieben von der Mitbestimmung ausgeschlossen. Alle Entscheidungen sollten in diesem frei gewählten Parlament aller Deutschen demokratisch gefällt werden.

ARBEITSAUFTRÄGE

1. Schildere anhand von Q1 und M1 die Ereignisse in Berlin im März 1848.
2. a) Beschreibe anhand der Rede des preußischen Königs Q2 die Hoffnung der Bürger.
   b) Zähle mithilfe der Quellen Q2 und M2 Belege dafür auf, dass der preußische König der Revolution nachgab. Ordne deine Ergebnisse danach, wie der König handelte und was er versprach.
   🐝 Bienenkorb HILFE

Der Traum von Einheit und Freiheit

Die Nationalversammlung von 1848

Die Nationalversammlung wurde im Mai 1848 feierlich in der Frankfurter Paulskirche eröffnet. Alle Abgeordneten waren in freier und gleicher Wahl bestimmt worden. Nun lag es an ihnen, den lange verfolgten Traum Wirklichkeit werden zu lassen.

M1 Feierlicher Einzug der Abgeordneten in die Frankfurter Paulskirche (Lithografie, 1848)

> **Q1** Der Abgeordnete Gustav von Struve brachte in einer Rede die Aufbruchstimmung zum Ausdruck:
>
> Die Not des Volkes ist unerträglich geworden. [...] Daher haben sich alle Bande gelöst, welches das deutsche Volk an die bisherige Ordnung der Dinge geknüpft hatten, und es ist die Aufgabe der Versammlung [...] neue Bande vorzubereiten, mit denen das gesamte deutsche Volk zu einem freien und großen Ganzen umschlungen werden soll.

Fragen über Fragen

In den Beratungen und Debatten der Nationalversammlung diskutierten die Abgeordneten die wichtigsten Fragen:
- Welche Rechte sollten den Bürgern künftig garantiert werden?
- Wie groß sollte das geeinte Deutschland eigentlich sein? Sollte es das österreichische Kaiserreich ganz, teilweise oder gar nicht einschließen?
- Konnten die Abgeordneten den Fürsten vertrauen und mit ihnen zusammenarbeiten?

Es wurde heftig um die Antworten gestritten. Die intensiven Auseinandersetzungen waren für die Abgeordneten sehr wichtig, denn endlich konnten sie ohne Angst ihre Meinung vertreten.

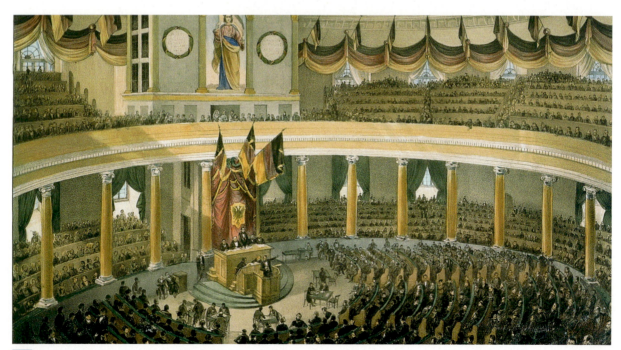

M2 Das Parlament in der Frankfurter Paulskirche (zeitgenössische Zeichnung)

Welche Rechte sollen die Bürger haben?

Für die Abgeordneten der Frankfurter Paulskirche war die Diskussion zu den Grundrechten am wichtigsten. Sie sollten jedem Bürger zustehen und ihn vor staatlicher Willkür schützen:
- Freiheit, Eigentum, Meinung, das Recht auf Versammlung, Beruf und viele weitere Rechte wurden garantiert.
- Privilegien des Adels wurden endgültig abgeschafft. Alle Bürger hatten die gleichen Rechte.

> **Q2** Grundrechte in der Verfassung der Frankfurter Paulskirche von 1848/49:
>
> § 137 Vor dem Gesetz gilt kein Unterschied der Stände. […]
> § 138 Die Freiheit der Person ist unverletzlich. […]
> § 143 Jeder Deutsche hat das Recht, durch Wort, Schrift, Druck und bildliche Darstellung seine Meinung frei zu äußern. […]
> § 152 Die Wissenschaft und ihre Lehre ist frei. […]
> § 161 Die Deutschen haben das Recht, sich friedlich und ohne Waffen zu versammeln.

M3 Die großdeutsche Lösung von 1848/49

Wie groß soll Deutschland sein?

Kompliziert erwies sich die Frage nach der Ausdehnung eines geeinten Deutschlands. Die beiden größten Staaten, Preußen und Österreich, erstreckten sich bis an die Grenzen Russlands. Zu ihnen gehörten Gebiete, in denen nur zum Teil deutsch gesprochen wurde. Zwei Lösungen wurden in der Nationalversammlung diskutiert:
- großdeutsch, d. h. mit den überwiegend deutschsprachigen Teilen Österreich-Ungarns und Preußens, oder
- kleindeutsch, d. h. ohne Österreich, aber mit ganz Preußen.

Eine großdeutsche Lösung hätte eine Teilung Österreich-Ungarns bedeutet. Wie dies umgesetzt werden sollte, blieb ungeklärt.

Soll ein Kaiser regieren?

Eine kleinere Gruppe von Abgeordneten misstraute den Fürsten. Sie glaubten nicht, dass diese freiwillig ihre Macht abgeben oder sie begrenzen lassen würden. Sie wollten eine Republik, d. h. ein Deutschland ohne König oder sonstige Fürsten.

Der überwiegende Teil der Parlamentarier glaubte, dass nur im gemeinsamen Handeln mit den Fürsten ein geeintes Deutschland gestaltet werden könne. Sie vertrauten auf das Wohlwollen der Fürsten. Die Verfassung sah daher einen vom Parlament kontrollierten Kaiser an der Spitze des geeinten Deutschlands vor.

M4 Die kleindeutsche Lösung von 1848/49

ARBEITSAUFTRÄGE

1. a) Beschreibe den in M2 dargestellten Parlamentsaal der Nationalversammlung.
   b) Gib die in Q1 geäußerte Hoffnung des Redners wieder.
2. Stelle dir vor, du bist Reporter im Jahr 1818. Begründe die besondere Bedeutung von einem der Artikel in Q2 für die Bürger. 🗣 Reporter
3. Stelle die beiden möglichen Lösungen für das Staatsgebiet mithilfe von M3 und M4 gegenüber. HILFE

Der Traum zerplatzt

Die Revolution scheitert in Österreich

Bei den Beratungen über die Staatsform des geeinten Deutschlands hatten sich die Befürworter der Zusammenarbeit mit den Fürsten durchgesetzt. An der Spitze des Deutschen Reichs sollte ein Kaiser stehen. Bei einer großdeutschen Lösung konnte dies nur der österreichische Kaiser sein. Doch er war nicht bereit, den Vorschlag der Nationalversammlung anzunehmen, sein Land zu zerteilen und Macht abzugeben. Mithilfe seines Militärs gewann er die Kontrolle über Österreich zurück und beendete dort die Revolution. In Wien kam es dabei zu heftigen Kämpfen.

Die kleindeutsche Lösung ist in Sicht

Als einzige Lösung verblieb den Abgeordneten daher nur noch die kleindeutsche Variante. Das heißt ein geeintes Deutsches Reich, in dem Preußen den größten Teil des Gebietes einnehmen und der mächtigste Teil davon würde. Der weitere Erfolg der Revolution hing somit von der Zusammenarbeit mit dem preußischen König ab.

Die Abgeordneten vertrauten ihm. Schließlich hatte er im März 1848 erklärt, dass Preußen fortan die Revolution unterstütze. Die Abgesandten der Nationalversammlung reisten deshalb voller Zuversicht nach Berlin, um dem preußischen König Friedrich Wilhelm IV. die erbliche Kaiserkrone eines geeinten und freien deutschen Reiches anzubieten.

Der preußische König will nicht Kaiser werden

Sie beachteten dabei nicht, dass der preußische König inzwischen für Preußen eine Verfassung erlassen hatte, in der trotz Bürgerrechte seine Macht und die Stellung des Adels festgeschrieben waren.

Für den preußischen König gab es keinen Grund, warum er das Angebot annehmen sollte. Er herrschte in Preußen und sah keinen Vorteil, sich einem deutschen Parlament unterzuordnen. Daher lehnte er ab.

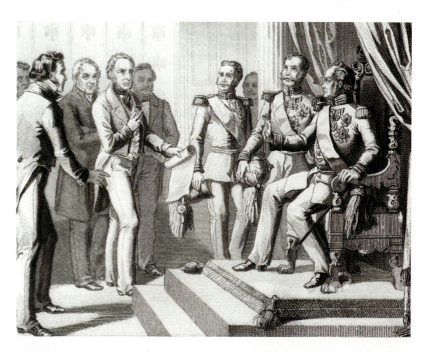

M1 Abgeordnete der Nationalversammlung beim preußischen König im April 1849 mit der Anfrage, den deutschen Kaisertitel anzunehmen (Stahlstich, 1861)

M2 „Andere Zeiten, andere Sitten" (Karikatur, 1849)

Die Revolution setzte sich damals nicht durch …

Die deutschen Fürsten orientierten sich am Verhalten des preußischen Königs. Das Parlament in Frankfurt wurde aufgelöst, die Abgeordneten verhaftet. Der preußische König unterstützte mit seinen Soldaten dieses Zurückdrängen der Revolution.

Zwar kam es zu einzelnen Aufständen, aber diesmal setzten sich die Fürsten mithilfe von Truppen durch.

… bleibt aber im Gedächtnis

Obwohl die Revolution gescheitert war, blieben die demokratischen Gedanken und Ziele im Gedächtnis. Besonders die in der Frankfurter Paulskirche erarbeiteten Grundrechte für alle Deutschen wirkten als demokratisches Vorbild weit über das Jahr 1848 hinaus.

Auch das Ziel eines gemeinsamen deutschen Staates ging nicht unter und blieb im Bewusstsein der Bürger erhalten.

ARBEITSAUFTRÄGE

1 Skizziere den Fortgang der Revolution bis zum Antrag an den preußischen König.
2 III Gib das Angebot der Nationalversammlung an den preußischen König wieder.
 III Begründe, warum der preußische König das Angebot der Nationalversammlung ablehnte. HILFE
 III Analysiere die Karikatur M2 mithilfe der Methode auf Seite 122/123.
3 Bewerte das Ende der Revolution aus der Sicht eines Bürgers, der an den Straßenkämpfen in Berlin teilgenommen hatte. Placemat HILFE

Judenemanzipation im Deutschen Bund

Die jüdische Bevölkerung profitiert von Napoleon

Seit dem Mittelalter bildeten die Bürger mit jüdischem Glauben eine Randgruppe in der Gesellschaft. Sie waren ausgeschlossen und nicht gleichberechtigt zu den Bürgern mit christlichem Glauben. Erst durch die Veränderungen in der Folge der Französischen Revolution, den Eroberungen Napoleons und der Einführung des Code civil veränderte sich dies in den deutschen Fürstentümern. Die rechtliche Gleichstellung der jüdischen Bürger wird unter dem Begriff der sogenannten Judenemanzipation zusammengefasst. Die jüdische Religion wurde den anderen gleichgestellt. Hierdurch wurde die jahrhundertealte Ausgrenzung beendet.

Ein langer Weg zur Gleichberechtigung …

In Preußen erfolgte die Judenemanzipation mit dem Gleichstellungsgesetz bereits im Jahr 1812. Hierdurch konnten sie nun z. B. als Beamte angestellt werden. Doch durch die Politik der Restauration im Deutschen Bund wurde diese Emanzipation hinausgezögert. In Sachsen erhielten die jüdischen Bürger daher erst 1837 die gesetzliche Gleichstellung. Erst in der Reichsverfassung von 1871 wurde den jüdischen Bürgern auch die volle rechtliche Gleichstellung im gesamten Reich garantiert.

… und doch weiter ausgegrenzt.

Trotzdem wurden die jüdischen Bürger von der Gesellschaft nicht als gleichwertig akzeptiert. Daher traten auch weiterhin jüdische Familien zum christlichen Glauben über, um weitere Ausgrenzung zu vermeiden.

Sogar im kulturellen Bereich wurden die Werke von Schriftstellerinnen und Schriftstellern oder die Musik von Komponisten mit jüdischem Glauben meist nicht akzeptiert. Ihre Werke wurden im Bürgertum nicht gelesen oder die Musik wurde kaum gehört, obwohl diese Stücke das kulturelle Leben bereicherten. Heute sind die Gedichte von Heinrich Heine, Ludwig Boerne oder die Romane von Rahel Varnhagen oder Fanny Lewald ein wertgeschätzter Teil der Literatur des 19. Jahrhunderts.

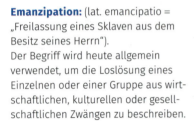

Emanzipation: (lat. emancipatio = „Freilassung eines Sklaven aus dem Besitz seines Herrn").
Der Begriff wird heute allgemein verwendet, um die Loslösung eines Einzelnen oder einer Gruppe aus wirtschaftlichen, kulturellen oder gesellschaftlichen Zwängen zu beschreiben.

M1 Rahel Varnhagen (1771–1833) Porträt, 1817

M2 Ludwig Boerne (1786–1837) Porträt, 1820

M3 Fanny Lewald (1811–1889) Porträt, 1840

M4 Heinrich Heine (1797–1856) Porträt, 1830

M5 Die Gemeindesynagoge zu Leipzig (Holzstich von 1854)

Die jüdische Gemeinde in Leipzig

So wie in den anderen Staaten des Deutschen Bundes hing auch in Sachsen und der Stadt Leipzig die jeweilige Lage der Bürger mit jüdischem Glauben von den politischen Verhältnissen ab. Auch in Sachsen waren die Bürger mit jüdischem Glauben ausgegrenzt. Sogar in der Messestadt Leipzig, obwohl es vielfältige wirtschaftliche Verflechtungen und enge Kontakte zu Kaufleuten mit jüdischem Glauben gab. Erst mit der Judenemanzipation in Sachsen im Jahr 1837 änderte sich dies.

Der Stadtrat blockierte nun nicht mehr das jüdische Leben in der Stadt. So öffnete sich die Leipziger Universität für Studenten unabhängig vom Glauben. Doch indirekte Beschränkungen blieben bestehen, denn jüdische Professoren wurden bei Stellenbesetzungen nicht berücksichtigt.

Im Jahr 1853 konnte schließlich der Bau einer großen Synagoge, eines Gotteshauses für die jüdische Gemeinde, beginnen. Ein Jahr später wurde der imposante Bau bereits eingeweiht.

Trotz aller reformerischen Ansätze und festgeschriebener Rechte blieben auch in Sachsen antijüdische Tendenzen in der Gesellschaft vorhanden.

M6 Innenraum der Gemeindesynagoge in Leipzig, erbaut 1853/54 (Holzstich, 1854)

ARBEITSAUFTRÄGE

WAHL 1
- III Schildere die Ausgrenzung der jüdischen Bürger im Deutschen Bund.
- III Gib mit eigenen Worten den Begriff der Judenemanzipation wieder.
- III Nimm Stellung zum Verhalten gegenüber den jüdischen Bürgern.

2 Stelle eine der abgebildeten Personen M1 bis M4 vor. Gestalte ein Plakat und trage es deinen Mitschülerinnen und Mitschülern vor.
  Galeriegang HILFE

Das deutsche Kaiserreich

Preußen beherrscht den Deutschen Bund

Bismarck wird preußischer Ministerpräsident

Nach der Revolution von 1848/49 waren in Preußen die alten Zustände wiederhergestellt worden: Der König regierte mithilfe der von ihm ernannten Minister das Land.

Im Jahr 1861 wurde Wilhelm I. König. Er ernannte dann Otto von Bismarck zum preußischen Ministerpräsidenten, dem Regierungschef. Beide wollten, dass Preußen die bestimmende Macht im Deutschen Bund wird und sich gegen Österreich durchsetzt.

Die preußische Armee wird aufgerüstet

In der Politik Bismarcks war daher der Ausbau des preußischen Militärs sehr wichtig. Er glaubte, dass nur durch Krieg die Vormacht Preußens erreichbar sei.

M1 Otto von Bismarck (1815–1898)
Porträt um 1866

> **Q1** Rede von Otto v. Bismarck bei seinem Amtsantritt 1862:
>
> Nicht auf Preußens Liberalismus sieht Deutschland, sondern auf seine Macht, [...] Preußen muss seine Kraft zusammenfassen und zusammenhalten auf den günstigen Augenblick, der schon einige Male verpasst ist; Preußens Grenzen nach den Wiener Verträgen sind zu einem gesunden Staatsleben nicht günstig; nicht durch Reden und Mehrheitsbeschlüsse werden die großen Fragen der Zeit entschieden – das ist der große Fehler von 1848 und 1849 gewesen –, sondern durch Eisen und Blut.

Daher wurde die Zahl der Soldaten erhöht und deren Ausrüstung modernisiert. Neue Gewehre und weitreichende Kanonen wurden angeschafft. Eisenbahnlinien ermöglichten einen schnellen Transport von Soldaten und Waffen.

Einen Konflikt mit dem dänischen König nutzte Bismarck aus. Im Deutsch-Dänischen Krieg 1864 kämpften Österreich und Preußen gemeinsam, da er die preußische Armee noch nicht als stark genug einschätzte.

M2 Preußische Soldaten im Deutsch-Dänischen Krieg von 1864 (Foto, 1864)

Der Krieg mit Österreich

Zwei Jahre später sah Bismarck die preußische Armee bereit, einen Krieg mit Österreich um die Vorherrschaft im Deutschen Bund zu wagen. Österreich wurde von Sachsen und anderen süddeutschen Staaten unterstützt. Trotzdem gewann Preußen den sogenannten Deutschen Krieg von 1866. Es entstand ein großes preußisches Staatsgebiet und Preußen hatte die Vorherrschaft im Norddeutschen Bund, dem nun auch Sachsen angehörte.

> **Q2** Ein Historiker der Gegenwart ging der Frage nach, welche Tragweite die Entscheidung von 1866 für die deutsche Geschichte hatte:
>
> Der deutsche Krieg von 1866 hatte in der Tat eine Umwälzung der politischen Verhältnisse in Deutschland bewirkt [...]. Der Krieg von 1866 brachte die Deutschen der Einheit ein großes Stück näher, indem er die großdeutsche Lösung ausschloss und ein wesentliches Hindernis der kleindeutschen Lösung beseitigte.

Preußen war der Gewinner im Ringen um die Vorherrschaft. Ein erneuter Konflikt zwischen den beiden Großmächten war aufgrund der militärischen Übermacht Preußens ausgeschlossen. Österreich schied nach dem Deutschen Krieg von 1866 aus der deutschen Politik aus.

M3 Deutschlands Zukunft
„Kommt es unter einen Hut? Ich glaube, es kommt eher unter eine Pickelhaube!" (Karikatur, 1870)

M4 Der Norddeutsche Bund

ARBEITSAUFTRÄGE

1. a) Zähle die beiden Kriege auf, die von Preußen geführt wurden.
   b) Benenne die jeweiligen Kriegsgegner mithilfe der Karte M4.
2. III Benenne das Ziel Bismarcks für Preußen in der Rede Q1.
   III Begründe die Aufrüstung in Preußen mithilfe von Q1.
   III Erläutere, was der Zeichner der Karikatur M3 für die Zukunft voraussagte. HILFE
3. Gib mithilfe von Q2 das Ergebnis des Deutschen Krieges wieder.

Die Gründung des Deutschen Kaiserreichs

Der Deutsch-Französische Krieg 1870/71

Frankreich beobachtete den Gebietszuwachs Preußens von 1866 mit Misstrauen. Eine weitere Einigung Deutschlands wollte der französische Kaiser Napoleon III. notfalls auch durch einen Krieg mit Preußen verhindern. Otto von Bismarck nutzte die diplomatischen Spannungen geschickt aus, um Preußen als unschuldig erscheinen zu lassen, und unterstützte die Begeisterungswelle für einen Krieg. Bereits nach wenigen Wochen war der Deutsch-Französische Krieg im September 1870 zugunsten des militärisch überlegenen Preußen und der mit ihm verbündeten deutschen Staaten entschieden.

Die Reichsgründung in Versailles

Noch vor einem Friedensschluss mit Frankreich wurde Wilhelm I. am 18. Januar 1871 im Spiegelsaal von Versailles zum Kaiser des Deutschen Kaiserreichs ernannt.

M1 Siegessäule in Berlin
Zur Erinnerung an die Siege von 1864, 1866 und 1870 wurde diese Säule mit der Siegesgöttin Viktoria im Jahr 1873 errichtet.

> **Q1** Die Gründung des Kaiserreichs am 18. Januar 1871 schilderte Kronprinz Friedrich Wilhelm in seinem Tagebuch:
>
> Nun trat der Großherzog von Baden mit der ihm so eigenen, natürlichen Würde vor und rief laut mit erhobener Rechten:
> „Es lebe Seine Majestät, der Kaiser Wilhelm!" Ein donnerndes, sich mindestens sechsmal wiederholendes Hurra durchbebte den Raum, während die Fanfaren und Standarten über dem Haupte des neuen Kaisers von Deutschland wehten und „Heil dir im Siegerkranz" ertönte. Dieser Augenblick war mächtig ergreifend, ja überwältigend [...].
> Nun brachten die Fürsten, einer nach dem andern, ihre Glückwünsche dar, welche der Kaiser mit einem freundlichen Händedruck entgegennahm.

Mit dem Deutschen Reich war ein neuer, bevölkerungsreicher Staat entstanden, der militärisch und wirtschaftlich stark war.

M2 Die Reichgründung in Versailles (Gemälde des Hofmalers Anton von Werner von 1885)

Preußen prägt das Deutsche Reich

Das Deutsche Reich war eine konstitutionelle Monarchie, d.h., es gab einen Kaiser, aber auch die Mitsprache der Bürger durch ein Parlament. Als Bundesstaat setzte es sich aus einzelnen Ländern zusammen.

An der Spitze des Staates stand der preußische König als Kaiser mit umfangreichen Rechten. Er allein ernannte den Reichskanzler, der die Regierung leitete. Daher konnte der Reichskanzler mit der Unterstützung des Kaisers die politischen Entscheidungen weitgehend allein treffen. Otto von Bismarck wurde Reichskanzler des Deutschen Kaiserreichs. Das Parlament, den Reichstag, durften nur Männer über 25 Jahre wählen. Gemeinsam mit dem Bundesrat, in dem die einzelnen Länder vertreten waren, wurden Gesetze beschlossen. In beiden Institutionen hatte Preußen eine starke Stellung, sodass nicht gegen Preußen beschlossen werden konnte.

M3 Reichstag in Berlin (Farblichtbild, um 1900)
Das Gebäude wurde zwischen 1884–94 gebaut und war Sitz des Parlaments.

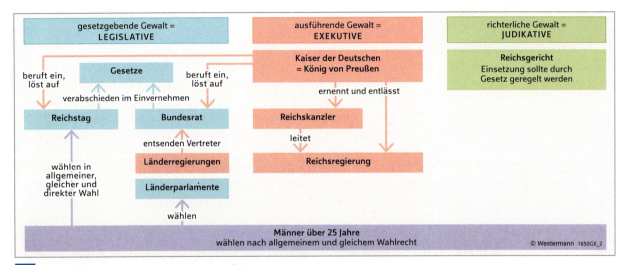

M4 Das Regierungssystem des Deutschen Reichs von 1871

Ein einheitliches Deutsches Reich

Da sich das Deutsche Reich aus 25 Ländern zusammensetzte, wurden viele Dinge nun im Deutschen Reich für alle geregelt:
- Einheitliche Reichsgesetze, z.B. das Strafgesetz, dienten als gleichförmige Rechtsgrundlage,
- die Mark als gemeinsame Währung
- sowie gleiche Maße und Gewichte.

Trotzdem durften Staaten wie z.B. Sachsen oder Bayern weiterhin den Titel eines Königreichs führen. Sie konnten Dinge selbst regeln, die nicht das gesamte Reich betrafen wie z.B. den Bereich der Schule.

ARBEITSAUFTRÄGE

1. III Fasse die Ereignisse der Reichsgründung zusammen.
   II Beschreibe die dargestellte Szene des Historiengemäldes M2. HILFE
   III Stelle dir vor, du wärst 1871 Redakteur einer deutschen Tageszeitung. Verfasse mithilfe von Q1 und M2 einen kurzen Bericht über die Ereignisse in Versailles. Reporter
2. Werte das Schaubild M4 mithilfe der Methode auf Seite 106/107 aus.
3. Erstelle einen kurzen Vortrag zu einer der in M1 oder M3 abgebildeten Berliner Sehenswürdigkeiten.

Die Gesellschaft im Kaiserreich

Der Adel

Im Deutschen Kaiserreich von 1871 war nach wie vor der Adel die bestimmende Gesellschaftsschicht. Die höchsten Positionen in der staatlichen Verwaltung und im Militär besetzten überwiegend Adlige. Sie stützten die Herrschaft des Kaisers. Eine Beteiligung der Bürger an der Regierung lehnte der Adel ab. In der Adelsschicht bestimmten traditionell die Männer.

Wie in den vergangenen Jahrzehnten war der Grundbesitz die wirtschaftliche Grundlage des Adels, vor allem in den preußischen Gebieten. Doch zunehmend verdiente der Adel auch durch Beteiligung an Firmen oder baute große Stadthäuser und vermietete diese.

Das Bürgertum

Die Schicht des Bürgertums setzte sich aus Fabrikbesitzern, Unternehmern, Kaufleuten, Bankiers und Beamten zusammen. Sie waren wirtschaftlich erfolgreich und gut gebildet.

Diese zum Teil sehr wohlhabenden Bürger strebten danach, sich dem Lebensstil des Adels anzupassen: Sie kauften große Landgüter auf und bauten dort schlossähnliche, große herrschaftliche Häuser auf dem Land. In den Städten errichteten sie mehrstöckige Häuser und ließen sich von Hausangestellten bedienen. Auch in dieser Schicht bestimmten die Männer.

Bildung und gutes Benehmen waren für das Selbstverständnis des Bürgertums prägend. Wenn sie schon keine Adeligen waren, so wollten sie sich doch hierdurch von den Arbeitern abheben.

M1 Die kaiserliche Familie im Park von Sanssouci (Gemälde von William Friedrich Georg Pape, 1891)

M2 Bürgerliche Familie beim Frühstück (Gemälde, 1902)

Die Arbeiterschaft

Die größte Schicht der Gesellschaft war die der Arbeiterschaft. Neben Handwerkern, Fabrikarbeitern oder Dienstboten in den Städten gehörte auch die Landbevölkerung überwiegend dieser Gesellschaftsgruppe an.

Kennzeichnend war, dass sie alle ihren Lebensunterhalt schwer erarbeiten mussten. Der Lohn eines Einzelnen reichte zumeist gerade für die Ausgaben des täglichen Bedarfs, jedoch nicht für den Unterhalt einer ganzen Familie. Alle Familienmitglieder, auch die Kinder, mussten mitarbeiten. Daher war es oft nicht möglich, dass die Kinder eine ausreichende Schulbildung bekamen. Ein wirtschaftlicher oder gesellschaftliche Aufstieg war dadurch kaum möglich. Obwohl um die Jahrhundertwende etwa die Hälfte aller Frauen einem Beruf außerhalb des Haushalts nachgingen, blieben sie den Männern untergeordnet.

M3 Schuhmacherwerkstatt in Berlin (Foto, um 1900)

Frauen sind den Männern nicht gleichgestellt

Politisch durften Frauen nicht mitbestimmen. Sie waren in Parteien nicht zugelassen und besaßen kein Wahlrecht. Ausgehend von einzelnen aus dem wohlhabenden Bürgertum stammenden Frauen entstand eine Frauenrechtsbewegung, die sich u. a. für …
- gleiche Schulbildung und Möglichkeit zum Studium,
- bessere Berufschancen und finanzielle Absicherung,
- Wahlrecht und die gesetzliche Gleichstellung für Frauen einsetzte.

Erst seit etwa 1890 durften Frauen die Abiturprüfung ablegen. Studieren durften sie nur als Gasthörerinnen. Sie mussten jeden Professor einzeln um Erlaubnis bitten, seiner Vorlesung zuhören zu dürfen.

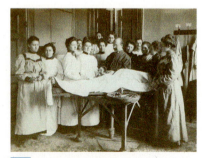

M4 Ein Berliner Professor mit Medizinstudentinnen (Foto, 1910)

ARBEITSAUFTRÄGE

1. III Beschreibe jede Gesellschaftsschicht in eigenen Worten.
   Partnervortrag
   III Erkläre, warum das Bürgertum den Adel nachahmte. HILFE
   III Unterscheide das Leben des Bürgertums von dem der Arbeiterschaft mithilfe der Bilder M2 und M3. HILFE
2. Stelle dir vor, du wärst eine Frau um 1900. Begründe dein Engagement für Gleichberechtigung.

Bismarck unterdrückt die Arbeiterschaft

Die Arbeiter werden als Bedrohung des Staates gesehen

Die Forderung in der Arbeiterschaft nach Beteiligung und Mitbestimmung in der Politik war durch die Gründung des Kaiserreichs nicht verstummt. Doch Reichskanzler Otto von Bismarck und Kaiser Wilhelm I. sahen dieses Aufbegehren als eine Bedrohung der eigenen Herrschaft.

Je lauter die Forderungen der Arbeiterbewegung wurden und je mehr Zulauf diese erhielt, desto stärker wuchs beim Reichskanzler und dem Kaiser das Unbehagen darüber an.

Bismarck bekämpft die Partei der Arbeiterschaft

Für den Reichskanzler war die Arbeiterschaft ein Gegner in der Politik, dessen Einfluss er zurückdrängen wollte. Zwei Attentatsversuche auf Kaiser Wilhelm I. lieferten ihm den Vorwand für Verbote, um gegen deren politische Zusammenschlüsse, Zeitungen und Versammlungen vorzugehen. Über das sogenannte Sozialistengesetz wurden die Versammlungs-, Meinungs- und Pressefreiheit eingeschränkt.

> **Q1** Auszug aus dem Sozialistengesetz von 1878:
>
> §1. Vereine, welche [...] den Umsturz der bestehenden Staats- oder Gesellschaftsordnung bezwecken, sind zu verbieten. [...]
> §9. Versammlungen, in denen sozialdemokratische [...] Bestrebungen zu Tage treten, sind aufzulösen. [...]
> §11. Druckschriften, in welchen sozialdemokratische [...] Bestrebungen zu Tage treten, sind zu verbieten.

M1 Suche nach politischen Schriften bei einem Arbeiter (Holzschnitt, 1895)

Bismarck scheitert mit seinem Verbot

Bismarck gelang es dennoch nicht, die Sozialdemokratie zu zerschlagen. Die Arbeiter vertrauten der 1890 entstandenen Sozialdemokratischen Partei Deutschlands (SPD) und nicht dem Reichskanzler Bismarck, der sie unterdrücken ließ.

Das Sozialistengesetz wurde 1890 aufgehoben, doch wurden die Sozialdemokraten von staatlichen Stellen weiter misstrauisch beobachtet. Die Gegenmeinungen von sozialdemokratischen Abgeordneten im Reichstag stellte Bismarck als Gefahr der bestehenden politischen Ordnung dar.

Der Versuch, die Arbeiter für sich zu gewinnen

Nachdem Bismarck in der Auseinandersetzung mit der Arbeiterschaft gescheitert war, wollte er nun durch staatliche Hilfen die Arbeiter für sich gewinnen:
- Eine Krankenversicherung übernahm anteilig die Kosten für ärztliche Behandlung und Medikamente.
- Eine Unfallversicherung unterstützte Arbeiter durch Lohnfortzahlung nach Arbeitsunfällen.
- Eine Alters- und Invaliditätsversicherung sorgte für einen geringen Rentenanspruch ab dem 70. Lebensjahr und bei Arbeitsunfähigkeit.

Der Versuch, die Arbeiterschaft durch diese Sozialgesetzgebung von der Sozialdemokratie abzubringen, war erfolglos. Deren Abgeordnetenanteil im Reichstag verdreifachte sich. Die Sozialdemokratische Partei ging gestärkt aus dieser Auseinandersetzung hervor.

M2 Rentenauszahlung (Holzstich, 1890)

ARBEITSAUFTRÄGE

1. III Gib die Artikel des Sozialistengesetzes Q1 in eigenen Worten wieder.
   III Arbeite mithilfe der Quelle Q1 die Unterdrückung der Arbeiterschaft heraus.
   III Erläutere die im Bild M1 dargestellte Szene mithilfe der Quelle Q1.
2. Bewerte die Absicht, die Bismarck mit der Sozialgesetzgebung verfolgte.
   Think-Pair-Share
3. Stelle dir vor, du bist ein Arbeiter. Diskutiert, ob sich durch die Sozialversicherung deine Einstellung zu Bismarck verändert hat.
   Engel und Teufel HILFE

Die Außenpolitik Bismarcks

Sorgen bei den Nachbarstaaten

Durch die Gründung des Deutschen Reichs war 1871 ein neuer, großer Staat mitten in Europa entstanden. Die Einigungskriege hatten außerdem die militärische Stärke gezeigt. Das Deutsche Reich konnte von seinen Nachbarstaaten als Bedrohung gesehen werden:
- Frankreich war aufgrund der erlittenen Gebietsverluste ein permanenter Gegner.
- Russland fürchtete die militärische Macht.
- Großbritannien war misstrauisch, fühlte seine wirtschaftliche Macht bedroht, sah sich aber durch seine Flotte geschützt.

Bismarcks Zielsetzung

Die geografische Lage in der Mitte Europas brachte für das Deutsche Reich die Gefahr einer möglichen Umklammerung dieser Staaten mit sich. Um die Sicherheit des Reichs zu gewährleisten, wollte Bismarck derartige Bündnisse und damit eine Einkreisung Deutschlands verhindern.

Um den Frieden in Europa zu sichern, verfolgte Bismarck eine vielschichtige Strategie. Er wollte die europäischen Großmächte beruhigen, indem er versicherte, dass das Deutsche Reich sein Territorium nicht mehr vergrößern wolle.

Bismarcks Bündnissystem

Bismarck wollte das Deutsche Reich gegen einen gemeinsamen Angriff mehrerer Staaten absichern und daher Frankreich isolieren. Da Großbritannien kein Bündnis eingehen wollte, blieben ihm nur Österreich und Russland als Partner für Verträge:
- Im Dreikaiserabkommen mit Russland und Österreich wurden die Beziehungen im Osten des Deutschen Reichs gefestigt.
- Der Zweibund mit Österreich diente dazu, sich für den Fall eines Konflikts mit Russland einen Bündnispartner zu sichern.
- Der Zweibund wurde mit Italien zum Dreibund erweitert.
- In einem geheimen Rückversicherungsvertrag mit Russland sicherten sich die beiden Staaten zu, sich nicht gegenseitig in einen Krieg einzumischen.
- Schließlich vermittelte Bismarck das Mittelmeerabkommen, in dem Großbritannien und weitere Staaten den bestehenden Gebietszustand im Mittelmeerraum zusicherten.

Ein europäischer Krieg mit deutscher Beteiligung konnte durch dieses Vertragssystem viele Jahrzehnte vermieden werden.

Das Ende der Ära Bismarck

Im Jahr 1888 starben Wilhelm I. und kurz darauf sein Nachfolger Friedrich III., sodass Wilhelm II. auf den Thron des Deutschen Reichs folgte. Ein Streitpunkt zwischen dem erst 29-jährigen Kaiser und dem erfahrenen Reichskanzler war die Außenpolitik.

Bismarck trat seit der Reichsgründung den anderen Staaten gegenüber immer sehr zurückhaltend auf. Wilhelm II. wollte dagegen, dass das Deutsche Reich machtvoller auftrat. Schließlich sah Bismarck 1890 keine andere Möglichkeit, als zurückzutreten.

M1 Bismarck-Denkmal in Hamburg
Das Denkmal wurde von 1901 bis 1906 erbaut. Allein die Statue misst 14,8 Meter.

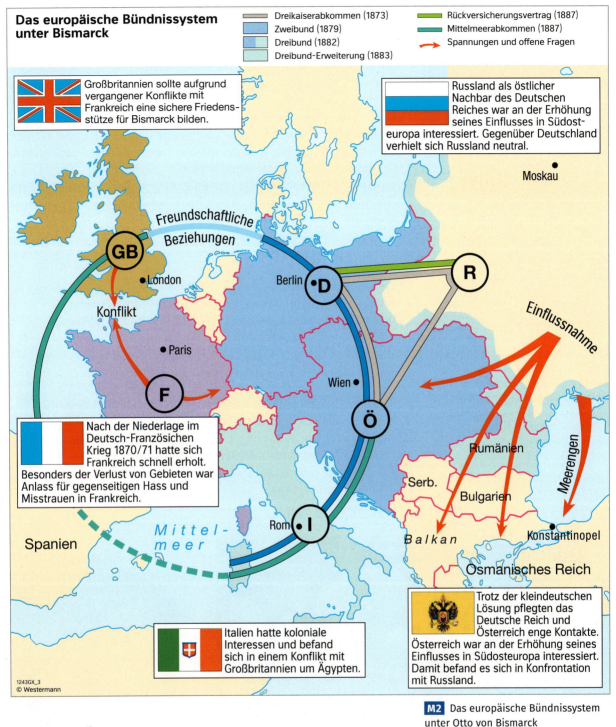

M2 Das europäische Bündnissystem unter Otto von Bismarck

ARBEITSAUFTRÄGE

1. Recherchiere die Entstehungsgeschichte des Bismarck-Denkmals M1.
   Partnervortrag

2. ▮ Fasse Bismarcks außenpolitische Zielsetzungen zusammen.
   ▮ Beschreibe jeden einzelnen außenpolitischen Vertrag mithilfe der Karte M2. HILFE
   ▮ Beurteile mithilfe der Karte M2, ob Bismarck seine außenpolitischen Ziele erreichte.

Symbole als Ausdruck der Nation

Das Bild der „Germania" ist die einzige bis heute erhaltene Sachquelle aus dem geschmückten Innenraum der Nationalversammlung von 1848/49 in der Frankfurter Paulskirche. Die Abgeordneten stimmten damals für die Farben Schwarz-Rot-Gold als Zeichen des gemeinsamen Staats, der aber wie die Revolution scheiterte.

Das Deutsche Kaiserreich von 1871 wurde unter preußischer Führung gegründet. Auch die Symbolik der Nationalflagge mit den Farben Schwarz-Weiß-Rot lehnte sich an das preußische Königreich an.

Unsere heutigen nationalen Symbole stellen dagegen in angepasster Form wieder eine Verbindung zu den Traditionen von 1848 her. Sie werden bei politischen Anlässen als politisches Symbol gezeigt oder im Sport als Zeichen der Gemeinsamkeit benutzt.

M1 Die „Germania" von Philipp Veit aus dem Jahre 1848. Die Figur sollte den Wunsch des deutschen Volkes nach Einheit und Freiheit ausdrücken. Das fünf mal drei Meter große Bild befindet sich heute im Germanischen Nationalmuseum Nürnberg.

Erstellt eine Sonderausgabe eurer Schülerzeitung zum Thema „Flagge zeigen". Gestaltet jeweils einzelne Zeitungsseiten zum Thema. Recherchiert am Beginn eurer Arbeit zunächst die Entstehungsgeschichte unserer nationalen Symbole.
- Formuliert auf einer der Seiten einen kurzen Lexikonartikel zur Nationalflagge: Herkunft – Bedeutung – Geschichte.
- Gestaltet eine Interviewseite. Befragt dazu unterschiedliche Personen, ob und wann sie die Nationalflagge benutzen. Welche Bedeutung hat die Flagge für sie?
- Nehmt auf einer Seite kritisch Stellung zum Missbrauch der Nationalflagge durch Demokratiegegnerinnen und -gegner.
- Erstellt eine Seite im Stil einer Collage, die euch mit Flagge oder den Nationalfarben zeigen.

M2 Fanmeile beim Empfang der Siegermannschaft der Fußball-WM 2014

M3 Reichstagsgebäude in Berlin

In Kürze

1804:
Napoleon krönt sich selbst zum Kaiser

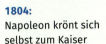
Kampf gegen Napoleons Herrschaft

1814/15:
Wiener Kongress

1832:
Hambacher Fest

1848/49:
Revolution in Deutschland

1871:
Reichsgründung/Kaiserproklamation

Deutsche Staaten und Europa im 19. Jahrhundert

Napoleon Bonaparte eroberte mit seiner Armee viele deutsche Fürstentümer und verbreitete dort gleichzeitig auch Errungenschaften der Revolution, wie z. B. das Gesetzbuch „Code civil". Die Befreiungskriege setzten nach der Niederlage Napoleons in Russland ein. Sie führten zum Zusammenbruch seiner Herrschaft. Bei der Neuordnung Europas auf dem Wiener Kongress 1815 waren die Fürsten nicht bereit, ihre Macht mit den Bürgern zu teilen, und setzten die Politik der Restauration um. Forderungen nach Mitbestimmung und einem geeinten Deutschland wurden unterdrückt.

Trotzdem bekannten sich immer mehr Bürger zu diesen Ideen. Die schwarz-rot-goldene Flagge wurde zum Symbol eines gemeinsamen Nationalbewusstseins, als es 1848/49 zu einer Revolution kam.

Die Abgeordneten der Nationalversammlung versuchten, ein geeintes Deutschland zu erreichen. Doch dieser Versuch scheiterte am Widerstand der Fürsten. Unter Otto von Bismarck wurde Preußen militärisch stärker. Nach mehreren Kriegen konnte es sich gegen die anderen deutschen Staaten durchsetzen und 1871 wurde das Deutsche Reich gegründet.

WICHTIGE BEGRIFFE:

Napoleon Bonaparte
der Code civil
der Deutsche Bund
das Wartburgfest
die Bürgerliche Revolution
das Hambacher Fest
der Liberalismus
das Nationalbewusstsein
die Nationalversammlung
die Paulskirche
die Verfassung
die Judenemanzipation
Otto von Bismarck
der Deutsch-Dänische Krieg
der Deutsche Krieg
der Deutsch-Französische Krieg

Kompetenzcheck

1 Die Herrschaft Napoleons

Du kannst ...
a) die Auswirkungen der Herrschaft Napoleons für Deutschland beschreiben. ✓
b) den Widerspruch von Napoleons Herrschaft zur Französischen Revolution mithilfe der Abbildung M1 nachweisen. ✓✓
c) mithilfe der Begriffe in M2 die Etappen von Napoleons Niedergang in die richtige Reihenfolge bringen. ✓✓✓

M1 Napoleon auf dem Thron (Gemälde von Jean Auguste Dominique Ingres, 1806)

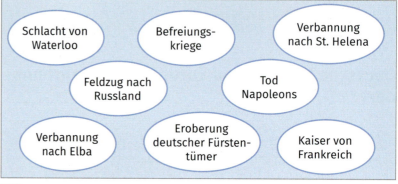

Schlacht von Waterloo · Befreiungskriege · Verbannung nach St. Helena · Feldzug nach Russland · Tod Napoleons · Verbannung nach Elba · Eroberung deutscher Fürstentümer · Kaiser von Frankreich

M2 Etappen der Herrschaft Napoleons

▢ WES-104982-406
Lösungen zum Kompetenzcheck

2 Der Widerstreit zwischen Fürsten und Bürgern

Du kannst ...
a) die Forderungen der Bürger in M3 jeweils den Begriffen Nationalismus und Liberalismus zuordnen. ✓
b) die Forderungen der Bürger begründen. ✓✓
c) die ablehnende Haltung der Fürsten mithilfe des Begriffs „Restauration" erläutern. ✓✓✓

M3 Bürgerliche Forderungen im Zeitalter der Restauration

3 Die Revolution von 1848

Du kannst …
a) die Barrikadenkämpfe in Berlin während der Revolution mithilfe des Bildes M5 beschreiben. ✓
b) die Begriffe des Wortspeichers M4 in die richtige zeitliche Reihenfolge bringen. ✓✓
c) die beiden für Deutschland angestrebten Lösungen erklären. ✓✓✓

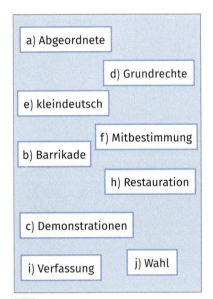

a) Abgeordnete
d) Grundrechte
e) kleindeutsch
f) Mitbestimmung
b) Barrikade
h) Restauration
c) Demonstrationen
i) Verfassung
j) Wahl

M4 Wortspeicher

M5 Barrikadenkämpfe in Berlin während der Revolution 1848

4 Das Deutsche Kaiserreich

Du kannst …
a) zu den wichtigsten Ereignissen auf dem Weg zur Reichsgründung Sätze bilden: Deutsch-Dänischer Krieg – Deutscher Krieg – Deutsch-Französischer Krieg – Kaiserproklamation. ✓
b) die Gliederung der Gesellschaft im Kaiserreich mithilfe des Schaubilds M6 beschreiben. ✓✓
c) Bismarcks Verhältnis zur Arbeiterschaft erläutern. ✓✓✓

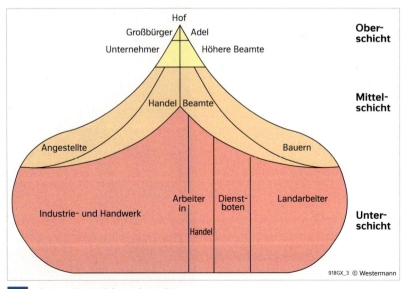

M6 Die Gesellschaft im Kaiserreich

Längsschnitt: Fortschritt und Stagnation in Wirtschaft und Gesellschaft

Die industrielle Revolution führte mit vielen Erfindungen und technischen Neuerungen zu tief greifenden Veränderungen für das Leben der Menschen. Als Reaktion schlossen sich Fabrikarbeiter in Gewerkschaften und Parteien zusammen, um für bessere Lebensbedingungen zu kämpfen. Aber auch der Staat und die Unternehmer suchten nach Lösungen für die gesellschaftlichen Probleme.
Der Fortschritt brachte auch eine Weiterentwicklung der medizinischen Forschung mit sich. Wie sich der Umgang mit Krankheiten und Seuchen vom Mittelalter bis zur Neuzeit veränderte, zeigt dieses Kapitel.

Eisenwalzwerk (Gemälde von Adolph von Menzel, 1875)

Industrielle Revolution

Der Beginn der industriellen Revolution

Maschinen verändern die Arbeit ...

Die Veränderung der Arbeitswelt begann in Großbritannien. Dort hatte sich in der Mitte des 18. Jahrhunderts der Übergang von handwerklicher Fertigung zur industriellen Produktion in Fabriken vollzogen. War früher ein Produkt von Einzelnen hergestellt worden, kam nun der vermehrte Einsatz von Maschinen hinzu. Es entwickelte sich die industrielle Produktionsweise, die es ermöglichte, mithilfe von Maschinen massenhaft Güter herzustellen.

Die Veränderung der Produktions- und Lebensverhältnisse vollzog sich rasch und betraf das Leben des Einzelnen so entscheidend, dass diese Entwicklung als Industrialisierung bezeichnet wird.

... zuerst in der Textilindustrie

Dieser Wandel betraf zunächst die Textilindustrie. Neu entwickelte Spinnmaschinen, die zunächst per Hand, später mit Pferde- und Wasserkraft angetrieben wurden, verbesserten die Menge und Qualität der erzeugten Garne. Bessere Webstühle ermöglichten die Herstellung hochwertiger Stoffe gleicher Qualität in kürzerer Zeit.

Ein wichtiger Fortschritt beim Antrieb der Maschinen

Die Weiterentwicklung der Dampfmaschine durch James Watt hatte zur Folge, dass eine gleichbleibende Energieversorgung, die unabhängig vom Standort war, ermöglicht wurde. Der Einsatz von Dampfmaschinen ermöglichte eine Großproduktion auch in anderen Bereichen, so z. B. in Bergwerken.

M1 Traditionelle Herstellung von Garn für die Tuchproduktion an einem Spinnrad in Heimarbeit (Lithografie, 1783)

WES-104982-501
Filmclip über James Watt und die Dampfmaschine

> **Q1** James Watt berichtete über die Vorteile der Dampfmaschine:
>
> Nun vermag die Maschine in unseren Fabriken, Mühlen und anderen Betrieben die Wasser-, Wind- und Pferdekraft zu ersetzen. Jetzt braucht die Fabrik nicht mehr zur Kraft zu gehen, sondern diese geht überall hin, wo es dem Unternehmer am zweckmäßigsten ist.

So funktioniert die Dampfmaschine:
① Im Kessel wird Wasser erhitzt.
② Der Wasserdampf drückt den Kolben hoch.
③ Der Kolben bewegt den Balken.
④ Der Balken setzt das Schwungrad in Bewegung.

M2 Modell einer Dampfmaschine

M3 Maschinelle Herstellung von Tuch an Webstühlen angetrieben durch eine Dampfmaschine (Holzstich, um 1840, spätere Kolorierung)

Veränderungen in der Landwirtschaft

In Großbritannien waren seit dem 17. Jahrhundert die landwirtschaftlichen Erträge und die Bevölkerung gewachsen. Bessere Pflüge, die Erfindung von Sämaschinen, die Züchtung widerstandsfähigerer Nutztiere und Pflanzen hatten diese Steigerungen ermöglicht. Außerdem wurden neue Pflanzen wie Kartoffeln, Tomaten oder Mais angebaut.

Warum gerade Großbritannien?

Ausgehend von der Entwicklung in der Textilindustrie, der Landwirtschaft und der Weiterentwicklung der Dampfmaschine wurden rasch weitere Wirtschaftszweige von einer Modernisierungswelle erfasst.

Der Abbau von Kohle und Eisenerz, deren Weiterverarbeitung und der Maschinenbau spielten bei der Industrialisierung eine wichtige Rolle. Großbritannien profitierte dabei von:
- einem gut ausgebauten Netz aus Straßen und Kanälen,
- nahe beieinander gelegenen Kohle- und Eisenerzvorkommen,
- der Einfuhr von Rohstoffen aus Nordamerika.

Die Unternehmer fingen an umzudenken und investierten Geld in die neuen Industriezweige. Die neuen Produktionsmethoden hatten die Wirtschaft in Großbritannien innerhalb eines kurzen Zeitraums grundlegend verändert.

M4 Rohstoffgebiete und Industriezentren in Großbritannien

ARBEITSAUFTRÄGE

1. Vergleiche mithilfe von M1 und M3 die Tuchproduktion anhand der Zahl der Arbeiterinnen und Arbeiter, der eingesetzten Maschinen und der Produktionsmenge.
2. III Beschreibe die Vorteile einer Dampfmaschine, die James Watt in Q1 formuliert.
   III Erkläre anhand von M2 die Funktionsweise einer Dampfmaschine. 🤝 Partnervortrag
   III Diskutiert Vor- und Nachteile der Webmaschine und der Dampfmaschine für die Arbeiter. 🤝 Marktplatz HILFE
3. Begründe mithilfe von M2 und M4 die Entstehung von Industriezentren in Großbritannien in der Nähe von Eisenerz- und Kohlevorkommen.

Die Dampfmaschine verändert den Transport

Waren und Güter müssen transportiert werden

Vor der industriellen Revolution mussten Waren mit Pferdefuhrwerken über Land, auf Ruder- und Segelschiffen übers Wasser oder durch den Menschen zu Fuß befördert werden. Das kostete viel Zeit. Ein schnellerer Transport war für die wirtschaftliche Entwicklung aber notwendig. Also mussten die Verkehrsmittel den neuen Herausforderungen angepasst werden, damit Rohstoffe und Güter auch über weite Entfernungen transportiert werden konnten.

M1 „Sächsisches Fuhrwerk" (Radierung von Johann Adam Klein, 1815)

Die Eisenbahn als neues Verkehrsmittel

Das Interesse war groß, als 1825 in England die erste Eisenbahnstrecke eröffnet wurde. Die Verbindung zweier Ideen ermöglichte das neuartige Transportmittel: auf Schienen gezogene Wagen und statt Pferden eine mobile Dampfmaschine zu benutzen. Dies war die Geburtsstunde der Eisenbahn. Bereits 1839 wurde dann auch schon in Sachsen die 120 km lange Eisenbahnstrecke von Leipzig nach Dresden eröffnet.

WES-104982-502
Hörszene über die erste Bahnfahrt

M2 Der Adler war 1835 die erste deutsche Lokomotive und fuhr eine Strecke von 7 km von Nürnberg nach Fürth. Die Fahrt dauerte 12 Minuten. (Zeitgenössisches Gemälde)

Erfolge durch den Eisenbahnbau

Innerhalb weniger Jahrzehnte wurden die großen Industriestandorte und Städte miteinander verbunden. Die Eisenbahnschienen dehnten sich wie ein Spinnennetz über Deutschland aus, denn die Vorteile waren vielfältig:
- Industriestädte konnten direkt miteinander verbunden und
- Waren leicht über große Entfernungen transportiert werden.
- Auch entfernte Absatzmärkte wurden erschlossen.

Durch den steten Ausbau der Eisenbahnstrecken stieg die Anzahl der eisenverarbeitenden Betriebe enorm an, denn die Nachfrage nach Schienen, Waggons, Lokomotiven und Rädern wuchs stetig. Das führte wiederum zu einem erhöhten Bedarf an Steinkohle und Erzen. Vor allem im Ruhrgebiet entstanden Industriestandorte des Steinkohlebergbaus, des Maschinenbaus und der Eisen- und Stahlindustrie.

M3 Schiffsanlegestelle in Dresden
Bereits seit 1837 verkehrten Schaufelraddampfer für den Personen- und Gütertransport auf der Elbe. (Foto, 1895)

Die Dampfschiffe erobern Flüsse und Meere

Seit 1841 verkehrten auf den Flüssen in Deutschland oder zwischen den Städten und Inseln an Nord- und Ostsee dampfbetriebene Schiffe. Diese hatten ein großes Schaufelrad am Heck oder an den Seiten des Rumpfs. Der große Vorteil dieser Schiffe war, dass der Gütertransport nun unabhängig vom Wind durchgeführt werden konnte.

Auch der Überseeverkehr nach Amerika setzte auf Dampfschiffe. Zunächst wurden zur Sicherheit nur Dampfsegler eingesetzt. Das waren Schiffe, die mithilfe von Segeln und dampfangetriebenen Schaufelrädern fahren konnten. Bereits um 1850 hatte sich hierdurch die Dauer einer Schifffahrt ungefähr halbiert. Bis 1900 verkürzte sich diese Zeit dann auf fünf Tage.

In den Industrie- und Küstenstädten entstanden nun immer größere Hafenanlagen mit Eisenbahnanschluss und sogar mit dampfbetriebenen Kränen. Denn mit den Dampfschiffen konnten immer mehr Güter und schwerere Lasten transportiert und Entfernungen immer schneller zurückgelegt werden.

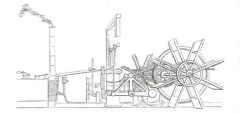

M4 Das Prinzip eines frühen Dampfschiffes: Die Dampfmaschine trieb zwei große Schaufelräder an, die an der Seite oder im Heck des Schiffes angebracht waren.

Überseeverkehr New York – Westeuropa (5500 Kilometer):
Dampfsegler (1819): 27 Tage
Schraubendampfer (1870): 12 Tage
Dampfer (1900): 5 Tage

M5 Dauer des Überseeverkehrs

ARBEITSAUFTRÄGE

1. Skizziere das Transportwesen vor der industriellen Revolution (M1).
2. III Beschreibe die Verbesserungen im Transportwesen durch die Erfindung der Eisenbahn.
   III Begründe den raschen Ausbau des Eisenbahnnetzes.
   III Überprüfe die Aussage: „Durch die Dampfmaschine wurden der Industrie Wachstumsmöglichkeiten erschlossen." Placemat HILFE
3. Schreibe aus der Sicht eines Reporters einen Zeitungsartikel über die Verbesserungen durch die Dampfschifffahrt. Verwende M3 bis M5.
   Reporter

Industrialisierung in Deutschland

Waren werden in Heimarbeit hergestellt

Etwa 80 % der deutschen Bevölkerung lebte um 1800 noch von der Landwirtschaft. Der Großteil der Waren entstand in kleinen Handwerksbetrieben oder in Heimarbeit von Großfamilien. Dabei stellte ein Unternehmer das Rohmaterial und nahm den Familien die produzierten Waren ab. Das Einkommen der Familien war dabei gering und leicht fehlerhafte Produkte wurden ihnen nicht bezahlt.

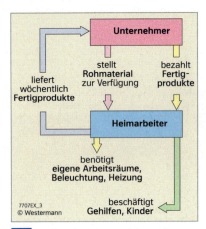

M1 Produktionsprozess des Heimgewerbes

Q1 Die 16-jährige Bauerntochter Martha Stegmann berichtete über das Spinnen in Heimarbeit (um 1800):

Beim Spinnen mussten wir Kinder vom fünften Lebensjahr an mithelfen. Wir saßen bis spätabends am Spinnrad. [...] Bevor wir unsere Arbeit nicht getan hatten, durften wir nicht zu Bett gehen. Zur Schule sind wir nie gegangen. Dazu hatten wir keine Zeit und meine Eltern hätten Schulgeld an den Lehrer bezahlen müssen, dafür verdienten wir nicht genug.

Q2 Bericht eines Regierungsrates über die Lebensbedingungen der Heimarbeiterinnen und Heimarbeiter (um 1800):

Man trete in die Hütten hinein! In kleinen, elenden Gemächern von Rauch geschwärzt, ohne Hausrat und irgendwelche Zeichen eines Besitzes [...] erblickt man einen Kreis blasser Menschen: Männer, Frauen, Kinder am Spinnrade sitzen und unverwandt die Fäden von dem Rocken durch die abgemagerten Hände ziehen. In einem schmutzigen Winkel entdeckt man den bescheidenen Napf, in dem Reste von Steckrüben und Wurzeln erkennbar sind.

Deutschland startet verspätet

Im Gegensatz zu England, wo die Weiterentwicklung der Dampfmaschine die Industrialisierung ausgelöst hatte, setzte die Industrialisierung im Deutschen Bund erst ab 1840 ein. Der Deutsche Bund war kein einheitlicher Staat wie Frankreich oder England, sondern ein Staatenbund. Insbesondere im Handel führte dies zu Problemen:
- Maße, Gewichte und Währungen unterschieden sich in den vielen eigenständigen Staaten voneinander,
- Zollschranken zwischen ihnen behinderten den freien Warenaustausch und verteuerten die Waren.

Mitte des 19. Jahrhunderts beschleunigte sich die Übernahme technischer Neuerungen. Die Unternehmer nahmen sich die Betriebe in Großbritannien zum Vorbild:
- Der Produktionsprozess wurde arbeitsteilig gestaltet und durch den Einsatz von Maschinen beschleunigt.
- Die Arbeitenden erhielten einen Lohn für die geleistete Arbeitszeit.
- Das Geschäftsrisiko, aber auch den Gewinn des gesamten Produktionsprozesses trug der Unternehmer.

Die Unternehmer trieben die Industrialisierung immer schneller voran.

M2 Produktionsprozess der Fabrikarbeit

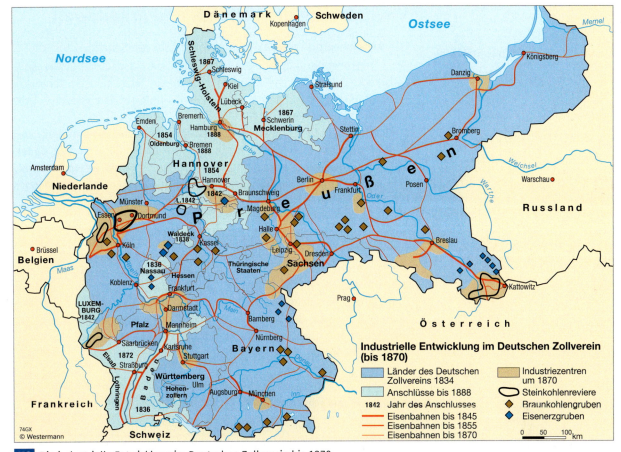

M3 Die industrielle Entwicklung im Deutschen Zollverein bis 1870
Der Deutsche Zollverein war ein wirtschaftlicher Zusammenschluss, um den Handel zwischen den noch eigenständigen Königreichen und Fürstentümern in Deutschland zu vereinfachen.

Fortschritt durch Erfindungen

Ab Mitte des 19. Jahrhunderts konnte der Entwicklungsrückstand gegenüber England verringert werden. Durch die ständigen Weiterentwicklungen und neue Erfindungen entstanden neue Industriezweige u. a. im Bereich der Chemie, der Pharmazie und im Maschinenbau. Große Firmen wie BASF oder Bayer haben hier ihren Ursprung. Die neue Technik beschleunigte auch die Kommunikation wie die Nutzung von Telegrafen. Dynamit, das der schwedische Chemiker Alfred Nobel erfunden hatte, wurde beispielsweise im Bergbau oder beim Streckenbau der Eisenbahn eingesetzt.

ARBEITSAUFTRÄGE

1. Beschreibe mithilfe von M1 und der Quellen Q1 und Q2 die Arbeits- und Lebensverhältnisse der Heimarbeiterinnen und Heimarbeiter.
2. Arbeite anhand von M1 und M2 den Vorteil der Fabrikarbeit gegenüber dem Heimgewerbe aus Sicht der Arbeitenden heraus. 🐝 Bienenkorb
3. III Benenne Hindernisse der Industrialisierung im Deutschen Bund.
   III Erläutere mithilfe der Karte M3 die Bedeutung des Eisenbahnnetzes für die Industrialisierung.
   III Recherchiere die Geschichte der Firma BASF oder der Firma Bayer im 19. Jahrhundert und stelle sie vor. HILFE

Leben in der Zeit der Industrialisierung

Veränderung der Lebens- und Arbeitswelt

Die Arbeiterinnen und Arbeiter zieht es in die Städte

Die neue Form der industriellen Produktion mit Maschinen brachte weitreichende Folgen für das Zusammenleben der Menschen. So lebten in England um 1700 noch etwa 85 % der Bevölkerung auf dem Land, um 1850 waren es nur noch 40 %.

Neue große Städte entstanden vor allem in den Kohlegebieten, aber auch bestehende Kleinstädte wuchsen. Direkt neben den Fabriken siedelten die Arbeiter. Immer mehr Handwerker und ehemalige Heimarbeiter versuchten, in der Industrie neue Arbeit zu finden. Anfangs zogen noch einzelne Arbeiter, doch schon bald ganze Familien in die immer schneller wachsenden Industriestädte.

Industriegebiete entstehen

Viele ursprünglich bäuerlich geprägte Landschaften veränderten sich hierdurch zu Industrielandschaften mit Städten und Fabriken. Diese Entwicklung betraf aber nicht nur England, sondern ganz Europa, wie z. B. Frankreich, Belgien und Schweden. In Deutschland entwickelten sich u. a. das Ruhrgebiet oder Sachsen aufgrund der Rohstoffvorkommen zu industriellen Ballungsräumen.

Jahr	Einwohnerzahl
1819	36 093
1849	62 374
1867	90 824
1885	170 340
1895	399 963

M1 Bevölkerungswachstum der Stadt Leipzig

M2 Die industrielle Entwicklung und Städteentwicklung in Europa bis 1850

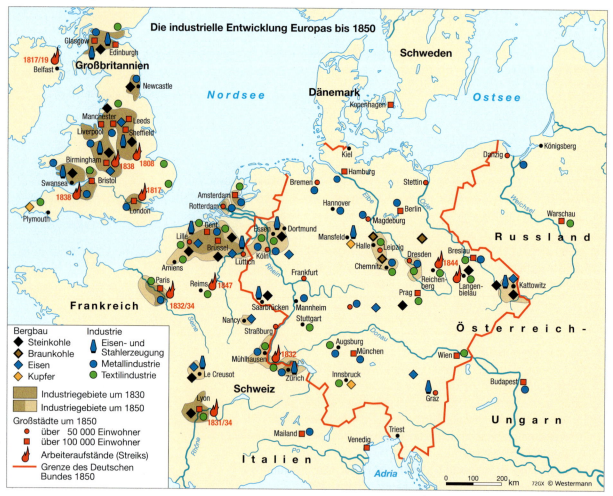

M3 Arbeit in einem Hüttenwerk (Lithografie, 1889)

Arbeiten in der Fabrik

In der Fabrik wurde der Arbeitsrhythmus nicht mehr wie in der vorindustriellen Zeit von der Natur bestimmt, sondern es wurde in Schichten rund um die Uhr gearbeitet. Durch die Arbeitsteilung und den Maschineneinsatz konnten Produkte schneller und in großer Stückzahl hergestellt werden. Fabrikordnungen sollten dabei den störungsfreien Ablauf der Produktion gewährleisten.

> **Q1** Auszug aus der Arbeitsordnung einer Fabrik von 1900:
>
> Maßgebend für Beginn und Ende der Arbeitszeit ist die Fabrikuhr. Das Rüsten zum Verlassen der Arbeit vor dem Glockenzeichen, ebenso die verspätete Aufnahme der Arbeit, ist verboten. Zuspätkommen [...] wird mit 10 Pfennigen gestraft. Wer später als 15 Minuten nach Beginn der Arbeit erscheint, hat kein Recht auf Aufnahme. Auf Verlangen des Vorgesetzten sind Arbeiter verpflichtet:
> 1. während der Wochentage die Arbeit früher zu beginnen und später zu beenden oder auch nachts zu arbeiten.
> 2. an Sonn- und Feiertagen [...] zu arbeiten.

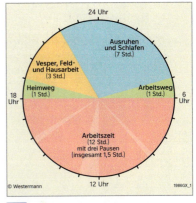

M4 Tagesablauf eines Arbeiters

Ein Arbeiter in der Fabrik musste bis Ende des 19. Jahrhunderts oft schlechte Arbeitsbedingungen hinnehmen: enge und überfüllte Fabrikräume, Hitze, Schmutz, Lärm, niedrige Löhne und lange Arbeitszeiten. Immer wieder kam es zu schweren Unfällen, bei denen Arbeitskräfte verletzt oder getötet wurden.

ARBEITSAUFTRÄGE

1. a) Beschreibe mithilfe von M1 das Wachstum der Stadt Leipzig.
   b) Benenne mithilfe von M2 Gründe für das Wachstum der Städte.
2. ▌▌▌ Schildere mithilfe von M3 die Tätigkeiten der Arbeiter in einem Hüttenwerk. **HILFE**
   ▌▌▌ Bewerte die Regelungen für die Arbeiter in der Quelle Q1.
   ▌▌▌ Stelle dir vor, du bist eine Arbeiterin oder ein Arbeiter zur Zeit der Industrialisierung. Beschreibe mithilfe von M3 und M4 knapp deinen Tagesablauf. 🌐 Reporter
3. Informiere deine Mitschülerinnen und Mitschüler über aktuelle Industriezentren in Sachsen. 🌐 Partnervortrag

M1 Wohnung einer Arbeiterfamilie in Berlin (Foto, 1916)

Das Leben in der Industriestadt

Arbeitersiedlungen in der Stadt …

Parallel zur stetig wachsenden Industrie zogen immer mehr Menschen in die Industriestädte, denn sie wurden in den Fabriken als Arbeitskräfte gebraucht. Für so viele Menschen gab es aber nicht genügend Wohnraum. In den Städten wurden sogenannte Mietskasernen gebaut, mehrstöckige Häuser, deren Innenhöfe miteinander verbunden waren:

- Die Wohnungen bestanden meist nur aus einem großen Raum, in dem die ganze Familie wohnte, kochte und schlief.
- Badezimmer und Toilette fehlten. Mehrere Familien teilten sich eine Gemeinschaftstoilette auf der Zwischenetage oder im Hinterhof.
- Das Wasser musste mit Eimern aus einem Brunnen im Hinterhof geholt werden.

M2 Innenhof einer Berliner Mietskaserne (Foto, um 1900)

Q1 Eine Fabrikarbeiterin berichtete um 1880 über ihre Wohnungssuche:

Aus allen Zimmern der Stockwerke, die ich passieren musste, ertönten Kindergeschrei, Flüche und Gekeife […]. An den Wänden standen drei Betten, in der Mitte des Zimmers ein Tisch, an dem fünf Männer saßen, die aus einer gemeinsamen großen Blechschüssel löffelten. Wohin ich blickte, lagen, standen und schliefen Kinder in allen Größen, Knaben, Mädchen, eines zerlumpter als das andere.
Und in diesem Raum bot man mir an, mit Mann, Frau und zehn Kindern zu schlafen, von denen das älteste etwa acht Jahre und das jüngste ein halbes Jahr sein konnte.

Weil es zu wenig Wohnraum gab, konnten die Vermieter sehr hohe Mieten verlangen. Um diese Mieten zahlen zu können, nahmen die Familien oft sogar noch zusätzliche Untermieter auf. Manchmal waren das auch nur sogenannte Schlafgänger. Für einige wenige Stunden am Tag hatten diese Arbeiter dann zumindest eine Unterkunft und ein Bett.

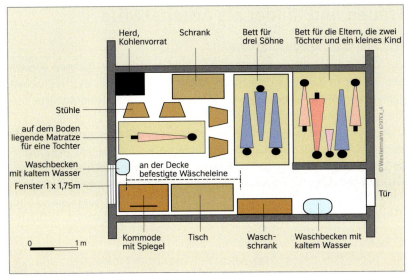

M3 Grundriss einer Arbeiterwohnung

... und Folgen für die Bewohnerinnen und Bewohner

Die schlechten hygienischen Zustände und das Zusammenleben der Familienmitglieder auf engstem Raum förderten die Ausbreitung von Krankheiten, wie z. B. Typhus oder Tuberkulose. Beide Krankheiten waren in den Arbeitervierteln der Städte sehr verbreitet. Aufgrund der schlechten medizinischen Versorgung starben viele daran.

Erst um die Jahrhundertwende gab es in den großen Städten zumindest eine Kanalisation. Die Abwässer wurden aber meist nur in die Flüsse geleitet, die bereits durch die Industrieabfälle stark verschmutzt waren.

WES-104982-503
Hörszene zu den Lebens- und Arbeitsbedingungen der Arbeiter

Das damalige Leben ist noch sichtbar

Auf Fotografien oder in Zeichnungen von Künstlern ist ein Blick in die vergangene Lebenswelt der Industriestädte erhalten geblieben. Das Elend der Arbeiter wurde abgebildet. Vor allem der sächsische Grafiker Heinrich Zille (1858–1929) zeigte seine Kritik an den Zuständen in Zeichnungen, die das triste Leben der Arbeiterfamilien in Berlin hinterfragen. Diese wurden in Zeitungen und Zeitschriften abgedruckt. Die Zeichnungen von Heinrich Zille waren in der Arbeiterschicht sehr populär. Er benutzte die Sprache der einfachen Leute, ihren Berliner Dialekt und ihre sehr direkte Ausdrucksweise, um die Missstände deutlich zu machen. Daher zeichnete er die Personen auch in Alltagssituationen oder in zerlumpter Kleidung. Die wohlhabenden Bürger und Beamten dagegen wollten von so einem Leben nichts lesen oder sehen. Aus ihrer Sicht waren die Familien der Industriearbeiter gesellschaftlich nicht gleichwertig und an ihrem Schicksal selbst schuld.

M4 Zeichnung von Heinrich Zille

ARBEITSAUFTRÄGE

1 • Ordne Elemente des Fotos M1 dem Grundriss M3 zu. HILFE
• Beschreibe die Lebensverhältnisse in einer Mietskaserne (M1, M2).
• Stelle anhand von M1 bis M3 und Q1 die Wohn- und Lebensbedingungen der Arbeiterfamilien in den Städten vor. Galeriegang

2 Erläutere die Zeichnung M4 von Heinrich Zille. Tipp: Die Methode auf Seite 122/123 hilft dir dabei.

Frauen und Kinder als Arbeitskräfte

Frauenarbeit in den Fabriken

Vor der Industrialisierung arbeiteten und lebten die Männer, Frauen und Kinder in der Landwirtschaft, im Handwerk oder bei der Heimarbeit gemeinsam. Mit der Abwanderung in die Industriegebiete veränderte sich diese traditionelle Lebensweise.

In den Fabriken in der Zeit der Industrialisierung gab es neben schwierig zu bedienenden Maschinen auch viele einfache, aber körperlich anstrengende Tätigkeiten. Einfache Handgriffe konnten ungelernte Kräfte ausführen.
- Um Kosten zu sparen, stellten die Unternehmer ungelernte Frauen ein.
- Sie erhielten wegen ihrer fehlenden Ausbildung einen geringeren Lohn, da sie angeblich weniger leistungsfähig als Männer waren.

M1 Arbeiterinnen in einer deutschen Zigarrenfabrik im Jahr 1908

Q1 Aus einem Untersuchungsbericht der Gewerbeaufsicht von 1899:

Je nach der Entfernung der Wohnung von der Fabrik, nach dem Beginn der Fabrikarbeit und je nach dem Arbeitsbeginn des Mannes steht die Frau [zwischen 3 und 5 Uhr] auf. [...] Dann wird das Essen [...] zubereitet [...] Die Kinder werden [versorgt] ... Von da geht es zur Fabrik [...]. Es gibt viele Arbeiterinnen, die 10 bis 12 Kilometer zu Fuß zur Fabrik zurücklegen müssen. Ist die Entfernung zur Fabrik nicht zu weit, eilt sie in der Mittagspause im Schnellschritt heim, macht Feuer, setzt die Kartoffeln auf, wärmt das vorher fertiggestellte Essen und isst mit den Angehörigen [...]. Abends dasselbe, Abendessen, Schularbeiten der Kinder, Flicken, Waschen der Kleider und Wäsche [...]. Vor 9 Uhr abends endet der Arbeitstag nie, selten vor 10 Uhr und oft erst nach 11 Uhr.

Ihren kärglichen Verdienst mussten die Frauen zum Familieneinkommen beisteuern oder damit die ganze Familie ernähren.

Wochenlohn des Mannes:	22,00 Mark
Frühstück und Nachmittagskaffee (pro Person ein Brötchen)	1,50 Mark
Milch	1,40 Mark
Zucker	0,87 Mark
Kaffee, 375 Gramm	0,90 Mark
Zichorien (Kaffeeersatz)	0,15 Mark
Brot	2,50 Mark
Butter	2,25 Mark
180 Gramm Fleisch pro Tag	2,10 Mark
Kartoffeln	1,50 Mark
Mohrrüben, Reis, Kohl, Erbsen, Bohnen, Gewürz	1,50 Mark
Feuerung (Herd)	2,10 Mark
Petroleum	0,50 Mark
Miete pro Woche	4,97 Mark
Mietsteuer pro Woche	0,32 Mark
Zwirn und Nadeln	0,10 Mark
Summe der Ausgaben	**22,66 Mark**

M2 Arbeitslohn eines Arbeiters und Ausgaben für eine vierköpfige Familie 1872

Vater: Metallarbeiter	Sohn: Lehrling	Mutter: Aushilfsarbeiterin	Tochter: schulpflichtig	Tageszeit	
Kaffee (Malz/Gerste), Schwarzbrot mit Bückling, Käse oder Wurst (ohne Butter)		trockenes Schwarzbrot in Kaffee (Gerste/Malz) gestippt		6 Uhr	alltags
			Schwarzbrot mit Pflaumenmus	12 Uhr	
Mehlspeise oder Eintopfgerichte (Erbsen, Linsen, Kartoffeln), Wasser oder Kaffee (Malz/Gerste)				19 Uhr	
Kuhfleisch (von notgeschlachteten Tieren), Kartoffeln, Schwarzbrot, Kaffee, etwas Aufschnitt					mittags, morgens und abends sonntags

M3 Speiseplan einer Arbeiterfamilie

M4 Kinderarbeit in Bergwerken
Besonders schlimm erging es den Kindern in den Kohle- und Eisenbergwerken. Sie mussten zum Beispiel in den engen Stollen Kohlewagen schieben. (Zeichnung, um 1844)

Kinderarbeit damals

Auch die Kinder mussten mitarbeiten, statt zur Schule zu gehen, da der Lohn der Eltern nicht ausreichte. Die Arbeitszeiten waren genauso lang wie für die Erwachsenen. Es kam zu Arbeitsunfällen oder Kinder erkrankten wegen der schlechten Arbeitsbedingungen. Im Königreich Sachsen wurde 1861 die Arbeit für Kinder eingeschränkt, 1891 wurde sie für Kinder unter 12 Jahren im Deutschen Reich verboten.

> **Q2** Über die Kinderarbeit – Anna erzählt über ihr Leben (1852):
>
> Ich ging in die [Textil-]Fabrik. [...] Oft hatte ich mehrere [leichte Schläge] bekommen. [...] Die Arbeitszeit dauerte im Sommer von sechs Uhr früh bis sieben abends mit einer Stunde Mittagspause.

Kinderarbeit heute

Kinderarbeit ist bis heute in vielen ärmeren Staaten verbreitet. Die Ausbeutung der Kinder als billige Arbeitskräfte stellt vielfach ein wenig beachtetes und immer noch ungelöstes Problem dar.

> **Q3** Aus einer Reportage über Kinderarbeit in Bergwerken in Bolivien:
>
> Es ist dunkel, staubig und stickig in den Bergwerken von Bolivien. Die Stollen sind an manchen Stellen so eng, dass nur ein Kind auf allen vieren hindurchkriechen kann. Hier arbeiten Lucas (14) und sein Bruder Beymer (10) manchmal zehn Stunden lang am Tag. Mit Spitzhacken, Helmen und Lampen dringen sie tief in die Dunkelheit des Bergwerks vor, um Silber, Zinn und Blei aus dem Gestein zu schlagen. Die schmalen unterirdischen Gänge stecken voller Gefahren: Giftige Schwefeldämpfe, Steinstürze und Sprengstoffunfälle bedrohen das junge Leben der Brüder. [...] Um Hunger und Müdigkeit zu vergessen, kauen sie [...] Kokablätter – eine Droge, die [...] sehr schnell abhängig macht. Eigentlich verbietet das bolivianische Gesetz Kindern unter 14 Jahren, in Minen [...] zu arbeiten. Doch [...] hat die Zahl der Kinderarbeiter [...] zugenommen: Wegen der Wirtschaftskrise werden nur noch billige Arbeiter gesucht – und am billigsten sind Kinder.

M5 Kinderarbeit in Bolivien: Lukas schützt sich mit einem Taschentuch gegen den Kalkstaub im Bergwerk. (Aktuelles Foto)

ARBEITSAUFTRÄGE

1. Beschreibe die Folgen der Fabrikarbeit für die Frauen (M1, Q1).
2. III Begründe mithilfe von M2, weshalb Kinder- und Frauenarbeit lebensnotwendig war.
   III Vergleiche die Kinderarbeit damals und heute (M4, M5, Q2, Q3).
   III Nimm kritisch Stellung zur Kinderarbeit. 🐠 Fishbowl
3. Recherchiere, was ein Smartphone, ein T-Shirt oder Sneakers mit Kinderarbeit zu tun haben. HILFE

Statistiken und Diagramme auswerten

Von einer Statistik spricht man, wenn ein bestimmter Sachverhalt, wie z. B. die Bevölkerungsentwicklung eines Ortes, anhand der zur Verfügung stehenden Zahlen in einem Zeitraum betrachtet wird. Die Zahlen einer Statistik können in Diagrammen unterschiedlich dargestellt werden: z. B. in einem Säulendiagramm oder als Liniendiagramm, auch Kurvendiagramm genannt.

Diagramme sind hilfreich, um statistische Information zu vergleichen. Da die Zahlendaten häufig weit zurückliegen, sind diese immer kritisch zu betrachten: Deren Herkunft ist entscheidend. Stammen sie von einer Universität, einer Behörde oder einem Unternehmen, so kann diesen meist vertraut werden. Dagegen sind Statistiken ohne wissenschaftlichen Nachweis unbrauchbar.

Informationen aus Zahlen können unterschiedlich dargestellt werden:

a) als Tabelle

Jahr	Bevölkerung in Mio.
1000	30
1200	49
1400	52
1600	89
1800	146
1850	209
1900	295

b) als Säulendiagramm

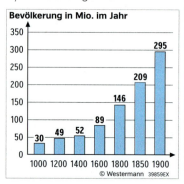

c) als Liniendiagramm

M1 Bevölkerungsentwicklung in Europa (ohne Russland), erhoben von einer Forschungsgruppe an der Universität Wien im Jahr 2008

Schritte zur Auswertung von Statistiken und Diagrammen

1. Schritt: Erfassen des Themas
- Worum geht es in der Statistik bzw. dem Diagramm? Beachte den Titel und die Achsenbeschriftungen.

2. Schritt: Darstellen der Zahlenwerte
- Wie werden die Zahlen dargestellt?
- Um welche Diagrammform handelt es sich? Ein Linien- oder Säulendiagramm?

3. Schritt: Überprüfen der Daten
- Woher stammt das statistische Zahlenmaterial? Wann wurde es veröffentlicht?
- Kannst du den Daten vertrauen? Überprüfe gegebenenfalls die Herkunft der Daten.

4. Schritt: Interpretieren der Zahlen
- Deute das Zahlenmaterial. Welche Entwicklung wird aus dem Zahlenmaterial deutlich?
- In welcher Diagrammform wird diese Entwicklung am deutlichsten wiedergegeben?

Stichwortartige Musterlösung zur Auswertung der Statistiken und Diagramme M1:

1. Schritt:
- Bevölkerungsentwicklung in Europa (ohne Russland) von 1000 bis 1900 anhand ausgewählter Jahre

2. Schritt:
- Säulendiagramm und Liniendiagramm

3. Schritt:
- Forschungsgruppe der Universität Wien, 2008
- vertrauenswürdige Zahlen

4. Schritt:
- Der starke Bevölkerungsanstieg ab 1800 wird sichtbar.
- In beiden Diagrammen ist dieser deutlich zu erkennen.

	1800	1850	1875	1900
Landwirtschaft	62 %	55 %	49 %	38 %
Industrie / Handwerk	17 %	24 %	30 %	37 %
Sonstige	21 %	21 %	21 %	25 %

M2 Anteil der Beschäftigten in unterschiedlichen Erwerbsbereichen. Die Zahlen wurden 2012 von einem Statistikunternehmen zusammengestellt.

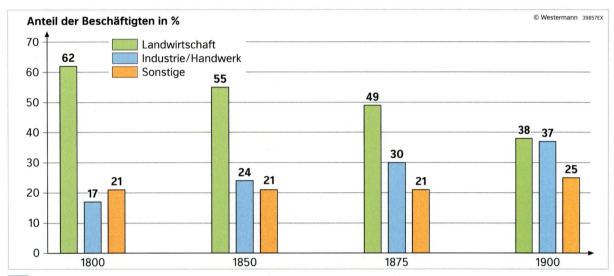

M3 Säulendiagramm zum Anteil der Beschäftigten in unterschiedlichen Erwerbsbereichen

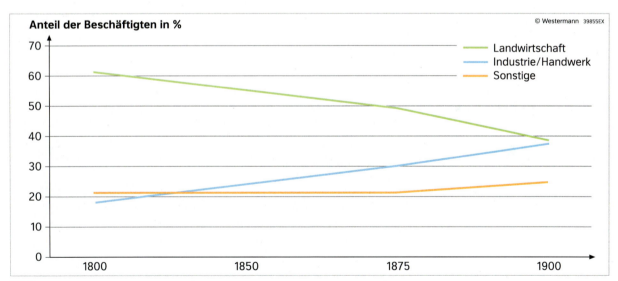

M4 Liniendiagramm zum Anteil der Beschäftigten in unterschiedlichen Erwerbsbereichen

ARBEITSAUFTRÄGE

1. Ordne die Informationen der Musterlösung den Statistiken und Diagrammen M1 zu.
2. Beschreibe die Statistik M2 und die Diagramme M3 und M4 mithilfe der Analyseschritte. Orientiere dich an der Musterlösung. 🪑 Stühletausch

Soziale Probleme der Industrialisierung

Die Interessen der Arbeiter werden nicht beachtet

Für die Unternehmer war die Industrialisierung ein sehr positiver Fortschritt, denn sie konnten ihre Gewinne stark steigern und immer weiter in den Ausbau ihrer Fabriken investieren. Die Arbeiter hatten dem Unternehmer wie Untertanen zu dienen. Die schlechten Arbeitsbedingungen wurden nicht beachtet:

- Die tägliche und wöchentliche Arbeitszeit war nicht festgelegt.
- Über die Höhe des Arbeitslohnes entschied allein der Unternehmer.
- Während des Arbeitstages gab es kaum Erholungspausen.
- Der Unfallschutz wurde von den Unternehmern missachtet, sodass Arbeitsunfälle an der Tagesordnung waren.
- Ein kranker Arbeiter erhielt keinen Lohn.

> **Q1** In seinem Roman „Maschinen" von 1895 beschrieb der Autor Konrad Alberti die Rolle der Arbeiter aus der Sicht des Unternehmers:
>
> Ich will Arbeiter, die von früh bis Abend schuften wie die Maschinen, die ihr bisschen mechanische Tätigkeit auch mechanisch verrichten, die Essen und Schlafen auch wie rein mechanische Verrichtungen abwickeln, die mir abends wie tot vom Stuhl auf die Streu sinken […]. Der Einzelne muss zum Nutzen des Gesamtwerkes zur Maschine werden wie der Soldat im Heer.

Dazu kamen noch die schlechte Wohnsituation und das wachsende Elend derjenigen, die keine Arbeit in den Fabriken gefunden hatten. Die mit der Industrialisierung verbundenen Probleme der Arbeiter fasst der Begriff „soziale Frage" zusammen.

M1 „Das neue Verhältnis zwischen Arbeiter und Unternehmer" (Karikatur von 1896 aus Sicht der Arbeiterbewegung über die schlechten Arbeitsbedingungen)

M2 Unfall in einer Maschinenfabrik (kolorierte Zeichnung von Johann Bahr, 1889)

Arbeiter schließen sich zusammen

Ein einzelner Arbeiter konnte kaum seine Interessen gegenüber dem Unternehmer vertreten, denn ihm drohte die Entlassung. Nur wenn sich die Arbeiter zusammenschlossen, hatten sie die Möglichkeit, ihre Lage zu verbessern. Es entstanden Arbeitervereine und gemeinsam forderten sie:
- bessere Arbeitsbedingungen und mehr Schutz vor Unfällen bei der Arbeit,
- geregelte Arbeitszeiten und eine höhere Bezahlung.

Q2 Über die Gründung eines Arbeitervereins in Leipzig 1848 schrieb ein Journalist:

Was bewegt diese Arbeiter? Sie beschlossen die Errichtung von Kassen zur gegenseitigen Hilfeleistung bei Krankheit und Unglücksfällen, […] Volksbibliotheken und Sonntagsschulen zu begründen, um sich zu einer besseren Bildung zu verhelfen und ihren Meistern und Arbeitgebern gegenüber nicht länger als einfältig und ungebildet dazustehen und vor allem in Zukunft als vollwertige Staatsbürger angesehen zu werden.

1800	70 Stunden
1820	78 Stunden
1840	96 Stunden
1870	73 Stunden
1900	70 Stunden
2000	38,5 Stunden

M3 Entwicklung der durchschnittlichen Wochenarbeitszeit in Deutschland

Schließlich schlossen sich 1863 in Leipzig die Arbeitervertretungen zum „Allgemeinen Deutschen Arbeiterverein" zusammen. Jetzt vermochten die Arbeiter Druck auf die Unternehmer auszuüben und z. B. eine Regelung der Wochenarbeitszeit durchzusetzen.

ARBEITSAUFTRÄGE

1. a) Fasse mithilfe von M1 und Q1 die Sicht eines Unternehmers auf die Arbeiter zusammen.
   b) Stelle mithilfe der Materialien M1, M2 und Q1 die soziale Frage aus Sicht eines Arbeiters dar. 🐝 Bienenkorb HILFE

2. ▌ Schildere die in der Zeichnung M2 dargestellte Situation.
   ▌ Begründe den Zusammenschluss in Arbeitervereinen anhand von M3 und Q2.
   ▌ Stell dir vor, du würdest den Arbeitsunfall M2 beobachten. Diskutiert über die Gründung einer Arbeitervertretung. 😇 Engel und Teufel

M1 „Der Streik" (Gemälde von Robert Köhler, 1886)

Arbeiterparteien und neue Ideen

Die Arbeiter versuchten durch Streiks ihre Arbeitsbedingungen und ihre Bezahlung zu verbessern. Sie verweigerten die Arbeit, um ihre Forderungen durchzusetzen.

Frühzeitig diskutierten die Arbeiter auch politische Fragen, wie z. B. ein allgemeines Wahlrecht. Am wichtigsten war aber die Frage nach sozialer Gerechtigkeit. Wie konnte ihre Lage dauerhaft verbessert werden?

Proletarier und Kapitalisten

Diese ungelösten Fragen brachten eine neuartige politische Idee hervor. Deren Vordenker waren Karl Marx und Friedrich Engels. Nach ihren Vorstellungen gab es …

- auf der einen Seite die Klasse der Proletarier: Besitzlose, die ihre Arbeitskraft verkaufen mussten. Dafür bekamen sie Lohn, von dem sie gerade so leben konnten,
- auf der anderen Seite die Klasse der Kapitalisten. Zu ihnen zählten Fabrikbesitzer, die uneingeschränkt über die Produktionsmittel – Land, Maschinen, Rohstoffe und Geld – verfügten und durch den Verkauf erarbeiteter Produkte hohe Gewinne erzielten.

Nach den Ideen von Marx und Engels konnte eine gerechte Gesellschaft nur durch einen Klassenkampf erreicht werden, d. h. durch eine Revolution der Arbeiterschaft:

- Die Herrschenden sollten durch die Arbeiter gestürzt und
- alle Produktionsmittel sowie das Privateigentum in den gemeinsamen Besitz aller Staatsbürger überführt werden.

Als Ergebnis würde hierdurch eine klassenlose Gesellschaft ohne soziale Unterschiede entstehen. Diese politische Idee heißt Kommunismus.

M2 Karl Marx (1818–1883)
Er stammte aus einer bürgerlichen Familie und arbeitete als Journalist.

Kommunismus: (von lat.: communis = gemeinsam) befasst sich mit dem politischen Ziel einer klassenlosen Gesellschaft, in der das Privateigentum aufgehoben ist und alles allen gehört.

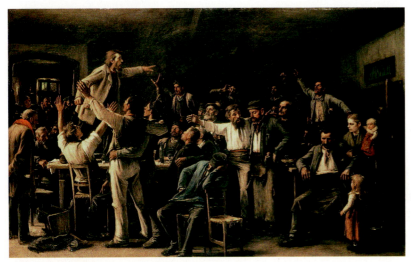

M3 Arbeiterversammlung (Gemälde, 1895)

Die Arbeiterschaft greift die Idee auf

Die politische Diskussion innerhalb der Arbeiterschaft wurde vom Kommunismus und dem Eintreten für eine gerechtere Gesellschaft geprägt. Ein Teil war auch bereit, die eigenen Forderungen mithilfe einer gewaltsamen Revolution durchzusetzen. Der weitaus größere Teil der Arbeiterschaft wollte die politischen und gesellschaftlichen Fragen im Zeitalter der Industrialisierung durch die Gründung von Arbeiterparteien lösen. Im Gegensatz zum revolutionären Weg von Marx und Engels sollten die Verbesserungen der Gesellschaft so auf demokratische Weise erreicht werden. Daher kam es nicht zur Revolution der Arbeiter.

Eine Arbeiterpartei entsteht

Die demokratische Umgestaltung des Staates war das Ziel der 1869 in Eisenach gegründeten Sozialdemokratischen Arbeiterpartei (SDAP). Sie forderte …
- das allgemeine Wahlrecht für alle Männer ab 20 Jahren in allen Bundesstaaten und frei gewählte Abgeordnete in den Parlamenten,
- die allgemeine Volksschulpflicht, staatliche Schulaufsicht und kostenfreien Unterricht für alle Kinder und
- Verbesserungen durch gerechte Löhne sowie
- allgemein gültige Regelungen zur Arbeitszeit und zum Unfallschutz.

In Gotha vereinte sie sich 1875 mit den Arbeitervereinen zur Sozialistischen Arbeiterpartei und nannte sich ab 1890 „Sozialdemokratische Partei Deutschlands" (SPD).

ARBEITSAUFTRÄGE

1. III Schildere die Szenen der beiden Gemälde M1 und M3.
   III Begründe den Zusammenhang zwischen den beiden Gemälden M1 und M3.
   III Stelle dir vor, du nimmst an einer Arbeiterversammlung wie in M3 teil. Debattiert über eure gemeinsamen Forderungen und den Weg, diese durchzusetzen. 🌐 Debatte
2. Stelle Gemeinsamkeiten und Unterschiede zwischen den Zielen von Marx und den Arbeiterparteien in einer Tabelle gegenüber. HILFE

Lösungsansätze der sozialen Frage

Das Elend der Arbeiterinnen und Arbeiter

Die Arbeiterinnen und Arbeiter lebten in elenden Zuständen, sodass bald von verschiedenen Seiten Vorschläge und Initiativen für eine Lösung erfolgten: von der Kirche, von den Unternehmern und vom Staat. Sie suchten nach Antworten, wie das Massenelend als Begleiterscheinung der Industrialisierung zu vermindern sei.

Maßnahmen der Kirchen

Einzelne katholische und evangelische Geistliche bemühten sich um die Verbesserung der Lage der Arbeiterschaft. Der katholische Pfarrer Lorenz Wertmann gründete 1897 die „Caritas", um die kirchlichen Hilfsprojekte besser miteinander zu verbinden. Schon 1848 gründete der evangelische Pfarrer Johann Wichern das Diakonische Werk, eine Verbindung von Seelsorge und praktischer Hilfe für arme und Not leidende Menschen.

Maßnahmen der Unternehmer

Einige Unternehmer versuchten die soziale Lage der Beschäftigten zu verändern. Sie handelten auch aus wirtschaftlichen Gründen. Zufriedene Mitarbeiter arbeiteten effektiver, waren motivierter und ausgeruhter. Damit konnten sie dasselbe Arbeitspensum in kürzerer Zeit bewältigten:

- Der Essener Stahlunternehmer Alfred Krupp richtete eine Betriebskrankenkasse ein und baute Arbeitersiedlungen und ein Krankenhaus.
- Im Unternehmen von Robert Bosch gab es den 8-Stunden-Arbeitstag, gegliedert in Früh- und Spätschicht. Die Bosch-Stiftung unterstützte Arbeiter bei Kuren, Weiterbildungen und Krankenhausaufenthalten.

Andere Unternehmen, wie z. B. die Carl-Zeiss-Werke in Jena, gründeten Fabrikschulen für die Kinder der Arbeiter. Über die Carl-Zeiss-Stiftung wurden die erste deutsche Kinderklinik und Erholungsheime finanziert.

M1 Adolph Kolping (1813–1865)
Auf Initiative des katholischen Priesters wurden ab 1846 Wohnheime für Arbeiter in Städten eingerichtet. (Zeitgenössisches Foto)

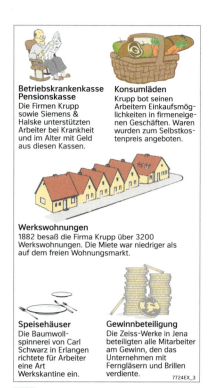

M2 Hilfe von Unternehmern für ihre Arbeiterinnen und Arbeiter

M3 Kindersanatorium der Carl-Zeiss-Stiftung in Bad Sulza (Postkarte, 1935)

M4 Plakat zur Sozialversicherung von 1913

Maßnahmen des Staates

Eine Antwort auf die soziale Frage wurde für den Staat immer drängender, denn der Einfluss der Arbeitervereine und der Sozialdemokratischen Arbeiterpartei sollte zurückgedrängt werden. Reichskanzler Otto von Bismarck versuchte diesen durch eine Sozialgesetzgebung zu vermindern: 1883 wurde das Krankenversicherungsgesetz, 1884 das Unfallversicherungsgesetz und 1889 das Rentenversicherungsgesetz eingeführt.

> **Q1** Otto von Bismarck begründete die Einführung einer staatlichen Unfallversicherung:
>
> Der eigentliche Beschwerdepunkt des Arbeiters ist die Unsicherheit seiner Existenz. Er ist nicht sicher, dass er immer Arbeit haben wird, er ist nicht sicher, dass er immer gesund ist, und er sieht voraus, dass er einmal alt und arbeitsunfähig sein wird […], und diese Unsicherheit macht ihn feindlich und misstrauisch gegen die Gesellschaft […], und solange der Staat ihm da nicht entgegenkommt […], da wird er, wo er es finden mag, immer wieder zum sozialistischen Wunderdoktor laufen.

Aber eine schnelle Hilfe waren diese Gesetze nicht, da die Leistungen zu gering waren. Weiterhin waren alte oder kranke Arbeiter von der Unterstützung durch die Familie oder Armenspeisungen abhängig.

ARBEITSAUFTRÄGE

1. a) Beschreibe die Absichten der kirchlichen Lösungsversuche.
   b) Fasse die Lösungsversuche der Unternehmer zusammen (M2).
2. III Gib mithilfe von Q1 das Motiv der Sozialgesetzgebung von Otto von Bismarck wieder. 🌐 Think-Pair-Share
   III Bewerte das Motiv der Sozialgesetzgebung von Otto von Bismarck.
3. Recherchiere zur Kranken-, Unfall- oder Rentenversicherung und stelle diese vor. HILFE

Ein Lapbook zum Thema Seuchen gestalten

Ein Lapbook ist eine Mappe, mit der ein Thema mithilfe verschiedener Faltbüchlein und Bilder präsentiert werden kann. Diese sind entweder in die Mappe eingeklebt oder stecken in kleinen Taschen oder Umschlägen. Dadurch kann ein sehr umfangreiches Thema in kleine Unterthemen eingeteilt werden. Ein Lapbook kann entweder als Einzelprojekt oder als gemeinsames Projekt von der ganzen Klasse hergestellt werden.

- Bildet vier Gruppen und teilt die Themen der Seiten 177–181 unter euch auf.
- Recherchiert weitere Informationen zu eurem Thema.
- Erstellt jeweils ein Lapbook zu den Themen Pest, Cholera, Tuberkulose und SARS-Covid-19.
- Präsentiert euer Lapbook in der Klasse. Galeriegang

Schritte zur Gestaltung eines Lapbooks

1. Schritt: Vorbereitung
- Legt das Thema fest.
- Verteilt die Unterthemen in der Klasse.
- Vereinbart einen Zeitplan.
- Sucht Informationen und Bilder und erarbeitet die wichtigsten Informationen für euer Unterthema.

2. Schritt: Herstellung
- Sucht euch eine geeignete Vorlage für das Faltbüchlein aus.
- Faltet aus Pappe oder Papier passende Notizzettel, Büchlein oder Taschen. Tipp: Vorlagen zum Ausdrucken findet ihr auch unter dem Webcode auf dieser Seite.
- Schreibt eure Informationen auf die Zettel.
- Fertigt Illustrationen zu eurem Thema mit Zeichnungen oder Bildern an.

3. Schritt: Präsentation
- Ordnet eure Informationen auf dem Lapbook an.
- Klebt die einzelnen Taschen, Notizen und Illustrationen auf eurem Lapbook auf.
- Steckt die Büchlein in die Taschen.
- Präsentiert euer Lapbook euren Mitschülerinnen und Mitschülern.

WES-104982-504
Hier findet ihr Vorlagen für euer Lapbook.

M1 Lapbook zum Thema Seuchen

Menschen bekämpfen Krankheiten

Pest – die Erfindung der Quarantäne

Im Laufe der Jahrhunderte kam es immer wieder zu Ausbrüchen der Pest in Europa. Ihr Name kommt vom lateinischen Wort „pestis" und bedeutet „Seuche". In den letzten 2000 Jahren sind drei große Pestwellen aufgetreten, die sich über weite Teile der Erde ausbreiteten. Es waren die ersten Pandemien.

Die Pest im Mittelalter

Die Städte Europas waren im Mittelalter eng besiedelt. Da es kein Abwassersystem gab und auch Lebensmittelreste oft auf der Straße entsorgt wurden, waren die hygienischen Verhältnisse sehr schlecht. In den Städten lebte eine große Anzahl Ratten, die sich durch die unhygienischen Verhältnisse rasch vermehrten. Ab 1347 breitete sich die Beulenpest von Asien nach Europa aus. Um 1353 kam die Seuche in Europa langsam zum Erliegen. In den folgenden Jahren trat sie lokal begrenzt allerdings immer wieder auf.

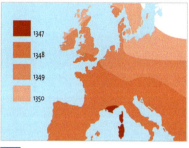

M1 Die Ausbreitung der Pest

Heilmittel gegen die Pest

Die Ursachen für die Pest war den Menschen im Mittelalter nicht bekannt. Aber sie entwickelten Schutzmaßnahmen, um sich vor der Seuche zu schützen. So isolierte die französische Stadt Marseille ab 1383 Besatzungen von Schiffen, die aus einem Pestgebiet kamen, für 40 Tage. Erkrankte in dieser Zeit der Quarantäne kein Mitglied der Besatzung an der Pest, galt dieses Schiff als unverdächtig. Die Besatzung konnte an Land gehen. Bei weiteren Pestausbrüchen wurden die Kranken von den Gesunden isoliert. Zusätzlich begannen die Städte ihre Straßen sauberer zu halten.

1894 entdeckte der französische Arzt Alexandre Yersin den Pesterreger. Durch seine Entdeckung wissen wir, dass die Pest eine bakterielle Infektion ist. Sie wird hauptsächlich durch Flöhe, die auf Nagetieren wie Ratten leben, übertragen. Die Pest ist inzwischen mit Antibiotika gut behandelbar, wenn sie rechtzeitig entdeckt wird.

Quarantäne: (von italienisch. quaranta = 40) Zahl der Tage, die Marseille verdächtige Schiffe isolierte

M2 Die Infektionskette der Pest: Die Wanderratte hat den Pestbazillus durch Nahrung aufgenommen. Der Floh sticht sie und nimmt durch ihr Blut den Erreger auf. Er springt auf den Menschen über.

ARBEITSAUFTRÄGE

1. Werte M1 und M2 aus. Beschreibe, wie sich die Pest ausbreitete.
2. ▌▌▌ Nenne Möglichkeiten, sich vor der Pest zu schützen.
   ▌▌▌ Erkläre, weshalb die Stadt Marseille die Quarantäne einführte.
   ▌▌▌ Beurteile die Behandlung der Pest und die Schutzmaßnahmen gegen sie. HILFE
3. Recherchiere weitere Informationen zur Pest.

Cholera – die Erfindung der Hygiene

Cholera ist eine hochansteckende Magen-Darm-Krankheit. Ab dem 19. Jahrhundert breitete sie sich in mehreren Pandemien auf der ganzen Welt aus. Pro Jahr erkranken heutzutage weltweit ungefähr vier Millionen Erwachsene und Kinder. Zwischen 30 000 und 150 000 Menschen sterben jährlich an ihr.

Auf der Suche nach Antworten

Bereits seit der ersten Cholera-Pandemie versuchten Wissenschaftler herauszufinden, wie es zur Cholera kommt und wie sie sich verbreitet. 1848 und 1849 kam es in London zu zwei sehr starken Ausbrüchen. Der britische Arzt John Snow untersuchte beide Ausbrüche ausführlich. Dabei entwickelte Snow eines der wichtigsten Instrumente zur Verfolgung der Ausbreitung von Krankheiten, die Kartierung. Sie wird auch heute noch benutzt, um zu zeigen, wie Krankheiten sich verbreiten.

M1 Ursachen der Cholera

Händewaschen gegen den Tod

Um 1840 fiel dem österreichischen Arzt Ignaz Semmelweis auf, dass Patienten, die im Krankenhaus untersucht wurden, häufiger starben, als wenn sie sich zu Hause behandeln ließen. Er erkannte, dass viele dieser Patienten im Krankenhaus von Medizinstudenten untersucht worden waren, die sich vorher nicht die Hände gewaschen hatten. Er machte das Händewaschen mit einem speziellen Mittel vor jeder Untersuchung zur Pflicht. Dadurch konnte er innerhalb von zwei Jahren die Sterblichkeitsrate in seiner Abteilung von 12,24 % auf 1,27 % senken. Die Menschen lernten, dass sie durch gezielte Hygiene bei der Krankenpflege, im Haushalt, bei der Ernährung und bei der Arbeit viele Krankheiten verhindern konnten. Sie achteten immer mehr auf Sauberkeit.

Schutz vor Cholera

Cholera gehört, genauso wie die Pest, zu den Quarantänekrankheiten. Das bedeutet, dass infizierte Personen von anderen isoliert werden. Dadurch wird die Ansteckung weiterer Personen vermieden. Um sich gegen Cholera zu schützen, gibt es ein paar einfache Regeln. Am wichtigsten sind vorbeugende, hygienische Maßnahmen. Dazu gehört vor allem, dass die Trinkwasserversorgung in den entsprechenden Ländern verbessert wird. Ansonsten sollte sich jeder regelmäßig und ausreichend die Hände waschen. Obst und Gemüse sollte in den betroffenen Regionen nur geschält gegessen werden. Es gibt eine Impfung gegen Cholera, allerdings schützt sie nicht zuverlässig, sodass immer weniger geimpft wird. Wenn die Krankheit ausgebrochen ist, werden Antibiotika gegeben.

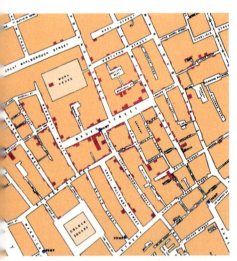

M2 Ausschnitt aus der Karte des Cholera-Ausbruchs im Londoner Stadtteil Soho 1854 von Dr. Snow. Jeder Strich steht für einen Cholerakranken oder -toten.

ARBEITSAUFTRÄGE

1. Nenne die Ursachen der Cholera.
2. Erkläre, warum die Krankheit auch heute noch weit verbreitet ist.
3. a) Beschreibe, welche medizinischen Entdeckungen zum Schutz vor Cholera beitragen. Think-Pair-Share
   b) Erkläre, wie die verschiedenen hygienischen Maßnahmen gegen die Ausbreitung der Krankheit helfen.
4. Vermute, warum die Kartierung des Krankheitsverlaufs wichtig ist. HILFE
5. a) Recherchiere weitere Informationen zur Cholera.
   b) Stelle deine Ergebnisse in einem Kurzvortrag vor.

Tuberkulose – die Erfindung der Sanatorien

Tuberkulose – eine gefürchtete Infektionskrankheit

Die Tuberkulose war jahrhundertelang eine weit verbreitete Seuche. Allerdings war sie im frühen Mittelalter in Europa aufgrund der dünnen Besiedlung nicht so weit verbreitet. Durch das Wachstum der Bevölkerung im 19. Jahrhundert breitete sie sich immer mehr aus. Schuld daran war die zunehmende Bevölkerungsdichte vor allem in den Städten und Industriezentren.

Schlechte Hygiene und Arbeitsbedingungen schwächten das Immunsystem der Menschen. Durch die hohe Staubbelastung in den Fabriken wurde die Lunge schwer geschädigt.

Die Behandlung der Tuberkulose

Am Ende des 19. Jahrhunderts nahm die Sterblichkeit aber immer weiter ab. Verbesserte Arbeitsbedingungen, eine bessere Hygiene und vor allem Fortschritte in der wissenschaftlichen Forschung halfen dabei, die Tuberkulose zu bekämpfen.

Tuberkulosekranke wurden in Sanatorien behandelt. Hier wurden die ansteckenden Kranken von den anderen Lungenkranken isoliert. Es gab noch kein Heilmittel, aber Ärzte hatten gute Erfahrungen damit gemacht, die Lungenkranken an Orten mit besonders sauberer Luft zu behandeln. Auch auf eine gesunde und ausreichende Ernährung wurde Wert gelegt. Wer im Krankenhaus arbeitete oder als Patientin oder Patient dort war, musste strenge Hygieneregeln einhalten. Dazu gehörte auch das häufige Händewaschen. Durch die gute Hygiene, die Ruhe und die Erholung, die diese Sanatorien boten, konnten viele Kranke geheilt werden.

Robert Koch entdeckt Bakterien

Viele Ärzte suchten nach den Ursachen für die verhängnisvollen Seuchen und Krankheiten. Einer der ersten, die glaubten, dass Krankheiten durch winzige Lebewesen verursacht werden, war der französische Chemiker Louis Pasteur. Er konnte es allerdings noch nicht nachweisen.

Der deutsche Arzt Robert Koch verfolgte Pasteurs Ideen weiter. Nach vielen Versuchen entdeckte er winzige, nur ein tausendstel Millimeter große Stäbchen, die sich rasend schnell vermehrten. Er hatte die Bakterien entdeckt. 1882 gelang es ihm, den Erreger der Tuberkulose zu finden. Er isolierte die Bakterien und tötete sie ab. 1883 entdeckte er dann auch die Erreger der Cholera.

Jahr	Einwohnerzahl
800	3 Mio.
um 1200	10 Mio.
um 1500	12 Mio.
um 1600	15 Mio.
um 1700	15 Mio.
um 1800	24 Mio.
1850	34 Mio.
1900	56 Mio.
1914	65 Mio.

M1 Bevölkerungsentwicklung in Deutschland

M2 Robert Koch (1843–1910)

ARBEITSAUFTRÄGE

1. ▌ Nenne Gründe dafür, dass sich die Tuberkulose stark ausbreitete.
   ▌▌ Erkläre, wie es zur Verbreitung der Tuberkulose kommen konnte.
   ▌▌▌ Stelle den Zusammenhang zwischen Tuberkulose und Lebensweise dar. HILFE
2. Beschreibe mithilfe von M1, wie sich die Bevölkerung in Deutschland entwickelte.
3. Beschreibe, wodurch die Sterblichkeit an Tuberkulose gesenkt werden konnte.
4. Recherchiere zur Bedeutung der Entdeckungen von Robert Koch.

Coronavirus – der Auslöser für Sars-Covid-19

Die Familie der Coronaviren wurde bereits Mitte der 1960er Jahre durch die britische Virologin June Almeida entdeckt. Corona kommt aus dem Lateinischen und bedeutet Krone. Diesen Namen erhielten die Viren, weil sie so aussehen, als ob sie viele kleine Kronen tragen würden. Sie kommen bei allen Landwirbeltieren vor. Beim Menschen verursachen sie leichte bis sehr schwere Atemwegserkrankungen.

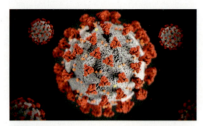

M1 Coronaviren

Die Covid-19-Pandemie

Am 31. Dezember 2019 gab die chinesische Regierung bekannt, dass in der chinesischen Stadt Wuhan, in der Provinz Hubei, eine neue, unbekannte Form einer Lungenentzündung aufgetreten ist. Im Januar 2020 entwickelte sich die Krankheit zuerst zu einer Epidemie. Am 11. März 2020 erklärte sie die WHO zu einer Pandemie.

Bei den meisten Menschen verläuft Covid-19 milde, wie eine Erkältung. Oft kann es aber auch zu schweren Verläufen mit Todesfolge kommen.

Epidemie: Auftreten einer sehr ansteckenden Krankheit in einem bestimmten Verbreitungsgebiet

Pandemie: wenn sich die Infektion über mehrere Kontinente hinweg erstreckt und es eine weltweite Ausbreitung mit hohen Erkrankungszahlen gibt

2020 – das Jahr in dem alles anders ist

Nachdem im Januar China und im Februar Italien schon Städte abgeriegelt und Quarantänemaßnahmen ergriffen hatten, folgten ab Mitte März viele weitere europäische Länder diesem Beispiel. Ab dem 17. März 2020 kam es in Deutschland zum sogenannten Lockdown. Die Menschen wurden aufgefordert, möglichst zu Hause zu bleiben. Die Schulen wurden geschlossen. Die Kinder erhielten von ihren Lehrkräften Aufgaben, die sie selbstständig zu Hause bearbeiten mussten. Dadurch mussten auch viele Eltern im Homeoffice arbeiten. Allerdings gab es in vielen wirtschaftlichen Bereichen, wie zum Beispiel bei den Fluggesellschaften, kaum Arbeit. Die Flugzeuge blieben alle am Boden, denn niemand durfte oder wollte fliegen.

M2 Sicherheitsmaßnahmen in einem Krankenhaus: Mund-Nasen-Schutz und Fiebermessen im Eingangsbereich (Foto, 24.04.2020)

M3 Alle Flugzeuge bleiben am Boden

Erstes Aufatmen und die zweite Welle

Mitte Mai 2020 wurden die Maßnahmen nach und nach wieder etwas gelockert. Die Zahlen von Neuerkrankungen gingen deutlich zurück. Die Schulen führten bis zu den Sommerferien eine Mischung aus Unterricht in der Schule und Unterricht zu Hause durch. In den Sommerferien konnten viele Familien auch wieder in den Urlaub fahren. Alle Geschäfte hatten wieder geöffnet. Im Herbst 2020 stiegen die Zahlen der Neuinfektionen jedoch wieder massiv an. Ab November wurde wieder ein Lockdown angeordnet. Diesmal blieben aber die Schulen weitestgehend geöffnet. Die Schülerinnen und Schüler sollten so lange wie möglich zum Unterricht in die Schulen gehen. Da die Infektionszahlen aber weiter stiegen, wurde der Präsenzunterricht an den Schulen ab Januar 2021 wieder aufgehoben.

M4 Homeschooling (Foto, 2020)

Schutz gegen Covid-19

Die AHA-Formel kennt seit den Tagen des Lockdowns weltweit jeder. **A**bstand-**H**ändewaschen-**A**lltagsmaske, das sind die Mittel, mit denen versucht wird, sich in jedem Land der Erde gegen Covid-19 zu schützen. Zusätzlich wurde auch die Quarantäne für alle positiv getesteten Personen und für Verdachtsfälle eingeführt. Diese Maßnahmen sollen helfen, die Verbreitung des Virus zu stoppen und die Pandemie zu beenden. In den Schulen wurde stark gelüftet, da so die Menge der Aerosole in den Unterrichtsräumen verringert werden sollte.

Seit dem Beginn der Pandemie forschen weltweit Wissenschaftlerinnen und Wissenschaftler nach einem Impfstoff und einem Heilmittel. Zum Winter 2020 wurden Erfolge in der Entwicklung eines Impfstoffes erzielt und die ersten Menschen konnten im Dezember 2020 gegen Corona geimpft werden. Über 120 Millionen Menschen haben sich bis März 2021 weltweit nachweislich mit dem Coronavirus infiziert. Viele von ihnen gelten als wieder gesund, doch schon mehr als zwei Millionen Infizierte sind gestorben.

Aerosole: Befinden sich mehrere Menschen in einem geschlossenen Raum, sammeln sich dort sogenannte Aerosole an. Aerosole sind Tröpfchen, die wir ausatmen und die Viren übertragen können. Beim Lüften etwa werden diese Tröpfchen gemeinsam mit der „verbrauchten" Luft nach draußen befördert – die Gefahr, sich mit Corona anzustecken, sinkt.

M5 Die Wissenschaft forscht nach einem Impfstoff

ARBEITSAUFTRÄGE

1. Nenne die Ursachen von SARS-Covid-19.
2. Erkläre den Begriff Lockdown.
3. Beschreibe mithilfe von M2-M4, wie sich das Leben der Menschen verändert hat. Wie hat sich Corona auf dein Leben ausgewirkt?
4. Begründe, wie die eingeführten Maßnahmen gegen SARS-Covid-19 schützen sollen. HILFE Think-Pair-Share
5. a) Recherchiere weitere Informationen und aktuelle Zahlen.
   b) Stelle deine Ergebnisse in einem Kurzvortrag vor.

Projekt

Wir erstellen ein Erklärvideo zur WHO

Erklärvideos sind selbst gedrehte Filme. Mit ihnen können umfangreiche und schwierige Themen stark vereinfacht und verständlich erklärt werden. Oft werden dabei selbst gezeichnete Bilder mit Kommentaren und Erklärungen versehen. Ein solches Erklärvideo sollte nicht länger als drei bis fünf Minuten dauern.

Typisch für Erklärvideos ist die sogenannte Legetricktechnik. Ausgeschnittene Motive auf Papier werden hierbei auf eine horizontale Fläche, z. B. einen Tisch, gelegt und bewegt. Dabei wird von oben herab gefilmt.

M1 Die Weltgesundheitsorganisation

Berichtet in einem Erklärvideo über:
- Entstehung und Ziele
- wichtige Projekte
- Erfolge

Benötigte Materialien:
- weiße Blätter
- Stifte
- Schere
- Kleber
- Unterlage
- Smartphone oder Fotoapparat mit Videofunktion oder Videokamera

So geht ihr vor:

1. Vorbereitung
- Arbeitet in Gruppen mit mindestens fünf Mitgliedern.
- Recherchiert ausführlich zu eurem Thema (Bibliothek, Internet …).
- Erstellt ein Drehbuch. Reduziert hierfür die gesammelten Informationen auf das Wesentliche.
- Schreibt passende Sprechertexte. Diese sollten die wichtigsten Informationen kurz und verständlich wiedergeben.
- Zeichnet passende Bilder. Diese sollen die Sprechertexte unterstützen. Arbeitet mit Symbolen und Farben.
- Einigt euch, wer die Texte spricht, wer die Bilder legt und wer filmt.

2. Übungsphase
- Lest die Sprechertexte deutlich und betont vor.
- Übt das Legen, Anordnen und Wegwischen der Bilder.
- Stimmt das Tempo beim Sprechen und Legen aufeinander ab.

3. Durchführung
- Dreht das Erklärvideo. Achtet auf einen ruhigen und gut ausgeleuchteten Raum und einen möglichen Schattenwurf.
- Bearbeitet euer Material bei Bedarf am Computer, z. B. mit einem Schnittprogramm. Fügt gegebenenfalls Musik, andere Effekte oder weitere Texte ein.

4. Präsentation
- Schaut euch die fertigen Erklärvideos in der Klasse an.
- Gebt euren Mitschülerinnen und Mitschülern eine kurze Erklärung zu eurem Thema.

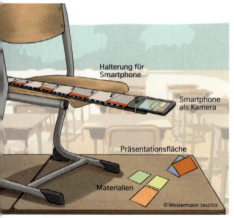

M2 Legetechnik

ARBEITSAUFTRÄGE

1. Recherchiert Informationen zur Weltgesundheitsorganisation WHO.
2. Erstellt Erklärvideos zum Thema „Die Weltgesundheitsorganisation und ihre Arbeit". HILFE
3. Präsentiert eure Erklärvideos in der Klasse.
4. Diskutiert darüber, warum die WHO eine wichtige Rolle zur Verbesserung der Hygiene und der Gesundheit weltweit spielt. Debatte

In Kürze

1769: Erfindung der Dampfmaschine

1835: Erste Eisenbahnstrecke in Deutschland eröffnet

1848: Karl Marx verfasst das Kommunistische Manifest.

ab 1860: Industriezentren entstehen, Verstädterung

1869: Arbeiter organisieren sich in Gewerkschaften, soziale Frage

1770 — 1800 — 1830 — 1860 — 1890 — 1920

Zunehmende Industrialisierung in Deutschland →

Längsschnitt: Fortschritt und Stagnation in Wirtschaft und Gesellschaft

Ausgehend von England vollzog sich seit dem Ende des 18. Jahrhunderts eine Entwicklung von weltgeschichtlicher Bedeutung: die industrielle Revolution. Der Wandel von der Herstellung von Waren und der Tätigkeit in der Landwirtschaft durch Handarbeit zur industriellen Massenproduktion mithilfe von Maschinen bedeutete einen tief greifenden Wandel im Leben aller Menschen.

Um 1830 erfasste die industrielle Revolution auch Deutschland. Industriezentren entwickelten sich vor allem in Städten in Bergbauregionen, in Gebieten der Eisen- und Stahlindustrie und des Maschinenbaus. Die Industriestädte erlebten einen gewaltigen Bevölkerungszuwachs, da immer mehr Menschen vom Land in die Stadt zogen. Die Schattenseiten der industriellen Revolution waren die zunehmende Umweltverschmutzung und die Verelendung der Arbeiterklasse. Den unzumutbaren Arbeitsbedingungen und der Willkür der Arbeitgeber stellten sich die Arbeiter durch die Bildung von Arbeitervereinen und Gewerkschaften entgegen.

Der Fortschritt führte auch zu einem Aufschwung in der Forschung und Medizin. Dadurch stieg die Lebenserwartung der Menschen. Die Gefahren von ansteckenden Krankheiten wurden zurückgedrängt.

WICHTIGE BEGRIFFE:

die Arbeiterin / der Arbeiter
das Bevölkerungswachstum
die Dampfkraft
die Eisenbahn
die Gewerkschaft
die Industrialisierung
die industrielle Revolution
Karl Marx
die Kinderarbeit
die Maschine
die Pandemie
die Quarantäne
die soziale Frage
die Umweltverschmutzung
der Unternehmer

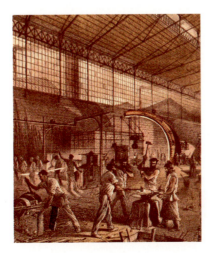

Kompetenzcheck

1 Industrialisierung in England

Du kannst …
a) das Leben vor der Industrialisierung in England beschreiben. ✓
b) die Veränderungen der Produktion und der Produktionsmittel erklären. ✓✓
c) erläutern, weshalb Eisenbahn, Kohle und Stahl wichtig für die Industrialisierung waren. ✓✓✓

M1 Arbeit im Stahlwerk: Auswalzen einer Eisenbahnschiene im Walzwerk (Farbdruck nach Aquarell von August Dressel, um 1890)

2 Industrialisierung in Deutschland

Du kannst …
a) sechs Begriffe in dem Silbenrätsel M2 zur Industrialisierung in Deutschland finden. ✓
b) diese sechs Begriffe erläutern. ✓✓
c) die unterschiedliche Entwicklung in Deutschland und England mithilfe der Begriffe vergleichen. ✓✓✓

BAHN - BAN – BAU – DAMPF
DUNG – EI – EN - ER
FAHRTS – FIN – FORT – GE –
KEN – SCHAFT – SCHIFF
SCHRITT – SELL – SEN

M2 Silbenrätsel

3 Lebens- und Arbeitsbedingungen

Du kannst …
a) die Lebensbedingungen der Arbeiterschaft beschreiben. ✓
b) soziale Probleme des Proletariats erläutern. ✓✓
c) die Folgen der Kinderarbeit beurteilen. ✓✓✓

M3 Mädchen in einer Baumwollspinnerei (Foto, 1910)

4 Neues politisches Denken

Du kannst …
a) Forderungen der Arbeiterinnen und Arbeiter nennen. ✓
b) verschiedene Maßnahmen der Arbeiterschaft darstellen. ✓✓
c) die Gründe für einen Streik erläutern. ✓✓✓

M4 Streik (Gemälde 1901)

WES-104982-505
Lösungen zum Kompetenzcheck

5 Soziale Frage

Du kannst …
a) Maßnahmen der Kirche zur Lösung der sozialen Frage aufzählen. ✓
b) erklären, welche Maßnahmen zur Linderung der sozialen Probleme vonseiten der Unternehmer getroffen wurden. ✓✓
c) die staatlichen Maßnahmen mit der sozialen Frage in Zusammenhang bringen. ✓✓✓

M5 Briefmarke zu 100 Jahren Sozialversicherung, 1981

6 Menschen besiegen Krankheiten

Du kannst …
a) das „schwarze Schaf" aus den Begriffen nennen. ✓
b) erklären, warum „das schwarze Schaf" nicht zu den anderen Begriffen passt. ✓✓
c) mithilfe der richtigen Begriffe begründen, wie Seuchen entstehen und wie die Menschen die Seuchen bekämpften. ✓✓✓

Hände waschen – Quarantäne – Abstand halten – sich mit Freunden treffen

Pest – Cholera – Tuberkulose – Heuschnupfen – SARS-Covid-19

Abfälle auf der Straße entsorgen – kein sauberes Trinkwasser – Kläranlage – Menschen leben eng beieinander

Semmelweis – Fleming – Pasteur – Koch

Heimatgeschichte

Im 16. Jahrhundert galt Sachsen als wichtigstes Herrschaftsgebiet im Deutschen Reich.
In der sächsischen Stadt Wittenberg veröffentlichte 1517 Martin Luther seine Thesen. In den folgenden Jahren verbreitete sich von hier die Reformation in Europa.
Zur Zeit des Absolutismus entstanden in Sachsen viele Manufakturen. In der Stadt Meißen entwickelte sich die Porzellanherstellung. Ab der Mitte des 17. Jahrhunderts wurde die Leipziger Messe zu einem der bekanntesten Umschlagplätze der ganzen Welt. Ab der Mitte des 19. Jahrhunderts entstanden in Sachsen viele erfolgreiche Unternehmen.

Der Fürstenzug an der nördlichen Außenfassade des Stallhofes in Dresden zeigt die lange Geschichte des Fürstenhauses Wettin, beginnend mit dem Markgrafen von Meißen, Konrad von Wettin. Das aus vielen Tausend Porzellanfliesen bestehende Wandbild entstand zwischen 1904 und 1907.

Eine Gruppenarbeit durchführen

Normalerweise werden im Unterricht die Themen immer mit allen Schülerinnen und Schülern zusammen bearbeitet. Alle beschäftigen sich mit den gleichen Texten und bearbeiten auch die gleichen Aufgaben. Manchmal ist es aber sinnvoll, ein Thema in verschiedene Unterthemen aufzuteilen. Jedes Unterthema wird nur von einem Teil der Klasse bearbeitet. Dadurch können viele Themen in einer kürzeren Zeit bearbeitet und besprochen werden. Am Ende werden die Ergebnisse aller Gruppen in einer geeigneten Form präsentiert und den anderen Gruppen vorgestellt.

Die folgenden Doppelseiten behandeln verschiedene Epochen der Heimatgeschichte. Es geht um euer Bundesland Sachsen. Teilt die einzelnen Themen unter euch auf, arbeitet in Gruppen und werdet Expertinnen und Experten für ein ausgewähltes Thema.

1. Bildet Expertengruppen

So geht ihr vor:
- Teilt euch dafür zunächst in sechs etwa gleich große Gruppen auf. Jede Gruppe entscheidet sich für die Bearbeitung einer der folgenden Themen.
- Stellt gemischte Gruppen aus leistungsstarken und leistungsschwachen Schülerinnen und Schülern zusammen.
- Verteilt die einzelnen Rollen in eurer Gruppe: Gruppenleiter, Zeitmanager, Regelwächter, Protokollant, Präsentationsleiter.

Gruppe 1: Sachsen: Kernland der Reformation (Seite 190–191) und zum Thema „Reformation" zusätzlich die Seiten 54 bis 61

Gruppe 2: Absolutismus in Sachsen (Seite 192–193) und zum Thema „Absolutismus" zusätzlich die Seiten 78 bis 97

Gruppe 3: Die Residenzstadt Dresden (Seite 194–195)

Gruppe 4: Staat und Wirtschaft (Seite 196–197)

Gruppe 5: Die Industrialisierung in Sachsen (Seite 198–199) und zum Thema „Industrialisierung" zusätzlich die Seiten 154 bis 167

Gruppe 6: Unternehmer in Sachsen (Seite 200–201)

2. Rollen der Gruppenarbeit

Gruppenleiter/Gruppenleiterin:
Du achtest darauf, dass deine Gruppe vernünftig mit dem Material umgeht. Außerdem holst du die Lehrkraft, falls deine Gruppe Fragen hat.

Zeitmanager/Zeitmanagerin:
Du achtest darauf, dass deine Gruppe den Zeitplan einhält. Du sagst ihnen regelmäßig an, wie viel Zeit ihr noch habt.

2. Rollen der Gruppenarbeit

Regelwächter/Regelwächterin:
Du achtest darauf, dass jedes Gruppenmitglied an der Aufgabe arbeitet. Außerdem achtest du darauf, dass keiner stört.

Protokollant/Protokollantin:
Du schreibst die Ergebnisse auf, die später präsentiert werden sollen.

Präsentationsleiter/Präsentationsleiterin:
Deine Aufgabe ist es, eure Ergebnisse vorzustellen.

3. Durchführung der Gruppenarbeit

So geht ihr vor:
- Lest leise eure Texte.
- Tauscht euch über den Inhalt aus.
- Klärt unbekannte Begriffe.
- Beantwortet die Aufgaben auf euren Seiten.
- Schreibt wichtige Informationen auf.
- Recherchiert weitere Informationen zu eurem Thema.

4. Präsentation

So geht ihr vor:
- Sucht euch eine Präsentationsform aus, zum Beispiel
  - das Lernplakat,
  - die Wandzeitung,
  - den Reiseführer für Kinder,
  - das Lapbook,
  - die PowerPoint-Präsentation …

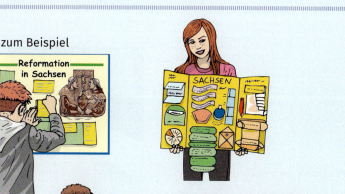

- Erstellt eure Präsentation.
- Schreibt Notizen für den Vortrag.
- Übt den Vortrag.
- Stellt euren Mitschülerinnen und Mitschülern euer Thema vor.

Sachsen: Kernland der Reformation

Die Wettiner als gottesfürchtige Herrscher
Im 16. Jahrhundert galt Sachsen als wichtigstes Herrschaftsgebiet im Deutschen Reich. Im geteilten Sachsen regierte der Kurfürst Friedrich der Weise die ernestinischen und Herzog Georg der Bärtige die albertinischen Ländereien.

Kurfürst Friedrich der Weise schützt Luther
Zum ernestinischen Besitz gehörte unter anderem auch die Stadt Wittenberg. Der Kurfürst Friedrich der Weise baute Wittenberg zur Residenz aus und gründete 1502 in der Stadt eine Universität. Friedrich der Weise galt als ein frommer Mann und der katholischen Kirche treu ergeben. Schon in frühen Jahren unternahm er eine Wallfahrt zu heiligen Stätten und brachte einen kostspieligen Reliquienschatz von dort mit zurück in seine Residenzstadt Wittenberg. In der Reliquiensammlung Friedrichs sollen über 19 000 Sammelstücke existiert haben.

Martin Luther unterrichtete seit 1508 an der Universität Wittenberg und veröffentlichte dort 1517 seine Thesen. Ob Friedrich der Weise die theologische Haltung Luthers teilte, ist nicht belegt. Da er aber vermutlich schnell erkannte, dass Luthers Forderungen dazu führen könnten, die Macht und die Einnahmen der Landesherren zu vergrößern und den Einfluss von Papstkirche und Kaiser zu schmälern, ließ Friedrich Luther gewähren. Kurfürst Friedrich der Weise weigerte sich 1518, das Ketzerurteil gegen Luther anzuerkennen, und forderte von Kaiser Karl V. freies Geleit für Luther auf dem Weg zum Reichstag in Worms. Auch die von Friedrich dem Weisen veranlasste scheinbare Entführung Luthers auf die Wartburg war ein wesentlicher Schritt, um Luther vor seinen Feinden zu schützen. Ohne diese Unterstützung seines Landesherrn wäre die Umsetzung der reformatorischen Ideen kaum möglich gewesen.

M1 Friedrich der Weise (links), Ausschnitt aus dem Fürstenzug, einem Porzellanbild in Dresden, auf dem die Wettiner Herrscher vom Mittelalter bis ins 20. Jahrhundert dargestellt sind

M2 Szene aus dem Spielfilm „Luther" (2003): Martin Luther schlägt 1517 in Wittenberg seine Thesen an.

Die Politik Herzog Georgs des Bärtigen

Herzog Georg war tief im mittelalterlichen Glauben verwurzelt. Während seiner Regierungszeit wollte Georg der Bärtige die offen sichtbaren Missstände des kirchlichen Lebens überwinden. Viel Aufmerksamkeit und Energie verwendete der Herzog, um die Einhaltung der Ordensregeln in den Klöstern durchzusetzen. Kontrollbesuche in Klöstern sowie schriftliche Ermahnungen an die Klostervorsteher und Ordensmitglieder waren an der Tagesordnung.

Klagen gegen den unsittlichen Lebenswandel von Geistlichen ließ Georg gerichtlich verfolgen. Georg der Bärtige unterstützte aus familiären Gründen einen vom Papst genehmigten Ablasshandel zugunsten eines Heereszugs des Deutschen Ritterordens. Nachdem Martin Luther 1517 seine 95 Thesen veröffentlicht hatte, duldete Herzog Georg zunächst die Verbreitung dieser in seinem Herzogtum.

Die Leipziger Disputation

Da Luther seine Thesen ursprünglich als Diskussionsgrundlage über den Ablasshandel verfasst hatte, griff Herzog Georg diese Idee auf. Er bestimmte, dass in seiner Anwesenheit in Leipzig ein mehrere Tage andauernder Disput zwischen Luther und einem seiner stärksten Kritiker aus Kirchenkreisen, dem Theologieprofessor Johannes Eck, stattfinden sollte.

Als Luther in der Diskussion äußerte, dass auch der Papst irren könne und dieser weltliches und nicht göttliches Recht verkünde, wandte sich Herzog Georg von Martin Luther ab. Erst nach Georgs Tod 1539 führte sein Bruder Heinrich im Herzogtum Sachsen den lutherischen Glauben ein.

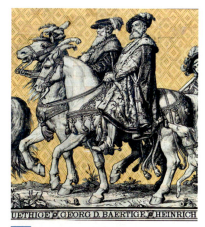

M3 Georg der Bärtige (links), Ausschnitt aus dem Fürstenzug

Disput: Streitgespräch zwischen Gelehrten

M4 Luther (rechts) und Johannes Eck im Disput. Relief auf dem Sockel des Lutherdenkmals in Eisleben von 1893.

ARBEITSAUFTRÄGE

1. **I** Nenne die Gründe, warum Friedrich der Weise Luther unterstützte.
   II Erkläre, warum Friedrich der Weise Luther unterstützte.
   III Beurteile die Unterstützung Luthers durch Friedrich den Weisen.
2. Erkläre, warum die Umsetzung der reformatorischen Ideen ohne die Unterstützung Friedrich des Weisen kaum möglich gewesen wäre. HILFE
3. a) Erläutere, warum Herzog Georg zuerst Luthers Thesen duldete.
   b) Erkläre, warum sich Herzog Georg später von Luther abwandte.
4. Begründe, warum Sachsen als Kernland der Reformation bezeichnet wird.
5. a) Recherchiere die Geschichte der Stadt Wittenberg.
   b) Halte einen Kurzvortrag in deiner Klasse.

Absolutismus in Sachsen

Kurfürst Friedrich August I.

Von 1694 bis 1733 herrschte im Kurfürstentum Sachsen ein Mann, der angeblich die Kraft besaß, Hufeisen zu zerbrechen. Kurfürst Friedrich August I. erhielt daher den Beinamen „August der Starke". Ebenso wie viele andere europäische Herrscher sah auch er in der Regentschaft Ludwig XIV. sein Vorbild. Mit politischen, aber auch mit militärischen Mitteln wollte er Sachsen zu einer Großmacht in Europa aufbauen. Das von seinem Vater geschaffene stehende Heer ließ er stärken und neu organisieren. Es kam in mehreren Kriegen zum Einsatz.

Im Jahre 1697 wurde der Kurfürst von Sachsen zum König von Polen gewählt. Um den Königstitel zu erhalten, wechselte er vorher zum katholischen Glauben über. Dieser Schritt sorgte in Sachsen, dem Kernland der lutherischen Reformation, für erhebliches Aufsehen. Der Herrscher in einem der bedeutendsten protestantischen Territorien Europas war zum katholischen Glauben zurückgekehrt. Seine evangelischen Untertanen sahen sich nun unvermittelt von einem katholischen Fürsten regiert. Allerdings sicherte der König ihnen zu, dass sie ihren evangelischen Glauben behalten durften.

M1 Friedrich August I., Kurfürst von Sachsen und König von Polen (zeitgenössisches Gemälde von Augusts Lieblingsmaler Louis de Silvestre)

Die Umsetzung des Absolutismus in Sachsen

Nach seinem Amtsantritt setzte Friedrich August I. den Absolutismus in Sachsen um. Der Kurfürst erhob eine Steuer, die beim Kauf von jeglichen Waren entrichtet werden sollte. Für diese indirekte Steuer benötigte er nicht das Einverständnis der Stände, da diese nur direkte Steuern bewilligen mussten. Diese zusätzlichen Gelder sollten dann in das Heer, die geplanten Kriege und die aufwendige Hofhaltung des Kurfürsten fließen. Dagegen protestierten die Vertreter der Stände.

Auf dem ersten Landtag bildete Friedrich August I. 1697 die „Große Kommission". Damit war der Weg frei für Finanz- und Steuerkontrollen im ganzen Land. Vielen Würdenträgern des Staates wiesen die Beamten der Kommission Veruntreuung und Bestechlichkeit nach. 1711 wurden die Stände von der Mitbestimmung bei Steuern und der Außenpolitik ausgeschlossen. Trotzdem behielt der Adel zahlreiche Privilegien und beeinflusste auch weiterhin die wirtschaftliche Entwicklung des Landes sowie den Handel.

> **Q1** Der Historiker Karl Czok schreibt über die Funktion des Dresdner Hofes zur Zeit Augusts des Starken:
>
> Wollte der Fürst den einheimischen Adel „bändigen", dann musste er neben dem Militär den Hof als Herrschaftsinstrument nutzen. Dies gelang umso besser, je schneller und wirksamer er den Hofstaat zur Zentrale der Staatsverwaltung ausbauen und ihn zum Vorbild fürstlich-adliger Lebensweise erheben konnte.
> Den Hauptanteil des Hofadels stellten die Vertreter des einheimischen Adels, um in immer zahlreicher werdenden Ämtern ihren Dienst zu tun, sei es in der Verwaltung, im Militär oder den vielen Hofämtern, die vom Pagen bis zum Hofmarschall dem Adel vorbehalten blieben.

M2 Der Zwinger in Dresden (das Gemälde von Johann Alexander Thiele zeigt einen Karnevalsaufzug und entstand 1722)

Luxus und rauschende Feste

Wie Ludwig XIV. dehnte auch August der Starke sein morgendliches Erwachen zu einem Staatsakt aus. Zudem gab es auch an seinem Hof große Feste, Theatervorstellungen, Jagden, Maskeraden und andere Belustigungen. Dresden sollte nach seinen Vorstellungen der eleganteste Hof der Welt werden. Alle Veranstaltungen ließ der Kurfürst mit einem Feuerwerk beenden und von Malern auf Leinwand verewigen. Die Prachtentfaltung am Dresdner Hof zog Menschen aus ganz Sachsen und dem Ausland in die Residenzstadt. Die einen suchten das Vergnügen, die anderen erhofften sich eine Anstellung.

M3 Christiane Eberhardine von Kulmbach-Bayreuth, Ehefrau von August dem Starken

August der Starke und seine Frauen

Im Jahre 1693 heiratete Friedrich August die strenggläubige Lutheranerin Christiane Eberhardine von Kulmbach-Bayreuth, die ihm einen Sohn gebar. Dem Kurfürsten werden aber unzählige Liebesabenteuer und uneheliche Kinder nachgesagt. Im 17. Jahrhundert schlossen Adlige selten Ehen aus Liebe und Leidenschaft, sondern eher aus politischen Gründen. So war es üblich, dass neben der Gattin Geliebte existierten. Diese nannte man Mätressen. Das waren oftmals gebildete, selbstbewusste adlige Frauen. Die bekannteste unter ihnen war Gräfin Cosel. Seit 1705 galt sie als Mätresse Augusts des Starken und gebar ihm mehrere Kinder. Der Kurfürst schenkte ihr das Taschenbergpalais in Dresden und das Schloss Pillnitz. Da sie sich jedoch zu sehr in seine Politik einmischte, verbannte er sie bis zu ihrem Tod auf die Festung Stolpen.

M4 Anna Constance von Cosel, Mätresse von August dem Starken

ARBEITSAUFTRÄGE

1. a) Beschreibe die Darstellung August des Starken in M1.
   b) Vergleiche das Herrscherbild M1 mit dem Herrscherbild Ludwig XIV. auf Seite 82.
2. Begründe, warum August der Starke den katholischen Glauben annahm.
3. Nenne die Merkmale, die zeigen, dass August der Starke ein absolutistischer Herrscher war. HILFE
4. Erkläre, wodurch der Adel von der Mitbestimmung bei Steuern und der Außenpolitik ausgeschlossen wurde.
5. Beschreibe mithilfe von Q1, wie August der Starke den einheimischen Adel bändigte.
6. Erläutere, warum es im 17. Jahrhundert üblich war, sich Mätressen zu nehmen.

Die Residenzstadt Dresden

August der Starke als Bauherr

Während des Mittelalters hatte Dresden nur eine geringe Bedeutung, da keine wichtigen Handelswege in der Nähe der Stadt verliefen. Erst in der Regierungszeit von Herzog Albrecht nach 1485 gewann Dresden als Residenzstadt an Ansehen.

Zu Lebzeiten Augusts des Starken versuchten fast alle Fürsten, sich als Bauherren einen Namen zu machen.

Bis zu Beginn seiner Regentschaft erzog der Großvater den Kurfürsten und ließ ihn in Italienisch, Französisch, aber auch Architektur, Geschichte sowie in den „ritterlichen Künsten" ausbilden. Die damals übliche Bildungsreise führte August in verschiedene deutsche und europäische Staaten, wobei die Herrschaft Ludwig XIV. den stärksten Eindruck bei ihm hinterließ. August verfügte über Kenntnisse der Architektur und entwickelte Vorstellungen von seiner Residenzstadt. Zudem wusste er, was er wollte.

Wie sein Hof sollte die Residenzstadt von seiner Macht künden. Beeindruckt von der Architektur Venedigs, befahl er Dresden zur Elbe hin auszubauen.

M1 Dresden mit Blick vom rechten Elbufer (Gemälde von Bernardo Bellotto, genannt Canaletto, 1774). Blick auf die Kuppel der evangelischen Frauenkirche (links), die katholische Hofkirche (Mitte), dahinter Teile des Schlosses.

M2 Innenhof des Dresdner Zwingers (aktuelles Foto)

Eine Stadt zum Staunen entsteht

Hervorragende Baumeister und Bildhauer aus deutschen Fürstentümern und aus dem Ausland errichteten in Dresden eine wahre Kunstlandschaft. Zunächst wurde mit dem barocken Bau des Dresdner Zwingers begonnen, der neben dem Stadtschloss als Residenz für August den Starken diente. Für die erlesene Edelsteinsammlung entstand 1723/24 das Grüne Gewölbe oberhalb des Elbufers. Der Kurfürst, der ein leidenschaftlicher Kunstsammler war, erwarb außerdem zahlreiche Gemäldesammlungen, die Unsummen an Geld verschlangen.

Die Stadt wurde wegen ihrer besonderen Schönheit und der Lage am Fluss oft bewundert. Viele damals berühmte Künstler hielten den Anblick der Stadt auf Gemälden fest.

August der Starke war mit den Leistungen seiner Architekten so zufrieden, dass er ihre Gehälter mehrmals erhöhte. Die vielen Bauvorhaben finanzierte er mithilfe der Steuern oder dem Verkauf von Landeskindern als Soldaten für andere Herrscher. Wenn die finanziellen Mittel trotzdem knapp wurden, griff August mitunter auch auf die Vermögen seiner Minister zurück. Sobald er wieder zu Geld kam, erstattete er die Gelder jedoch mit Zinsen. Unter August dem Starken erlebte Dresden seine Blütezeit und stieg zu den berühmtesten barocken Städten Europas auf.

ARBEITSAUFTRÄGE

1. Nenne Gründe für den Ausbau der Stadt Dresden. HILFE
2. Begründe, warum in Dresden die katholische und die evangelische Kirche so eng beieinander liegen. Think-Pair-Share
3. Erläutere, wie August der Starke seine vielen Bauvorhaben finanzierte.
4. a) Recherchiere zum Einbruch in das Grüne Gewölbe.
   b) Beschreibe, wie der Einbruch stattgefunden hat und was gestohlen wurde.
   c) Stelle deine Ergebnisse deiner Klasse vor.

Staat und Wirtschaft

Das Volk trägt die Last

Sachsen zählte um 1700 mit 1,5 Millionen Einwohnerinnen und Einwohnern zu den dicht besiedelten Ländern Europas. Der größte Teil der Bevölkerung waren Bauern. Diese bearbeiteten vor allem das Land der adligen Grundherren. Der Adel und nur wenige Bewohner der Städte, vor allem reiche Kaufleute und Handwerker, profitierten vom beginnenden wirtschaftlichen Aufschwung.

Um die aufwendige und kostspielige Hofhaltung Augusts des Starken zu finanzieren, mussten alle Bewohner Sachsens Steuern zahlen. Die direkte Steuer war auf das Einkommen und das Vermögen bezogen. Die indirekten Steuern wurden beim Kauf und dem Verbrauch von Lebens- und Genussmitteln fällig. Durch die hohe Bevölkerungsdichte floss dadurch viel Geld in die Staatskasse, wobei jedoch der Großteil der Bevölkerung in bitterster Armut lebte. Vor allem im Erzgebirge gab es Heimarbeit, die oft die Familien nicht ernähren konnte, sodass die Kinder schon frühzeitig mitarbeiten mussten. Die kunstvollen Schnitzereien, kleines Spielzeug, Holzgeräte und Klöppelarbeiten wurden zu Fuß zu den Märkten gebracht und für einen geringen Wert verkauft.

M1 Familie aus dem Erzgebirge bei der Heimarbeit (zeitgenössischer Holzstich)

Die Entwicklung der Manufaktur in Sachsen

Die Hauptstütze des sächsischen Wirtschaftssystems waren die 170 Manufakturen, die der Staat besonders förderte. Adlige und auch Bürgerliche investierten in diese und stellten u.a. Glas, Messing, Tuche, Seidenwaren und Tapeten her. Mit der zunehmenden Massenproduktion konnte der erhöhte Bedarf an diesen Waren abgedeckt werden. Eine Blütezeit erlebte vor allem die Weberei und Textilproduktion.

Des Weiteren förderte August den Bergbau im Erzgebirge. Die dort entstandenen Manufakturen verarbeiteten die Metalle sofort, um so die langen Transportwege zu vermeiden und Kosten zu sparen. Hammerwerke wie u.a. der Frohnauer Hammer dienten von 1621 bis 1904 als Verarbeitungsstätte für Silber, Kupfer und Eisen.

Ein besonderer Schatz Sachsens: das „weiße Gold"

Unter August dem Starken wurde ein Geheimnis enträtselt, das die Chinesen über Jahrhunderte streng gehütet hatten: die Porzellanherstellung.

Johann Friedrich Böttger (1682–1719), ein Apotheker aus Berlin, fand die richtigen Zutaten für das „weiße Gold". Am 23. Januar 1710 gab die Hofkanzlei in Sachsen der „ganzen Welt" bekannt, „dass durch wohlgeübte Personen aus sächsischen Materialien ... weißes glasiertes und unglasiertes, dem ostindischen an Durchsichtigkeit und in anderen Eigenschaften ganz gleichkommendes Porzellan ... in der Stadt Meißen gefertigt werden".

☐ WES-104982-601
Filmclip über das „weiße Gold"

☐ WES-104982-602
Filmclip über das Meißener Porzellan

M2 Porzellanmaler bei der Arbeit

Die Leipziger Messe

In dieser Zeit wuchs die Bedeutung des Handels enorm. Neue Straßen, auf denen sicherer und schneller Waren transportiert werden konnten, entstanden. Um diese Entwicklung zu unterstützen, wurde das Land ab 1721 exakt vermessen und steinerne Postmeilensäulen wurden an den Landstraßen mit Entfernungsangaben aufgestellt. Auch dadurch entwickelte sich die Leipziger Messe zu einem der bekanntesten Umschlagplätze für Waren aus der ganzen Welt. Sie verzeichnete zu dieser Zeit mehr Besucher als die konkurrierende Messe in Frankfurt am Main.

ARBEITSAUFTRÄGE

1. ▮ Nenne die Gruppen der Bevölkerung, die vom wirtschaftlichen Aufschwung Sachsens profitierten.
   ▮ Erkläre, warum auch viele Kinder mitarbeiten mussten, um die Familie zu ernähren.
   ▮ Erläutere den Satz „Das Volk trägt die Last". HILFE
2. Beschreibe, welche Vorteile die Verarbeitung der Metalle direkt beim Bergwerk hatte.
3. Begründe, warum Leipzig zu einem der bekanntesten Umschlagplätze für Waren aus aller Welt wurde.
4. Vermute, warum Porzellan als „weißes Gold" bezeichnet wird.
5. Recherchiere zur Porzellanherstellung heute und berichte.

M3 Postmeilensäule auf dem Rossplatz in Delitzsch. Sie wurde wie viele andere bei der Vermessung Sachsens aufgestellt.

Heimatgeschichte

Die Industrialisierung in Sachsen

Sachsen ist Spitzenreiter

Seit Mitte des 19. Jahrhunderts war die Industrialisierung in Deutschland nicht mehr aufzuhalten. An der Spitze dieser Entwicklung stand das Königreich Sachsen. In dem dicht besiedelten Land lebten mehr als die Hälfte aller Einwohner bereits von Gewerbe und Industrie. In Preußen, das viel größer war und in dem es mehr landwirtschaftlich geprägte Gebiete gab, waren es dagegen weniger als ein Viertel.

Der mittelalterliche Bergbau hatte die sächsischen Könige reich gemacht. Jetzt waren die Erzvorkommen im Erzgebirge allerdings größtenteils abgebaut. Viele Bergleute konnten nicht mehr von ihrer Arbeit leben und versuchten, als Heimarbeiter in der Textilindustrie etwas Geld hinzuzuverdienen. Besonders im Erzgebirge und im Vogtland entwickelte sich bis etwa 1830 die Baumwollindustrie als einziger Industriezweig.

Zentrum für Textilindustrie und Maschinenbau

Der Einsatz von Maschinen zur Herstellung von Baumwollgarn sowie die Errichtung großer Baumwollspinnereien waren die Vorboten der Industrialisierung. Sie machten Sachsen zu einer führenden Wirtschaftskraft. Sächsische Baumwollstoffe wurden sogar nach England, ins Mutterland der Textilindustrie, und in andere europäische Länder ausgeführt.

Die Maschinen für die Baumwollspinnereien ließen sich nur herstellen und verbessern, wenn sich auch die Metallproduktion und der Maschinenbau weiterentwickelten. Das begehrte Eisen für die Maschinen lieferten Walzwerke, die ebenfalls neu gebaut wurden. In ihnen wurden Bleche und Rohre aus verschiedenen Metallen hergestellt. Zwischen 1800 und 1830 entstanden in Sachsen etwa 200 Fabriken der Textilindustrie und des Maschinenbaus. Damit war Sachsen in Mitteldeutschland das Zentrum für diese Industriebereiche.

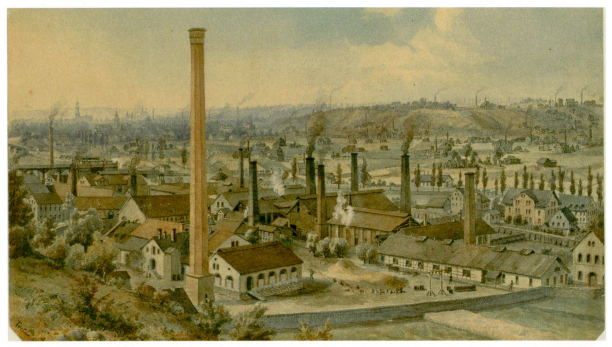

M1 Die Königin-Marien-Hütte in Cainsdorf (heute Stadtteil von Zwickau) wurde im sächsischen Steinkohlerevier errichtet und war bei ihrem Bau eines der modernsten und größten Eisenwerke Europas. Der Nachteil der sächsischen Eisenproduktion war jedoch, dass die Eisenerzvorkommen in der Umgebung erschöpft waren und das Eisenerz über weite Entfernungen herantransportiert werden musste. (Gemälde, 1866)

M2 Industrielle Entwicklung Deutschlands Ende des 19. Jahrhunderts

Industriestädte entstehen

Der Fortschritt in der Textilindustrie in Sachsen wirkte, ähnlich wie in England, als Motor für die Herausbildung weiterer Industriezweige. Mit dem Bau und der Aufstellung von etwa 150 Dampfmaschinen im Laufe von 15 Jahren siedelten sich in den größeren Städten wie Dresden, Leipzig oder Chemnitz Industriebetriebe an. Um 1860 gab es etwa 1 500 Fabriken in Sachsen.

Auch die traditionelle Residenzstadt Dresden blieb von der raschen Industrialisierung des Landes nicht verschont und entwickelte sich ab der Jahrhundertmitte zu einer Industriestadt. Ein Grund dafür war die Verbesserung der Absatzbedingungen durch den entstehenden Eisenbahnknotenpunkt. Die Elbe blieb aber weiterhin ein entscheidender Transportfaktor.

Ein zweiter wichtiger Grund für den Wandel der Stadt zum Industriezentrum war die hohe Qualifikation der Dresdner Arbeitskräfte. Dies förderte zum Beispiel die Entstehung von feinmechanischen Fabriken wie der Uhrenherstellung oder der optischen Industrie mit der Fertigung von Fotokameras. Daneben entwickelte sich auch eine Genussmittelindustrie, in der zum Beispiel Schokolade produziert wurde.

1823	erste deutsche Schokoladenfabrik „Jordan & Timäus"
1855	erste deutsche Nähmaschinenfabrik „Clemens Müller" (später Schreibmaschinen- und Fahrradfabriken)
1856	Steingut und Keramikwerke „Villeroy und Boch"
1862	erste deutsche Zigarettenfabrik „Compagnie La Ferme"

M3 Unternehmen, die sich in Dresden ansiedelten

ARBEITSAUFTRÄGE

1. a) Beschreibe M1. Stelle den Zusammenhang zwischen dem Bild und der Entwicklung Sachsens zu einem Industriezentrum her.
   b) Erkläre, wie Sachsen zu einer führenden Wirtschaftskraft wurde.
2. Erläutere den Zusammenhang zwischen der Entwicklung der Textilindustrie und dem Maschinenbau. HILFE
3. Werte die Karte M2 aus. Beschreibe, welche neuen Industrien in Sachsen entstanden sind.
4. Begründe den Wandel der traditionellen Stadt Dresden zum Industriezentrum.

Heimatgeschichte

Unternehmer in Sachsen

Der 1809 im Elsass geborene Richard Hartmann erlernte das Schmiedehandwerk und ging als Geselle auf Wanderschaft. 1832 kam er fast mittellos im sächsischen Chemnitz an und arbeitete dort in verschiedenen Firmen. Das Geld, das er verdiente, nutzte Hartmann, um sich 1837 gemeinsam mit einem Kollegen ein Maschinenbaugeschäft zu kaufen. Die beiden machten sich selbstständig.

Ein Schmied baut Lokomotiven

Im Jahr 1845 stellte sich Hartmann einer neuen Herausforderung: dem Bau einer Lokomotivenfabrik. Die sächsische Regierung unterstützte dieses Vorhaben mit einem großzügigen Kredit. Da Hartmann keine Erfahrungen auf diesem Gebiet hatte, holte er sich Unterstützung aus dem Elsass. Schon drei Jahre später lieferte er die erste „Glück Auf"-Dampflokomotive an die sächsische Staatsbahn. Zunächst wurden nur sehr wenige Lokomotiven produziert, da die sächsische Staatsbahn noch an der Qualität zweifelte. Bald aber bewies sich die Qualität des neuen Transportmittels. 1868 musste Hartmann eine neue Halle bauen, in der 36 Lokomotiven gleichzeitig gefertigt werden konnten. Da die Maschinenfabrik keinen Gleisanschluss besaß, gelangten die fertigen Lokomotiven per Pferdetransport erst nach Leipzig und später zum Bahnhof in Chemnitz.

Als Richard Hartmann 1878 starb, lief die 1000. Lokomotive vom Band. Zwischen 1848 und 1929 wurden in seinem Unternehmen insgesamt 4 699 Lokomotiven gebaut.

M1 Richard Hartmann (1809–1878) Der ehemalige Schmied gründete 1837 die Sächsische Maschinenfabrik in Chemnitz.

M2 Maschinensaal der Werkzeugfirma Richard Hartmann (Holzschnitt, 1876)

M3 Zimmermanns Fabrikgelände (Postkarte, um 1870)

Chemnitz als Geburtsstätte deutschen Maschinenbaus

Johann Zimmermann, der 1820 in Ungarn geboren wurde, kam wie Richard Hartmann auch nach einigen Wanderjahren 1839 nach Chemnitz. Zunächst arbeitete Johann Zimmermann als Schlosser in einer Maschinenbaufirma. Gemeinsam mit einem Partner gründete er 1844 sein eigenes Unternehmen, das Spinnmaschinenteile fertigte.

Als Erster in Chemnitz begann Zimmermann in seiner Firma mit dem Bau von Werkzeugmaschinen. Bereits 1852 waren die Räume für etwa 50 Mitarbeiter zu eng und Zimmermann baute neue Fabrikräume. Damit entstand das erste deutsche Unternehmen, das auf den Bau von Dreh-, Hobel-, Bohr- und Stoßmaschinen spezialisiert war. Im selben Jahr wurden Zimmermanns Produkte zum ersten Mal mit einem Preis ausgezeichnet.

Auf der Londoner Weltausstellung von 1862 beeindruckten die Produkte der Firma die Kunden und die englische Konkurrenz mit einer ausgezeichneten Qualität. Zimmermann kehrte mit dem großen goldenen Preis aus London nach Sachsen zurück. Die Bestellungen wuchsen weiter an, zumal Zimmermann auch 1867 bei der Pariser Weltausstellung Preise für seine Produkte erhielt. Johann Zimmermann verkaufte 1871 sein Unternehmen.

M4 Johann von Zimmermann (1820–1901)
Der ehemalige Schlosser wurde 1878 vom österreichischen Kaiser in den Adelsstand erhoben.

ARBEITSAUFTRÄGE

1. a) Vergleiche die Lebenswege der beiden Unternehmer mithilfe einer Zeitleiste. HILFE
   b) Nenne Gemeinsamkeiten und Unterschiede.
2. a) Erkläre, warum Hartmann zunächst nur wenige Lokomotiven bauen konnte.
   b) Beschreibe, wodurch Hartmann seine Produktion steigern konnte.
3. Stelle den Zusammenhang zwischen den Medaillen in M3 und Zimmermanns Unternehmen dar.
4. Recherchiere, welche Spuren der Industrialisierung es in deiner Heimatstadt gibt.

Erfindungen – made in Sachsen

ARBEITSAUFTRÄGE

1. Informiert euch gruppenweise über eine der dargestellten Erfindungen. Gestaltet eine Präsentation zu der von euch gewählten Erfindung. Bezieht dabei folgende Aspekte ein: Erfinder, Zeit, Bedeutung in der Entstehungszeit, technische Funktionsweise, Bedeutung heute, Veränderungen bis heute. 🌐 Galeriegang

203

In Kürze

Sachsen als Kernland der Reformation

Friedrich August I. wird polnischer König

Dresden als Residenzstadt

Industrialisierung in Sachsen

1450 1500 1550 1600 1650 1700 1750 1800 1850

Heimatgeschichte

Sachsen wird als Kernland der Reformation bezeichnet, da Martin Luther hier seine Thesen entwickelte. Von Sachsen aus breitete sich die Reformation innerhalb weniger Jahrzehnte in vielen Teilen Europas aus. Ende des 17. Jahrhunderts wurde der Kurfürst Friedrich August von Sachsen zum König von Polen gewählt. Nun wurde Sachsen wieder von einem katholischen Herrscher regiert. Nach seiner Wahl setzte er den Absolutismus nach dem Vorbild Ludwigs XIV. in Sachsen um. Die Stadt Dresden ließ er durch hervorragende Baumeister und Bildhauer prächtig ausbauen. Sie stieg zu einer der berühmtesten barocken Städte Europas auf. Um seinen aufwendigen Lebensstil finanzieren zu können, förderte August den Bau von Manufakturen und den Bergbau im Erzgebirge. In seine Herrschaftszeit fällt auch die Entstehung der Porzellanherstellung in Meißen.

Seit der Mitte des 19. Jahrhunderts entwickelte sich Sachsen zum Zentrum der Textilindustrie und des Maschinenbaus in Mitteldeutschland. In diesem Zuge entstanden in Sachsen viele Industriestädte. Menschen, die einen Handwerksberuf erlernt hatten, entwickelten sich zu einigen der größten Unternehmer in Sachsen. Um die Jahrhundertwende entstanden in Sachsen viele Erfindungen, die auch heute noch weltweit in Gebrauch sind.

WICHTIGE BEGRIFFE:

der Absolutismus
August der Starke
Dresden
die Industrialisierung
der Maschinenbau
das Meißner Porzellan
Messe Leipzig
die Reformation
die Textilindustrie
der Unternehmer

Kompetenzcheck

1 Die Reformation in Sachsen

Du kannst ...
a) Gründe nennen, warum Friedrich der Weise Luther schützte. ✓
b) erklären, warum Georg der Bärtige sich von Luther abwandte. ✓✓
c) begründen, welche Rolle die sächsischen Herrscher für die Entstehung der Reformation hatten. ✓✓✓

M1 Lutherdenkmal in Wittenberg

2 Absolutismus in Sachsen

Du kannst ...
a) die Karten in der richtigen Reihenfolge wie eine Dominokette in dein Heft übertragen. ✓
b) anhand der Dominokarten den Aufstieg Friedrich Augusts zum absolutistischen König beschreiben. ✓✓
c) begründen, wie Friedrich August Sachsen zu einer Großmacht aufbauen wollte. ✓✓✓

... die Stände von der Außenpolitik aus.	1693 heiratet Friedrich August ...

START	1697...

..., denn sie mischt sich zu sehr in seine Politik ein.	ENDE

... eine strenggläubige Lutheranerin.	Gräfin Cosel ...

... wird seine Mätresse.	Sie wird verbannt ...

wird Friedrich August zum König von Polen gewählt.	Er setzt ...

... den Absolutismus durch.	1711 schließt er ...

3 Die Residenzstadt Dresden

Du kannst ...
a) das „schwarze Schaf" aus den Begriffen nennen ✓.
b) erklären, warum „das schwarze Schaf" nicht zu den anderen Begriffen passt. ✓✓
c) mithilfe der richtigen Begriffe begründen, welche Maßnahmen Friedrich August ergriff, um Dresden zu einer beeindruckenden Stadt zu machen. ✓✓✓

Architektur – Baumeister – Bildhauer – Musiker
Zwinger – Grünes Gewölbe – Dom – Stadtschloss
Verkauf von Landeskindern – Steuern – Kredite – Verkauf von Juwelen

4 Staat und Wirtschaft

WES-104982-603
Lösungen zum Kompetenzcheck

Du kannst …
a) im Gitterrätsel zehn Begriffe finden und aufschreiben. ✓
b) die zehn Begriffe erklären. ✓✓
c) mithilfe der Begriffe eine Zusammenfassung schreiben. ✓✓✓

M	D	I	U	Z	R	W	M	P	O	R	Z	E	L	L	A	N
A	H	E	R	Z	G	E	B	I	R	G	E	Q	V	I	P	G
N	M	K	D	Q	R	T	Z	U	I	O	B	C	F	G	A	T
U	O	R	L	E	I	P	Z	I	G	E	R	M	E	S	S	E
F	P	U	A	W	W	U	F	K	L	Y	Q	E	L	A	D	P
A	R	Z	J	I	B	T	E	W	A	F	C	I	P	C	G	L
K	A	U	F	L	E	U	T	E	S	E	J	S	U	H	H	K
T	W	E	K	P	R	S	T	Z	G	P	V	S	Z	S	J	G
U	G	G	G	G	G	W	A	C	H	O	K	E	T	E	E	E
R	F	V	H	B	B	Q	V	H	I	G	P	N	D	N	W	Q
E	I	K	N	H	A	N	D	E	L	U	O	W	A	G	S	A
V	P	O	I	K	U	W	R	E	T	I	T	X	S	F	J	W
M	O	T	P	L	U	R	I	S	F	K	R	C	D	D	H	T

5 Die Industrialisierung in Sachsen

Du kannst …
a) Gründe für den Aufstieg Sachsens zur führenden Wirtschaftsmacht nennen. ✓
b) den Zusammenhang zwischen Textilindustrie und Maschinenbau erklären. ✓✓
c) begründen, warum die Textilindustrie als Motor zur Herausbildung anderer Industriezweige anzusehen ist. ✓✓✓

M2 Spinnmaschine

6 Unternehmer in Sachsen

Du kannst …
a) Gründe dafür nennen, dass die Anzahl der Arbeitskräfte in Hartmanns Unternehmen anstieg. ✓
b) den Zusammenhang zwischen Hartmanns Erfolg und dem Anstieg der Arbeitskräfte erklären. ✓✓
c) den starken Anstieg der Zahl der Arbeitskräfte zwischen 1842 und 1857 beziehungsweise zwischen 1857 und 1900 begründen. ✓✓✓

1839	30 Arbeitskräfte
1840	76 Arbeitskräfte
1842	200 Arbeitskräfte
1857	1 500 Arbeitskräfte
1900	5 000 Arbeitskräfte

M3 Anzahl der Arbeitskräfte in Richard Hartmanns Unternehmen in Chemnitz

Worterklärungen

A

Absolutismus
Bei dieser Herrschaftsform war der König in seinen Entscheidungen weder an Gesetze noch die Zustimmung anderer gebunden. Da er die absolute (losgelöste) Macht besaß, bestand die Gefahr, dass er seine Macht missbrauchte. Der Absolutismus war im 17. und 18. Jahrhundert in fast allen europäischen Staaten die Herrschaftsform. Berühmtestes Beispiel für einen absoluten Herrscher ist Ludwig XIV. (1643–1715).

Antike
Die Zeit der griechisch-römischen Kultur. In ihr wurden die Grundlagen für die heutigen Demokratien geschaffen. Sie reicht von 500 v. Chr. bis 500 n. Chr. Die Antike bildet gemeinsam mit dem Christentum die Grundlage der abendländischen Kultur.

Aufklärung
Eine Bewegung im 18. Jh. gegen den Absolutismus. Ihre Vertreter hielten alle Menschen „von Natur aus" für vernunftbegabt und befähigt, ihr Leben „vernünftig" zu gestalten. Die Zeit war erfüllt von Fortschrittsglauben und Optimismus.

Augsburger Religionsfriede
Mit diesem Vertrag von 1555 wurde die Glaubensspaltung zwischen Lutheranern und Katholiken besiegelt. Vertreter beider Konfessionen einigten sich darauf, einander zu dulden. Danach konnten die Landesfürsten ihren Glauben frei wählen, die Untertanen aber mussten den Glauben ihres Fürsten annehmen. Wer damit nicht einverstanden war, musste auswandern.

Azteken
Angehörige einer mittelamerikanischen Hochkultur. Die Hoch-zeit war zwischen dem 14. und dem 16. Jahrhundert. Um das Jahr 1500 zählte die Hauptstadt Technotitlan mit einer ge-schätzten Bevölkerung von 150000 – 200000 zu den größten Städten der Welt. 1521 wurde das Aztekenreich durch Hernán Cortés erobert.

B

Bürger
Ursprünglich die Bewohner eines Ortes im Schutz einer Burg. Später die freien Einwohner der mittelalterlichen Städte. Bis zum Absolutismus waren alle Bürger Untertanen des jeweiligen Landesherrn. Während der Französischen Revolution stritten die Menschen darum, dass alle Menschen von Geburt an Bürgerrechte erhielten.

Bürgerrecht
Wer das Bürgerrecht besitzt, der kann an politischen Wahlen teilnehmen und auch selbst gewählt werden.

Burschenschaft
Studentische Verbindung. 1815 entstand in Jena die erste Burschenschaft. Sie wurden rasch zu einer Bewegung an allen deutschen Universitäten.

C

Code civil
Von Napoleon geschaffenes bürgerliches Zivilgesetzbuch (1804), das die Grundgedanken der Französischen Revolution (persönliche Freiheit, Gleichheit vor dem Gesetz, Trennung von Staat und Kirche) verankerte.

D

Dampfmaschine
Die Dampfkraft wurde bereits Ende des 17. Jhs. genutzt, um Wasser aus den Kohlebergwerken zu pumpen. James Watt erfand 1769 eine Maschine, die auch für die Industrie geeignet war. Sie ersetzte Wasser- und menschliche Arbeitskraft und war eine Voraussetzung für die Industrialisierung.

Demokratie
(griechisch = Volksherrschaft) Staatsform, die von der Gleichheit und Freiheit aller Menschen ausgeht und in der die Bürgerinnen und Bürger die Regierung wählen bzw. abwählen.

Deutscher Bund
Auf dem Wiener Kongress 1815 gegründeter Zusammenschluss von deutschen Einzelstaaten, die überwiegend ihre Rechte in der Gesetzgebung und vielen anderen Bereichen behielten. Der Deutsche Bund endete 1866 mit dem preußisch-österreichischen Krieg von 1866.

Deutscher Zollverein
1834 unter Preußens Führung gegründete Vereinigung deutscher Staaten. Ziel war die Schaffung eines einheitlichen deutschen Wirtschaftsraums ohne Binnenzölle.

Deutsches Kaiserreich
Es wurde von Bismarck unter preußischer Führung 1871 nach mehreren Kriegen gegründet. Trotz einer parlamentarischen Vertretung der Bürger im Reichstag lag die politische Macht beim Reichskanzler und dem Deutschen Kaiser.

Diktatur
Herrschaft einer einzelnen Person (eines Diktators) oder einer kleinen Gruppe, die die gesetzgebende, ausführende und richterliche Gewalt eines Staates vereint und vom Volk nicht kontrolliert werden kann.

Direktorium
Nach der Verfassung von 1795 die oberste Regierungsbehörde Frankreichs. Sie bestand aus fünf gewählten Mitgliedern.

F

Fabrik
Arbeiter stellen in Fabriken mit Maschinen meist in kleinen Arbeitsschritten Waren her. Fabriken entstanden in Deutschland im 19. Jahrhundert im Laufe der Industrialisierung.

Flugschrift
Bald nach der Erfindung des Buchdrucks in der Mitte des 15. Jahrhunderts wurden einzelne Blätter oder kleine Broschüren mit politischen Forderungen gedruckt. Diese „fliegenden Blätter" lie-

ßen sich schnell verbreiten. Ziel war es, viele Menschen über Missstände oder politische Forderungen zu informieren.

G

Gegenreformation
Die katholische Kirche versuchte einerseits gewaltsam, bereits protestantisch gewordene Gebiete zurückzugewinnen. Andererseits wurden Reformen vorgenommen, da die katholische Kirche nicht noch mehr Gläubige an den neuen Glauben verlieren wollte.

Generalstände
Versammlung der gewählten Vertreter der drei Stände in Frankreich (Geistlichkeit, Adel sowie Bürger und Bauern).

Gewaltenteilung
Gewaltenteilung bezeichnet die Aufteilung der Staatsgewalt in die gesetzgebende, vollziehende und Recht sprechende Gewalt (Legislative, Exekutive, Judikative). Diese Teilung ist das Grundprinzip einer demokratischen Ordnung.

Gewerkschaft
Zusammenschluss von Arbeitnehmern, um gemeinsame Interessen wie Lohnerhöhungen oder bessere Arbeitszeiten gegenüber den Arbeitgebern durchzusetzen.

Globus
Bezeichnung für das stark verkleinerte Abbild der kugelförmigen Erde. Auf dem Globus können Längen und Flächen ohne Verzerrung dargestellt werden.

Gottesgnadentum
Dem mittelalterlichen Herrschertitel wurde meist die Formel „von Gottes Gnaden" beigefügt. Ursprünglich drückte sie die Abhängigkeit des Fürsten von Gott aus. Im Absolutismus wurde daraus der Machtanspruch des Herrschers, sich keiner irdischen Gewalt zu unterstellen.

Grundherr
Eigentümer des Landes, der zugleich die Herrschaft über die Bauern ausübte, die es bebauten. Der Grundherr konnte ein Adliger, ein Abt oder ein Bischof sein.

H

Haufen
Bezeichnung für die Heere von Bauern während des Bauernkrieges.

Heiliges Römisches Reich Deutscher Nation
Bis 1806 gab es dieses Herrschaftsgebiet aus größtenteils deutschen Gebieten, in dem ein König und Kaiser regierte.

Hochkultur
Kennzeichen einer Hochkultur sind: Vorratswirtschaft, Stadt, Verwaltung, Religion, Rechtsprechung und Kenntnis einer Schrift.

I

Industrie
Industrie ist die Gewinnung und Verarbeitung von Produkten, meistens in Fabriken. Industrie ist in verschiedene Bereiche aufgeteilt, z. B. in „Stahlindustrie" oder „Nahrungsmittelindustrie".

Industrielle Revolution
Einschneidender wirtschaftlicher und gesellschaftlicher Umwälzungsprozess, ausgelöst durch die um 1760 in England einsetzende Industrialisierung. Sie erreichte um 1840 Deutschland und breitete sich später weltweit aus.

Inka
Die Inka begründeten im 12. bis 15. Jahrhundert ein Großreich. Der Herrscher galt als Sohn des Sonnengottes. Mit der Eroberung Perus beendeten die Spanier die Herrschaft der Inka.

J

Jakobiner
Die Mitglieder eines politischen Klubs während der Französischen Revolution, benannt nach ihrem Tagungsort, dem Pariser Kloster St. Jakob.

K

Kaiser
Höchster weltlicher Titel eines Herrschers. Wurde im Mittelalter vom Papst gekrönt. Galt als Beschützer und weltliches Oberhaupt der Christenheit.

Kapitalismus
Wirtschaftssystem, bei dem das Kapital unternehmerisch eingesetzt wird, um hohe Gewinne zu erzielen. Angebot und Nachfrage bestimmen den Verkaufspreis, der Staat enthält sich jeder Einflussnahme. Für Marx ist der Kapitalismus ein System, das die Arbeiter ausbeutet und zu ihrer Verelendung führt.

Ketzer
So wurden Männer und Frauen genannt, die eine vom katholischen Glauben abweichende Meinung oder Lehre vertraten. Sie wurden deshalb von der Kirche verfolgt, angeklagt und zum Tode verurteilt oder zwangsbekehrt.

Kolonialismus
Eroberung zumeist überseeischer Gebiete durch einen militärisch überlegenen Staat.

Kommunismus
Von Marx begründete Lehre, die die Vorstellung einer klassenlosen Gesellschaft ohne soziale Unterschiede enthält. In ihr ist das Privateigentum abgeschafft. Auch die Produktionsmittel gehören nicht einem Unternehmer, sondern sind das Eigentum aller Staatsbürger.

Konfession
Bezeichnung für die verschiedenen Richtungen des christlichen Glaubens und der daraus entstandenen Kirchen (römisch-katholisch, evangelisch, orthodox).

L

Landflucht
Landflucht heißt das massenhafte Umziehen der Landbevölkerung in die Städte. Gründe können geringe Verdienstmöglichkeiten auf dem Land und gute Verdienstmöglichkeiten in den Städten sein.

Leibeigenschaft
Persönliche Herrschaft eines Adligen über einen Bauern, der sein Land bewirtschaftet.

M

Manufaktur
Manufakturen waren gewerbliche Großbetriebe in der Zeit des Absolutismus und die Vorläufer der Fabriken. Hier stellten Menschen in arbeitsteiliger Handarbeit Waren wie Kleidung oder Porzellan her. Jeder Handwerker führte einen einzelnen Arbeitsschritt in der Kette vom Rohstoff zum fertigen Produkt aus.

Menschenrechte
Zu den Menschenrechten gehören z. B. das Recht auf Leben, auf Freiheit, auf körperliche Unversehrtheit, auf freie Meinungsäußerung oder freie Religionsausübung. Die Menschenrechte sollen die Menschen und ihre Würde vor Übergriffen des Staates schützen. In vielen Staaten sind die Menschenrechte durch die Verfassung geschützt.

Merkantilismus
Wirtschaftsform, die die wirtschaftliche Entwicklung des eigenen Staates durch Überschüsse im Außenhandel anstrebt. Regierungen unterstützten die Ausfuhr von Produkten aktiv und hielten die Einfuhr durch Zölle niedrig. Der Merkantilismus war die vorherrschende Wirtschaftsweise zur Zeit des Absolutismus.

Mittelalter
Die Epoche (Zeitabschnitt), die zwischen Altertum und Neuzeit liegt. Es beginnt mit dem Ende des Römischen Reiches (um 500 n. Chr.). Als Ende werden die Entdeckung Amerikas durch Kolumbus (1492) und die Reformation (1517) an-gesehen.

Monarchie
(griechisch = Alleinherrschaft) Staatsform mit einem König/einer Königin an der Spitze, dessen/deren Herrschaftsanspruch durch seine/ihre Herkunft begründet wird.

N

Nation
Nation hat zwei Bedeutungen: Sie bezeichnet Menschen, die in einem gemeinsamen Staat leben (Staatsnation), oder Menschen, die die gleiche Sprache sprechen, eine gemeinsame Kultur und Tradition teilen usw. (Kulturnation).

Nationalismus
Meist negativ besetzter Begriff für ein übersteigertes Nationalgefühl und die Überbewertung der eigenen Nation.

Nationalversammlung
Gewählte Volksvertretung einer Nation, die vor allem zur Ausarbeitung einer Verfassung zusammentritt, so z. B. die französische Nationalversammlung 1789–1792 oder die Frankfurter Nationalversammlung 1848–1849.

Neue Welt
So nannten die Europäer den unbekannten und bislang unentdeckten Kontinent Amerika. Zu der Alten Welt gehörten die bereits bekannten Erdteile Asien, Afrika und Europa.

Neuzeit
Die Epoche, die nach dem Mittelalter beginnt. Es ist eine Zeit, in der viele neue Dinge entdeckt und entwickelt wurden.

Norddeutscher Bund
Der 1867 durch Bismarck geschaffene Bundesstaat, dem Preußen und alle nördlich des Mains gelegenen Staaten angehörten.

P

Pandemie
Eine weltweit auftretende und sich stark ausbreitende Infektionskrankheit. Es treten hohe Erkrankungszahlen, in der Regel auch mit schweren Krankheitsverläufen auf.

Papst
Der Papst ist das Oberhaupt der gesamten katholischen Christenheit und gilt als unfehlbar in Glaubens- und Sittenfragen. Der Papst – Bischof von Rom – versteht sich als Nachfolger des Apostels Petrus, den Jesus als seinen Stellvertreter eingesetzt hat.

Parlament
Versammlung von Volksvertretern. Parlamente wirken an der Gesetzgebung mit, beschließen den Staatshaushalt und kontrollieren Regierung und Verwaltung.

Partei
Zusammenschluss von Menschen mit gleichen oder ähnlichen politischen, sozialen oder wirtschaftlichen Ansichten.

Plantage
Landwirtschaftlicher Großbetrieb, der vor allem in den tropischen Gebieten Amerikas und Afrikas vorkommt. Hier werden Produkte für den Handel wie Tabak, Baumwolle, Kaffee oder Tee angebaut.

Privilegien
Sonderrechte bestimmter Personengruppen oder Stände, zum Beispiel des Adels oder des Klerus. Sie wurden vom Herrscher verliehen und bestanden zum Beispiel in der Befreiung von Steuern.

Proletariat
Im 19. Jahrhundert ein durch Karl Marx geprägter Begriff für die besitzlosen und abhängigen Lohnarbeiter.

Protestanten
Seit der Reformation sind dies die Anhänger der christlichen Lehre Martin Luthers (1483–1546). Später wurden auch die Angehörigen anderer christlicher Glaubensrichtungen so genannt.

R

Reform
Schrittweise, planmäßige Umgestaltung und Verbesserung bestehender Zustände.

Reformation
Martin Luther und andere Prediger versuchten, die alte (katholische) Kirche zu erneuern und innerkirchliche Missstände (Ablasshandel) zu beseitigen. Dies führte schließlich zur Bildung von Glaubensgemeinschaften, die von der katholischen Kirche unabhängig wurden.

Reichstag
Im Reichstagsgebäude in Berlin tagte seit 1871 der Reichstag des Deutschen Reiches. Der Reichstag war das Parlament. Heute tagt in diesem Gebäude der Bundestag der Bundesrepublik Deutschland.

Renaissance
(französisch: Wiedergeburt) Im 15. Jahrhundert nahmen sich viele Menschen die Antike als Vorbild. Die mittelalterliche Denkweise geriet ins Wanken. Der einzelne Mensch, das Individuum, rückte in den Mittelpunkt des Interesses.

Republik
Die Republik ist eine Staatsform, der ein auf Zeit gewähltes Oberhaupt vorsteht. Die Republik ist das Gegenmodell einer Monarchie.

Restauration
Das Bemühen, frühere Zustände wiederherzustellen. Der Begriff wird auf die Epoche von 1815 bis 1848 angewandt, in der die politische Ordnung aus der Zeit vor der Französischen Revolution wiederhergestellt werden sollte.

Revolution
Gewaltsamer Umsturz eines politischen Systems mit tief greifenden politischen und gesellschaftlichen Auswirkungen.

S

Seuche
Eine Seuche ist eine gefährliche und ansteckende Krankheit, die sich schnell ausbreitet. Heutzutage spricht man von Epidemie oder Pandemie.

Sklave
Unfreier, der keine Rechte hat. Sklaven wurden als Eigentum ihres Besitzers behandelt und daher wie Ware verkauft. Mit den „Entdeckungen" wuchs die Sklaverei sprunghaft an. Sklavenhändler verschifften Schwarze vor allem von Afrika nach Amerika, wo angesichts der zurückgehenden Bevölkerung Arbeitskräftemangel herrschte.

Soziale Frage
Bezeichnung für die ungelösten Probleme der Arbeiter im 19. Jahrhundert, die durch die Industrialisierung entstanden. Hierzu zählten: niedrige Löhne, lange Arbeitszeiten, schlechte Arbeitsbedingungen, fehlender Versicherungsschutz oder menschenunwürdige Wohnverhältnisse.

Sozialgesetzgebung
Die Sozialgesetzgebung unter Reichskanzler Bismarck begründete im Deutschen Kaiserreich den staatlichen Eingriff in die Soziale Frage. Mithilfe einer ersten Renten-, Kranken- und Unfallversicherung sollte die Not der Arbeiterschaft vermindert werden. Das gleichzeitige politische Ziel war für Bismarck, den Aufstieg der Arbeiterbewegung und Gewerkschaften zu beenden.

Staatenbund
Zusammenschluss mehrerer souveräner Staaten zur gemeinsamen Ausübung bestimmter Hoheitsrechte (im Unterschied zum Bundesstaat). Staatenbünde waren z. B. der Rheinbund (1806–1813) und der Deutsche Bund (1815–1866).

Stand
Stände sind gesellschaftliche Gruppen, die durch Herkunft, Beruf, Bildung und eigene Rechte abgegrenzt werden. Erster Stand ist die Geistlichkeit (Klerus), zweiter Stand sind die Adligen, zum dritten Stand gehören Bürger und Bauern. In den Stand wurde man hineingeboren und konnte nicht durch Leistung aufsteigen.

Stehendes Heer
Im Mittelalter wurden Heere nur für einen Krieg aufgestellt, die Soldaten anschließend wieder entlassen. Seit dem 17. Jh. schufen die absolutistischen Herrscher jedoch Armeen, die auch in Friedenszeiten einsatzbereit unter Waffen standen.

V

Verfassung
Grundordnung eines Staates. Die Verfassung legt z. B. die Rechte der Menschen und die Rechte der Regierung fest.

Vormärz
Die Zeit vom Wiener Kongress 1815 bis zur deutschen Revolution vom März 1848. Kennzeichnend für diese Zeit sind äußerer Friede und innenpolitische Ruhe, erzwungen durch die Beschränkung von Bürgerrechten (Karlsbader Beschlüsse).

W

Wiener Kongress
Konferenz europäischer Fürsten und Staatsmänner, um die politische Neuordnung Europas nach Napoleons Sturz zu beraten (1814/15).

Z

Zehnt
Die wichtigste Abgabe, die ein abhängiger Bauer im Jahr an die Kirche oder die weltlichen Grundherren zahlen musste. Es war in der Regel ein Zehntel seines Getreides oder Viehbestandes.

Zoll
Eine an der Staatsgrenze erhobene Steuer auf Waren, die diese Grenze passieren. Der Zoll dient als Einnahmequelle des Staates und schützt einheimische Produkte vor ausländischen Konkurrenzprodukten, weil diese durch den Zoll verteuert werden.

Hilfen

Hier findest du zu allen Aufgaben mit diesem Symbol HILFE Hilfen zur Bearbeitung der Aufgaben.

Entdeckung und Eroberung der Welt für Europa

Seite 13 Aufgabe 3
Welcher Kartenausschnitt wird jeweils gezeigt?
Wie unterscheiden sich die Darstellungen der Karten?
Wie unterscheiden sich die einzelnen Kontinente, Meere voneinander?

Seite 15 Aufgabe 2
Beginne mit dem Gesamtbild. Das Schiff besteht aus Holz. Es hat drei Masten …

Seite 17 Aufgabe 1
Die Karte …
Die Reisedauer …
An Bord kam es zu …
Die Matrosen …

Seite 19 Aufgabe 1a

Datum	Entdeckungsfahrt
1492	Kolumbus entdeckt Amerika

Seite 21 Aufgabe 2 I
Lies den Informationstext über die Merkmale einer Hochkultur und ordne dann zu. Schreibe z. B. so: Das Bild M1 steht für die Existenz von Städten. Bild M2 steht für das Merkmal …

Seite 23 Aufgabe 2a
Beginne oben links. Wer wird dargestellt? Was bekommen diese Personen? Wodurch bekommen sie die Produkte? Wer muss für sie arbeiten? Dann beantworte die Fragen auch für oben rechts. Zum Schluss beschreibst du, was in der Mitte dargestellt ist.

Seite 27 Aufgabe 3
Wer „beschaffte" die Sklaven?
Wer verkaufte sie?
Wer kaufte Sklaven?
Wer verdiente Geld am Sklavenhandel?

Seite 29 Aufgabe 1 II
So könntest du deinen Text aufbauen:
Die Spanier rechtfertigten die gewaltsame Missionierung damit, dass sie die indigene Bevölkerung als … ansahen. Dadurch waren die Spanier überzeugt, dass sie …

Seite 31 Aufgabe 1a
Schreibt ein kleines Drehbuch. Wer sagt was an welcher Stelle? Wie könnte sich die sprechende Person in dem Moment verhalten? Welchen Gesichtsausdruck hat er oder sie? Spricht er oder sie laut oder leise, ist wütend oder …?

Seite 35 Aufgabe 2
Überlege dir, was die indigenen Völker alles verloren haben und was zerstört wurde. An welchen Folgen haben die indigenen Völker immer noch zu leiden?

Seite 37 Aufgabe 1a
Berechne zuerst, wie viel 1 % von 1 € sind. Wenn du weißt, wie viel Cent 1 % von 1 € sind, kannst du durch eine einfache Mal-Aufgabe (x Cent * 5) errechnen, wie viel 5 % (Lohn der Plantagenarbeiter) von 1 € sind.

Das Europa der Reformationszeit

Seite 47 Aufgabe 3b
Da Vinci entwickelte verschiedene Flugapparate. Diese konnten aber nicht gebaut werden, weil …
Im 15. Jahrhundert konnten noch keine U-Boote gebaut werden, weil …

Seite 49 Aufgabe 1

	vor Gutenberg	nach Gutenberg
Personenanzahl		

Seite 51 Aufgabe 3
Erstelle eine Tabelle.

	Klassische Bücher	E-Books
Vorteile		
Nachteile		

Seite 53 Aufgabe 3
Galileo Galilei bezeichnete Philosophen als …
Er sagt, dass viele Philosophen …
Durch die Wörter … will Galileo Galilei sagen, dass …

Seite 55 Aufgabe 3 III
Ordne zuerst die zehn Gebote aus der Randspalte den Bildern zu. Schreibe dann zu jedem Gebot auf, wie sich der Mensch verhalten sollte:
Das erste Gebot gehört zu Bild 1. Damit die Menschen ein christliches Leben führen können, sollen sie …

Seite 57 Aufgabe 4
Beschreibe das Bild mithilfe der Methodenseite auf Seite 64/65 „Ein Spottbild analysieren". Beginne mit Schritt 1. Lies auch den Text, der im Bild steht, aufmerksam durch (Übersetzung unter dem Bild).

Seite 59 Aufgabe 1 III

Luther erwartet	Luther lehnt ab
Buße	…

Seite 61 Aufgabe 5
Sammelt zuerst jeweils Argumente aus Sicht des Gesandten und Luthers.
Anklage: Der Papst macht keine Fehler, Papst ist Stellvertreter Gottes auf Erden …
Luther: die Bibel ist Gottes Wort und daher fehlerlos, das eigene Gewissen ist der Maßstab …

Seite 63 Aufgabe 1 I

Bevölkerungsschicht	Erwartung
Bauern	weniger Abgaben
arme Städter	…

Seite 67 Aufgabe 2
Erstelle eine Tabelle.

wirtschaftliche Forderungen	politische Forderungen	kirchliche Forderungen

Seite 69 Aufgabe 2
Aufgaben: Die Landesherren sollten …
Vorteile: Dadurch fiel der Besitz der Papstkirche an …

Seite 73 Aufgabe 3
Frankreich gewann Gebiete dazu, es dehnte sich aus bis …
Schweden konnte …
Die protestantische Niederlande wurden …
Die Schweizer Eidgenossen wurden ebenfalls …
Deutschland musste Gebiete an … abtreten …

Revolution und Reform im Europa der Neuzeit

Seite 81 Aufgabe 2 II
Überlege dir, welche Aufgaben jede der drei Stützen für den König ausführte und wie er damit seine Herrschaft vor Ort umsetzen konnte.

Seite 81 Aufgabe 2 III
Denke bei der Beantwortung daran, welche Macht der absolute Herrscher dadurch ausüben konnte.

Seite 85 Aufgabe 1
Zu Schloss Versailles findest du z. B. hier Informationen:
https://www.kinderzeitmaschine.de/neuzeit/absolutismus/lucys-wissensbox/der-absolutismus/was-bedeutete-versailles-und-ein-leben-mit-spiegeln/
https://www.planet-wissen.de/kultur/metropolen/paris/pwieversailles100.html

Seite 85 Aufgabe 2 III
Bedenke bei deiner Antwort, dass es sich um sehr persönliche Vorgänge handelte, die eine große Nähe zu der Person erforderlich machten.

Seite 87 Aufgabe 2 II
1. Beginne bei der Einfuhr von Rohstoffen aus dem Ausland.
2. Verfolge dann den Weg der Rohstoffe zu einer Manufaktur.
3. Beschreibe anschließend die Ausfuhr der Waren.

Seite 89 Aufgabe 1 III
Denke an die Aufgabe bzw. Stellung eines Dieners. Betrachte dann die Kleidung und die Gesten des preußischen Königs bei der Erfüllung seines Herrscheramts.

Seite 89 Aufgabe 2
Achte besonders auf die Körperhaltung, die Gestik und die Herrschaftszeichen.

Seite 91 Aufgabe 2 III
Beziehe in die Diskussion die Reformen Friedrichs sowie die Beibehaltung seines Standpunkts als absoluter König ein.

Seite 93 Aufgabe 1
Denke daran, dass die Zuschauenden meist nur über eine geringe Bildung verfügten und sehr im Glauben verwurzelt waren.

Seite 93 Aufgabe 3 III
1. Lese in der Quelle zuerst den Satz zur Unmündigkeit.
2. Beschreibe dann, wie in der Quelle die Unmündigkeit begründet wird.
3. Überlege dir nun, was der Einzelne tun muss, damit er nicht unmündig ist.
4. Setze dann den Satz fort: „Ein Mensch ist mündig, wenn ..."

Seite 95 Aufgabe 2
1. Beschreibe zunächst mit den beiden Quellen, warum eine Aufteilung der Gewalten notwendig ist.
2. Begründe nun, warum im Absolutismus keine Gewaltenteilung möglich ist.
3. Formuliere nun den Widerspruch: „Absolutismus und Gewaltenteilung widersprechen sich, weil ..."

Seite 97 Aufgabe 2
Lege z. B. folgende Tabelle an. Beschreibe die jeweiligen Gesellschaftsschichten, indem du die Satzanfänge weiterführst und den Gegensatz darstellst:

	M2: erster und zweiter Stand	M3: dritter Stand
Kleidung	– saubere Kleidung aus ...	
Situation	– morgendliche Zusammenkunft ...	
Nahrung	– reichlich gedeckter Frühstückstisch mit ...	

Seite 97 Aufgabe 4
1. Überlege dir zunächst, was die Aufklärer zur Gleichheit der Menschen sagten.
2. Betrachte das Schaubild M1 und beschreibe die Ständegesellschaft.
3. Bewerte nun die Ständegesellschaft: „Nach meiner Meinung ist die Forderung der Aufklärer in der Ständegesellschaft umgesetzt / nicht umgesetzt ..."

Seite 101 Aufgabe 2 III
Mögliche Diskussionsansätze wären z. B.
– die mangelnde politische Beteiligung des dritten Standes,
– die ungleiche Behandlung in Steuerfragen,
– die uneingeschränkte Macht des Königs oder
– dass der dritte Stand die größte Bevölkerungsgruppe darstellt.

Seite 103 Aufgabe 2 III
Überlege dir, woher der absolutistische König seine Herrschaft herleitete. Vergleich dazu eventuell die Informationen auf der Seite 81 Q2.

Seite 103 Aufgabe 3b
Das Grundgesetz und eine Erklärung zu den Artikeln findest du hier:
http://www.grundrechte-fibel.de/grundrechte-fibel
Lege dann eine Tabelle an:

Grundrechte heute	Menschen- und Bürgerrechte 1789
Art. 2 GG	
Art. 3 GG	
Art. 5 GG	

Seite 105 Aufgabe 1b
Zu Olympe de Gouges findest du hier Informationen:
https://www.kinderzeitmaschine.de/neuzeit/franzoesische-revolution/lucys-wissensbox/wer-war-das/olympe-de-gouges/
https://www.deutschlandfunk.de/vor-225-jahren-olympe-de-gouges-tritt-fuer-die-rechte-der.871.de.html?dram:article_id=365657

Seite 109 Aufgabe 2
1. Fasse die in Q2 genannten Aufgaben zusammen, die von den Sansculotten erledigt werden.
2. Achte in M2 und M3 besonders auf die Kleidung und Abzeichen, die die Verbundenheit mit der Revolution ausdrücken.
3. Beschreibe nun, wie sich die Sansculotten vom Adel abgrenzten.

Seite 111 Aufgabe 1 II
1. Beschreibe anhand von M1, in welchem Zeitraum die Zahl der Opfer am höchsten war.
2. Benenne die Bevölkerungsgruppen, aus denen die Hingerichteten während der Terrorherrschaft stammten. Denke bei der Auswertung des Diagramms M2 daran, dass Adelige und Geistliche nur eine kleine Bevölkerungsgruppe bildeten.
3. Beurteile dann die Herrschaft der Jakobiner.

Deutsche Staaten und Europa im 19. Jahrhundert

Seite 119 Aufgabe 1b
Das örtliche Standesamt findest du bei deiner Gemeinde- oder Stadtverwaltung.

Im Internet findest du hier zum Beispiel Hilfe:
https://www.chemnitz.de/chemnitz/de/leben-in-chemnitz/lebenssituationen/geburt/index.html

Seite 121 Aufgabe 1
Beachte die Anzahl der Fürstentümer und deren Größe. Bilde z. B. Gegensatzpaare: „Im Jahr 1789 gab es sehr viele Fürstentümer, im Jahr 1807 dagegen ..."; „Im Jahr 1789 waren die Fürstentümer oft sehr kleine Gebiete, im Jahr 1807 dagegen ..."; „Im Jahr 1789 gab es viele geistliche Gebiete, doch 1807 ..."

Seite 125 Aufgabe 1
Betrachte, welche beiden Farben in der Karte M3 innerhalb des Deutschen Bundes den meisten Raum einnehmen.

Seite 125 Aufgabe 2 III
Bei deiner Beurteilung sollst du dich in einen Fürsten versetzen. Hinterfrage dabei, welche Vor- und Nachteile sich für diesen aus einem gemeinsamen Staat ergeben würden.

Seite 127 Aufgabe 2 II
Überlege dir bei der Beantwortung, warum die Fürsten keine freie Meinungsäußerung und keine Zusammenschlüsse von Studenten wollten.

Seite 131 Aufgabe 1 III
1. Arbeite aus der Quelle heraus, welches Ziel die Demonstranten haben und welche Symbole sie benutzen.
2. Vergleiche dann deine Ergebnisse mit dem Bild.
3. Notiere dann die Übereinstimmungen.

Seite 133 Aufgabe 2b
Denke an das Versprechen des preußischen Königs an das Volk in Q2 und die Symbole der Revolution in M2.

Seite 135 Aufgabe 3
Lege eine Tabelle an und beschreibe jeweils das Staatsgebiet:

großdeutsche Lösung	kleindeutsche Lösung
– viele kleine Fürstentümer – ganz ...	– viele kleine Fürstentümer – ganz ... – aber ohne ...

Seite 137 Aufgabe 2 II
Beziehe in deine Antwort die Überlegung mit ein, dass der Deutsche Kaiser vom Parlament kontrolliert werden sollte.

Seite 137 Aufgabe 3
Überlege dir, wofür der Bürger im März 1848 gekämpft hat und ob das damalige Versprechen des preußischen Königs eingehalten wurde.

Seite 139 Aufgabe 2
Gestalte dein Plakat zu der jeweiligen Person, sodass der Beruf und ihre damalige Bedeutung dargestellt werden. Finde auch heraus, ob die Personen heute noch bekannt sind und z. B. Schulen nach ihnen benannt wurden.

Seite 141 Aufgabe 2 III
Die in der Zeichnung verwendete sogenannte Pickelhaube war der typische Helm der preußischen Soldaten.

Seite 143 Aufgabe 1 II
Betrachte das Gemälde und beschreibe, ...
– welche Personengruppe dargestellt ist,
– welche gesellschaftliche Gruppe nicht zu sehen ist,
– wodurch die Person in der Bildmitte hervorgehoben ist und wer dies sein könnte,
– wo der Kaiser zu finden ist,
– wie der Saal geschmückt ist
– und welche der bekannten nationalen Symbole auf dem Bild fehlen.

Seite 145 Aufgabe 1 II
1. Charakterisiere zunächst mithilfe des Schulbuchtextes die Stellung des Adels im Staat: „Der Adel war politisch bestimmend und ..."
2. Stelle dann vor, wie sich das Bürgertum von den Arbeitern abgrenzte: „Das Bürgertum wollte zeigen ..."
3. Begründe nun, warum sich das Bürgertum am Adel orientierte: „Das Bürgertum orientierte sich am Adel, weil ..."

Seite 145 Aufgabe 1 III
Achte auf die Kleidung, die Einrichtung der Wohnung, die Tätigkeit, den Platz, die Stimmung der Menschen.

Seite 147 Aufgabe 3
Sammle Argumente, die deine Einstellung zu Bismarck zum Positiven verändert haben, wie z. B. die gewährten

staatlichen Hilfen für die Arbeiter.
Überlege aber auch, wie Bismarck gegen die Sozialdemokratie vorging.
Begründe mithilfe dieser Argumente deine Position zu Bismarck.

Seite 149 Aufgabe 2 II
Orientiere dich am folgenden Beispiel:
„Das Deutsche Reich verbündete sich 1873 im Dreikaiserabkommen mit Österreich, um sich gemeinsam gegen Russland wehren zu können."

Längsschnitt: Fortschritt und Stagnation in Wirtschaft und Gesellschaft

Seite 157 Aufgabe 2 III
Denke bei den Vorteilen der neuen Maschinen daran, dass diese z. B. die Warenherstellung beschleunigten und die Arbeit erleichterten.
Beziehe bei den Nachteilen mit ein, dass z. B. Arbeitsplätze verloren gingen oder nun der Weg zur Fabrik sehr weit sein konnte.

Seite 159 Aufgabe 2 III
1. Stelle zunächst die Aussage in eigenen Worten vor.
2. Beschreibe die Veränderungen in der Industrie durch den Einsatz der Dampfmaschine.
3. Überprüfe nun, ob die Aussage richtig oder falsch ist, und begründe deine Meinung.

Seite 161 Aufgabe 3 III
Rechercheliks zur Geschichte der Firma BASF:
https://www.basf.com/global/de/media/magazine/archive/issue-4/milestones-in-BASFs-history.html
https://www.wirtschaftsgeschichte-rlp.de/a-z/b/basf-se.html
https://www.pfalzgeschichte.de/eine-gruendung-mit-folgen-die-basf-in-ludwigshafen/

Rechercheliks zur Geschichte der Firma Bayer:
https://www.bayer.com/de/unternehmensgeschichte/unternehmensgeschichte
http://www.rheinische-geschichte.lvr.de/Persoenlichkeiten/friedrich-bayer-/DE-2086/lido/57c57624d53298.74665813

Seite 163 Aufgabe 2 I
Betrachte das Bild M3 und schildere die Tätigkeiten der Arbeiter im Vordergrund. Es wird u. a. Eisen aufgeschmolzen, geschmiedet, zu Draht gezogen und weiterverarbeitet. Beziehe auch die Werkzeuge der Arbeiter mit ein, die du erkennst, wie z. B. einen Amboss.

Seite 165 Aufgabe 1 I
Betrachte hierzu zunächst das Bild M1 und suche diese Gegenstände in der schematischen Zeichnung M3. Wenn du die Gegenstände nicht genau findest, kannst du auch deren Entsprechung auswählen, z. B. ist in der Truhe vor dem Ofen der Kohlenvorrat.

Seite 167 Aufgabe 3
Recherchiere z. B. über die Herstellung von Sneakers/Sportschuhen:
https://www.kika.de/schau-in-meine-welt/sendungen/sendung103760.html
Recherchiere z. B. über die Herstellung von Smartphones:
https://www.dw.com/de/kongo-kinderarbeit-f%C3%BCr-smartphones/a-39187274
Recherchiere z. B. über Kinderarbeit in der Textilindustrie:
https://khw-dritte-welt.de/thema/kinderarbeit-in-der-textilindustrie/

Seite 171 Aufgabe 1b
Überlege dir, welche Forderungen die Arbeiter damals an die Unternehmer hatten und warum dies für die Arbeiterschaft wichtig war.

Seite 173 Aufgabe 2

Gemeinsamkeiten	Unterschiede
– gerechtere Gesellschaft	– Gründung von Arbeiterparteien
– …	– …

Seite 175 Aufgabe 3
Rechercheliks zu den Sozialversicherungen heute:
https://www.hanisauland.de/wissen/lexikon/grosses-lexikon/r/rente.html
https://www.hanisauland.de/wissen/lexikon/grosses-lexikon/a/arbeitslosengeld.html
https://www.youtube.com/watch?v=qtZDczWThvE
https://www.youtube.com/watch?v=HfACZuLfUMA

Seite 177 Aufgabe 2 III
Erstelle eine Tabelle.

Schutzmaßnahme	Wirksamkeit

Seite 178 Aufgabe 4
Überlege dir: Warum ist es wichtig zu wissen, wo die Krankheit anfing? In welche Richtung sie sich ausbreitet? Wo die meisten Kranken auftreten?

Seite 179 Aufgabe 1 III
Beschreibe zuerst, wie die Menschen lebten. Wie waren die hygienischen Verhältnisse? Überlege dir danach, wie Tuberkulose entsteht.

Seite 181 Aufgabe 4

Schutzmaßnahme	soll verhindern

Seite 182 Aufgabe 2
Schaut euch zunächst im Internet Beispiele zu Erklärvideos von Schülerinnen und Schülern an. Überlegt euch anschließend ein eigenes Drehbuch. Für den Aufbau könnt ihr eine Tabelle erstellen.

Szene	Inhalt	Was ist zu tun?	Audio	Material
1				
2				

Heimatgeschichte

Seite 191 Aufgabe 2
Finde heraus, was Friedrich der Weise alles für Luther getan hat. Was wäre passiert, wenn Friedrich der Weise Luther nicht unterstützt hätte?

Seite 193 Aufgabe 3
Überlege dir, welche Merkmale für den Absolutismus stehen und suche diese im Text.

Seite 195 Aufgabe 1
August der Starke ließ die Stadt Dresden ausbauen, weil …
Berücksichtige bei deiner Antwort, welche Vorbilder August der Starke hatte und welchen Einfluss andere europäische Staaten auf ihn hatten.

Seite 197 Aufgabe 1 III
„Last" bedeutet hier, dass das Volk leiden musste. Überlege dir, weshalb das so war.

Seite 199 Aufgabe 2
Durch die erhöhte Textilproduktion benötigten die Baumwollspinnereien …

Seite 201 Aufgabe 1 a
Zeichne eine Zeitleiste zu Richard Hartmanns Leben. Zeichne danach eine Zeitleiste zu Johann von Zimmermanns Leben. Nun kannst du die beiden vergleichen.

Stühletausch

Vergleich und Vorstellung von Ideen, Materialien, Ergebnissen; gemeinsame Auswertung

1. Jeder Schüler löst die gestellte Aufgabe und legt sein Ergebnisblatt auf seinen Stuhl.
2. Nun sucht sich jeder Schüler einen anderen Stuhl und liest das dort ausgelegte Ergebnis. Dann notiert er eine Rückmeldung.
3. Jeder geht auf seinen Platz zurück und liest die Rückmeldung zu seiner Lösung.
4. Gemeinsam wird in der Klasse ein auswertendes Gespräch geführt.

Galeriegang

Präsentation von Gruppenergebnissen

1. Bildet möglichst gleich große Gruppen.
2. Innerhalb der Gruppe werden unterschiedliche Themen bearbeitet.
3. Anschließend werden die Gruppen neu zusammengesetzt: Aus jeder alten Gruppe wechselt ein Experte in eine neue Gruppe.
4. Dort präsentiert der Experte die Arbeitsergebnisse und beantwortet Fragen.

Graffiti

Individuelles und kooperatives Lernen; Vorwissen oder bereits Gelerntes sammeln, strukturieren und visualisieren

1. Bildet so viele Gruppen, wie es Aufgaben gibt. Jede Gruppe erhält einen Arbeitsauftrag und einen Papierbogen.
2. Jede Gruppe beginnt mit ihrer Aufgabe. Jedes Gruppenmitglied schreibt seine Gedanken/Ideen zu der Aufgabe auf und achtet nicht darauf, was die anderen schreiben.
3. Nach einer gewissen Zeit wechselt ihr an einen anderen Gruppentisch und notiert dort eure Ideen.
Ihr wechselt so lange die Tische, bis ihr wieder an dem eigenen ankommt.
4. Lest alle auf dem Bogen stehenden Ideen, ordnet sie, fasst die Ergebnisse zusammen und stellt sie der Klasse vor.

Think – Pair – Share

Kooperatives Lernen in einem 3-Schritt-System, Austausch von Ideen und Gedanken

1. **Nachdenken:**
   Denke in Einzelarbeit über die Aufgabe nach, löse sie und mache dir Notizen.
2. **Austauschen:**
   Stellt eure Lösung einer Partnerin oder einem Partner vor, lernt die Lösung des anderen kennen.
3. **Vorstellen:**
   Stellt das Ergebnis der Klasse vor, lernt andere Lösungen kennen und vergleicht sie mit dem eigenen Ergebnis.

Fishbowl

Diskussionsform eines Themas in einer Kleingruppe, während eine Großgruppe zuhört und sich beteiligen kann

1. Die Arbeitsgruppe setzt sich in einen inneren Stuhlkreis und diskutiert ein Thema/Problem. Ein Stuhl bleibt für einen Gast frei.
2. Die übrigen Schüler sitzen in einem äußeren Stuhlkreis und hören zu. Die Gruppe im Innenkreis stellt ihre Arbeitsergebnisse vor.
3. Die Zuhörer im Außenkreis können sich am Gespräch beteiligen. Wer mitdiskutieren möchte, setzt sich als Gast auf den freien Stuhl bei der Arbeitsgruppe und äußert seinen Beitrag. Danach verlässt er den Innenkreis und setzt sich wieder auf seinen ursprünglichen Platz.
4. Andere, die nicht mehr mitdiskutieren möchten, können aussteigen und sich ebenfalls in den Außenkreis setzen. Zum Abschluss erfolgt eine Reflexion des Gesagten.

 ## Kugellager

Vergleich und Vorstellungen von Ideen, Materialien, Meinungen, Hausaufgaben, Ergebnissen einer Einzelarbeit

1. Teilt euch in zwei Gruppen. Bildet dann einen inneren und einen äußeren Stuhlkreis. Jeweils ein Schüler aus dem Innenkreis und sein Gegenüber aus dem Außenkreis bilden Gesprächspartner.
2. Der Schüler aus dem Außenkreis stellt seine Fragen, der Schüler aus dem Innenkreis beantwortet sie.
3. Die Gesprächspartner wechseln, indem der Außenkreis sich einen Platz weiterbewegt. Jetzt stellt der Schüler aus dem Innenkreis seine Fragen und der Partner im Außenkreis beantwortet sie.
4. Der Platz- und Rollenwechsel wird zwei- bis dreimal wiederholt.

 ## Partnervortrag

Vergleich und Vorstellung von Ideen, Materialien, Ergebnissen

1. Lest die Aufgabenstellung. Arbeitet in Einzelarbeit einen Vortrag aus.
2. Setzt euch mit eurem Partner zusammen und einigt euch, wer zuerst der Sprecher und wer der Zuhörer ist.
3. Der Zuhörer hört aufmerksam zu und wiederholt dann, was der Sprecher erzählt hat. Der Sprecher achtet darauf, ob sein Vortrag vollständig und richtig wiedergegeben wird.
4. Danach wechselt ihr die Rollen.

 ## Placemat

Zusammenführen von individuellen Gedanken als Gesprächsanlass, um zu einem Gruppenprodukt zu kommen

1. Ein Blatt wird in Felder eingeteilt. Jeder schreibt seine Ergebnisse zum Arbeitsauftrag in ein Außenfeld.
2. Diese Ergebnisse werden in der Gruppe besprochen.
3. In der Mitte wird anschließend das übereinstimmende Arbeitsergebnis notiert.
4. Die Gruppe stellt ihre Ergebnisse vor.

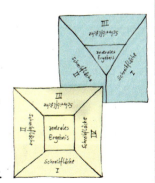

Gruppenpuzzle

Gegenseitige Präsentation von Gruppenergebnissen; Bearbeitung von jeweils einem anderen Themenbereich

1. In der Stammgruppe: In der ersten Arbeitsphase bearbeitest du mit deiner Gruppe gemeinsam euer Thema. Nach Beendigung der Arbeit bereitet ihr die Präsentation für die Expertengruppe vor.
2. In der Expertengruppe: Ihr bildet nun neue Gruppen. In jeder Expertengruppe befindet sich ein Mitglied aus jeder Stammgruppe. Ihr informiert euch nun gegenseitig über die in der ersten Phase erarbeiteten Inhalte und haltet diese schriftlich fest. Die einzelnen Themen werden nacheinander präsentiert.
3. Rückkehr in die Stammgruppe: In der dritten Gruppenarbeitsphase kehrt ihr wieder in eure Stammgruppe zurück, um euch über das in den anderen Gruppen erworbene Wissen miteinander auszutauschen.
Die Aufzeichnungen aus der zweiten Arbeitsphase sollt ihr hier ergänzen.
4. Wertet in einem offenen Klassengespräch die inhaltlichen Ergebnisse eurer Arbeit aus.

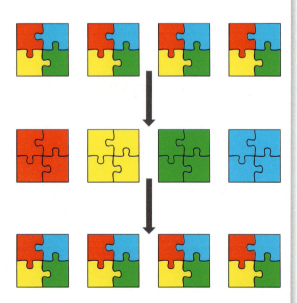

 ## Bushaltestelle

Erarbeitung in Einzelarbeit und Vergleich der Ergebnisse in Partnerarbeit

1. Erarbeitung: Du erhältst zu Beginn eine oder mehrere Aufgaben. In der ersten Phase bearbeitest du in Einzelarbeit deine Aufgabe.
2. Vergleichen: Wenn du mit der Aufgabe fertig bist, stehst du auf und gehst zur Haltestelle. Dort wartest du auf eine Person, die ebenfalls die Aufgabe bearbeitet hat. Sobald ihr zu zweit seid, sucht ihr euch einen Platz in der Klasse und vergleicht, korrigiert und ergänzt eure Ergebnisse gegenseitig. Danach setzt sich jeder wieder an seinen Platz.

Wiederholung der Phasen: Nun kann eine zweite Aufgabe in Einzelarbeit bearbeitet werden. Danach stehst du wieder auf und gehst zur Haltestelle. Die Phasen wiederholen sich immer wieder.

 ## Marktplatz

Austausch von Informationen und Meinungen

1. Geht im Raum umher, bis ihr ein Signal von der Lehrkraft bekommt.
2. Bleibt dann stehen und besprecht mit der Person, die euch am nächsten steht, eure Aufgabe oder Frage. Beim nächsten Signal geht ihr wieder weiter.
3. Wenn erneut das Signal erklingt, bleibt ihr wieder stehen und sprecht mit einer Person.

Engel und Teufel

Argumente austauschen und Entscheidungsfindung

1. Ihr bearbeitet ein Thema in einer Dreiergruppe. Ein Schüler ist der Engel, der allem zustimmt, einer der Teufel, der alles ablehnt, und einer ist der Richter, der entscheidet, welches die besten Argumente sind.
2. Am Ende präsentieren die Richter der Klasse, wie die Gruppe entschieden hat und welche Argumente ihr genannt habt.

Bienenkorb

Austausch von Ideen und Gedanken im Klassenverband

1. Ihr tauscht euch mit einem Mitschüler oder einer Mitschülerin über ein Thema aus.
2. Wechselt den Austauschpartner mindestens zwei Mal.
3. Ihr könnt aber auch paarweise, in Dreier- oder Vierergruppen euer Thema besprechen.
4. Stellt eure gemeinsame Lösung in der Klasse vor.

Reporter

Informationsaustausch und -präsentation

1. Ein Schüler übernimmt die Rolle des Reporters und zwei oder drei andere Schüler übernehmen die Rolle der Interviewpartner.
2. Jeder macht sich Notizen zu seiner Meinung zu einem bestimmten Thema.
3. Danach spricht der Reporter mit seinen Interviewpartnern über das Thema.
4. Spielt anschließend das Interview der Klasse vor.
5. Abschließend kann jeder aus der Klasse seine Meinung dazu äußern.

Debatte

Sammlung und Abwägen von Argumenten

1. Vorstellung einer Streitfrage, die kontrovers diskutiert werden kann.
2. Aufteilung der Klasse in Vierergruppen, die wieder in zwei Paare geteilt werden.
3. Das erste Paar hat die Aufgabe, möglichst viele Argumente für die These (pro) und das zweite Paar für die Antithese (kontra) zu finden.
4. Wechselseitige Präsentation der Ergebnisse durch die beiden Schüler, welche jeweils für die gleiche Position Argumente gesammelt haben.
5. Vorstellung der Argumentation: Jetzt stellt jedes Paar seine Argumente dem jeweils anderen vor. Das zuhörende Paar darf das redende Paar hierbei nicht unterbrechen und soll sich lediglich Notizen machen.
6. Erst nach Abschluss der Vorstellung dürfen eventuelle Fragen zum Verständnis gestellt werden.
7. Die Paare überdenken nun die gehörten Argumente und stellen sich mögliche Probleme und Widersprüche gegenseitig vor.

Textquellen

15 Q1 Pleticha, Heinrich: Christoph Kolumbus, Herrsching: Pawlak 1987, S. 184 ff.

17 Q1 Columbus, Christoph: Das Bordbuch 1492. Leben und Fahrten des Entdeckers der Neuen Welt in Dokumenten und Aufzeichnungen. Herausgegeben von Robert Grün, Edition Erdmann. Stuttgart: Thienemann-Esslinger Verlag 1983, S. 96–98.

22 Q1 Monegal, Emir Rodríguez (Hg.): Chroniken Lateinamerikas von Kolumbus bis zu den Unabhängigkeitskriegen. – Mit zeitgenöss. Illustrationen. Berlin: Suhrkamp 1982, S. 219–221.

23 Q2 Zitiert nach: Lautemann, Wolfang/Schlenke, Manfred (Hg.), Dickmann, Fritz (Verfasser): Geschichte in Quellen. Bd 3. München: BSV 1982, S. 69 ff.

26 Q1 Ein folgenreicher Vorschlag: Bartolomé de las Casas und die Sklaverei. In: Vorschlag zur Verbesserung. http://de.entdeckungsreisen.wikia.com/wiki/Vorschlag_zur_Verbesserung (Stand: 11.02.2021).

29 Q1 Eroberung Mexikos: Papst und Spanien sollen sich entschuldigen. In: https://www.domradio.de/themen/kirche-und-politik/2019-03-26/verbrechen-im-namen-des-kreuzes-eroberung-mexikos-papst-und-spanien-sollen-sich-entschuldigen (Stand: 11.02.2021)

34 Q1 Autorin: Wera Barth.

34 Q2 Frankfurter Rundschau, 06.01.1986.

35 Q3 Autorin: Wera Barth.

36 Q1 Zitiert nach: Fairtrade und die SDGs, herausgegeben von Fairtrade Deutschland, übersetzt von Regina Volkmer, Detmold: Boesmann Medien und Druck GmbH. https://www.fairtrade-deutschland.de/fileadmin/DE/mediathek/pdf/fairtrade_allgemein_sdg.pdf (Stand: 15.02.2021).

37 Q2 „Gute Arbeit, guter Lohn" WALIKI: die Geschäftsidee zwischen Hildesheim und La Paz. In: Bistum Hildesheim (Hg.): Auf Augenhöhe. 25 Projekte, 25 Menschen, 25 Erfolge, 25 Jahre Bolovienpartnerschaft. Hildesheim: 2012, S. 132 f. https://www.yumpu.com/es/document/read/30802905/bolivienbuch-gesamtindd (Stand: 09.02.2021).

40 Q1 Dor-Ner, Zvi: Kolumbus und das Zeitalter der Entdeckungen. Übersetzt v. Uta Haas. Köln: Egmont VGS-Verlag 1991 (bearbeitet).

47 Q1 da Vinci, Leonardo: Codex Atlanticus. In: Ladislao Reti (Hg.), Leonardo: Künstler, Forscher, Magier. Übersetzt v. Margaret Carroux. Stuttgart: Deutscher Bücherbund 1974, S. 7.

49 Q1 Presser, Helmut: Johannes Gutenberg mit Selbstzeugnissen und Bilddokumenten. Reinbek: Rowohlt 1995, S. 123 f.

50 Q1 Micheli, Marco De: Gehört den E-Books wirklich die Zukunft? hrm.de, 13.04.2012. https://www.hrm.de/gehoert-den-e-books-wirklich-die-zukunft/ (Stand: 10.02.2021).

53 Q1 Zitiert nach: bionity.com, LUMITOS AG. https://www.bionity.com/de/lexikon/Nikolaus_Kopernikus.html (Stand: 12.02.2021).

53 Q2 Zitiert nach: Baumgardt, Carola (Hg.): Johannes Kepler. Leben und Briefe. Wiesbaden: Limes-Verlag 1953, S. 73.

56 Q1 Junghans, Helmar (Hg.): Die Reformation in Augenzeugenberichten. München: Dt. Taschenbuchverlag 1980, S. 43.

56 Q2 Kühner, Hans: Das Imperium der Päpste. Frankfurt a. M.: Fischer Taschenbuch Verlag 1980, S. 250 ff.

59 Q1 Zitiert nach: Köpf, Ulrich (Hg.): Deutsche Geschichte in Quellen und Darstellung. Bd. 3. Reformationszeit 1495–1555. Stuttgart: Reclam 2001, S. 101–111.

61 Q1 Steck, Karl Gerhard (Hg.): Martin Luther. Ausgewählte Schriften. Frankfurt a. M.: Fischer-Taschenbuch-Verlag 1995, S. 101.

66 Q1 Luther, Martin: Sämtliche Werke. Band 24. Bearbeitet von Johann Kondrad Irmischer, Erlangen: C. Heyder 1826, S. 260, 262.

66 Q2 Schappeler, Christoph/Lotzer, Sebastian: Die 12 „Hauptartikel aller Bauernschaft" 1524. sprachlich geringfügig modernisierte Fassung nach: Plöse, Detlef/Vogler, Günter (Hg.): Buch der Reformation. Eine Auswahl zeitgenössischer Zeugnisse (1476–1555). Berlin: Union Verlag 1989, S. 358–362. https://www.uni-muenster.de/FNZ-Online/politstrukturen/reformation/quellen/bauer.htm (15.02.2021).

66 Q3 In: Lautemann, Wolfgang/Schlenke, Manfred (Hg.), Dickmann, Fritz (Verfasser): Geschichte in Quellen, Bd. 3. München: BSV 1966, S. 149 f., 154 f.

71 Q1 Peters, Jan (Hg.): Peter Hagendorf. Tagebuch eines Söldners aus dem Dreißigjährigen Krieg, Göttingen: V&R Unipress 2012, S. 100 ff.

76 Q1 Alberti, Leon Battista: Über das Hauswesen, 1. Buch. Übersetzt von Walther Kraus. Zürich: Artemis Verlag 1963, S. 85.

80 **Q1** Zitiert nach: Lautemann, Wolfang/Schlenke, Manfred (Hg.), Dickmann, Fritz (Verfasser): Geschichte in Quellen. Band 3. München: BSV 1982, S. 426.

81 **Q2** Zitiert nach: Lautemann, Wolfang/Schlenke, Manfred (Hg.), Dickmann, Fritz (Verfasser): Geschichte in Quellen. Band 3. München: BSV 1982, S. 451.

81 **Q3** Longnon, Jeans/Steinfeld, Leopold (Hg.): Ludwig XIV. Memoiren. Basel und Leipzig: Kompass-Verlag 1931, S. 137.

84 **Q1** Lieselotte von der Pfalz: Briefe. Frankfurt 1811, S. 86.

85 **Q2** In: Sigrid von Massenbach (Hg.): Die Memoiren des Herzogs von Saint-Simon. Band 3. Frankfurt am Main: Ulstein 1979, S. 331 f.

89 **Q1** Friedrich der Große, übersetzt von: Friedrich von Oppeln-Bronikowski: Das politische Testament von 1752. Stuttgart: Reclam 1980, S. 52 ff.

91 **Q1** Friedrich der Große. Übersetzt von: Friedrich von Oppeln-Bronikowski: Das politische Testament von 1752. Stuttgart: Reclam 1980, S. 2 ff.

91 **Q2** Friedrich der Große. Übersetzt von: Friedrich von Oppeln-Bronikowski: Das politische Testament von 1752. Stuttgart: Reclam 1980, S. 5.

93 **Q1** Zitiert nach: Kant, Immanuel: Werke in sechs Bänden. Bd. 6, Schriften zur Anthropologie, Geschichtsphilosophie, Politik und Pädagogik. Herausgegeben von Wilhelm Weischedel. Frankfurt am Main: Inselverlag 1964, S. 53.

94 **Q1** Rousseau, Jean-Jaques: Der Gesellschaftsvertrag. Herausgegeben von Hans Brockard, übersetzt von Hans Brockard. Stuttgart: Reclam 1963, S. 30 f.

95 **Q2** Montesquieu, Charles de: Vom Geist der Gesetze 1. Übersetzt und herausgegeben von Ernst Forsthoff. Tübingen: Mohr Siebeck 1992, S. 162 f.

96 **Q1** de Vauban, Sébastian: Projet d'une Dixme Royale, suivi de deux écrits financiers par Vauban. Übersetzt von Fritz Dickmann. In: Geschichte in Quellen. Bd 3. München: BSV 1982, S. 460–463.

101 **Q1** Markov, Walter: Revolution im Zeugenstand 1789–1799, Band 2. Leipzig: Reclam 1986, S. 71.

101 **Q2** Zitiert nach: Lautemann, Wolfgang/Schlenke, Manfred (Hg.): Geschichte in Quellen. Band 4. München: BSV 1981, S. 177 f.

103 **Q1** Fikentscher, Wolfgang/Fochem, Achim R. (Hg.): Quellen zur Entstehung der Grundrechte in Deutschland. Stuttgart: Franz Steiner Verlag 2002, S. 312 f.

104 **Q1** Paschold, Chris E./Gier, Albert (Hg.): Französische Revolution. Ein Lesebuch mit zeitgenössischen Berichten und Dokumenten. Stuttgart: Reclam 1989, S. 185.

108 **Q1** Zitiert nach: Münkler, Henfried/Llanque, Marcus (Hg.): Politische Theorie und Ideengeschichte. Berlin: Lehr- und Textbuch 2006, S. 134.

109 **Q2** Grab, Walter (Hg.): Die Französische Revolution. München: Nymphenburger Verlagshandlung 1973, S. 144.

110 **Q1** Hausner, Hans Erik (Hg.): Zeit-Bild. Die Französische Revolution. Wien und Heidelberg: Ueberreuter 1977, S. 151 f.

118 **Q1** Erhard, Christian Daniel: Napoleons I … bürgerliches Gesetzbuch. Nach der neuesten officiellen Ausgabe verdeutscht und nebst den von dem Französischen Rechtsgelehrten Herrn Dard jedem Artikel beygefügten Parallelstellen des Römischen und ältern Französischen Rechts, auch seinen eignen Bemerkungen. Dessau/Leipzig: Georg Voß 1808, S. 30–38.

121 **Q2** Kleßmann, Eckart: Deutschland unter Napoleon in Augenzeugenberichten. Düsseldorf: Rauch 1965, S. 398.

125 **Q1** Hartwig, Wolfgang/Hinze, Helmut (Hg. u. Übersetzer): Deutsche Geschichte in Quellen und Darstellung, Bd. 7. Herausgegeben von Rainer A. Müller. Stuttgart: Reclam 1997, S. 55 ff.

126 **Q1** Hartwig, Wolfgang/Hinze, Helmut (Hg. u. Übersetzer): Deutsche Geschichte in Quellen und Darstellung, Bd. 7. Herausgegeben von Rainer A. Müller. Stuttgart: Reclam 1997, S. 67 ff.

127 **Q1** Hartwig, Wolfgang/Hinze, Helmut (Hg. u. Übersetzer): Deutsche Geschichte in Quellen und Darstellung, Bd. 7. Herausgegeben von Rainer A. Müller. Stuttgart: Reclam 1997, S. 72 ff.

129 **Q1** Conrady, Karl Otto (Hg.): Das große deutsche Gedichtbuch. Kronberg im Taunus: Athenäum 1977, S. 480.

129 **Q2** Fallersleben, Heinrich Hoffmann von: „Die Gedanken sind frei", 1842.

130 **Q1** Zitiert nach: Johann Georg August Wirth: Das Nationalfest der Deutschen zu Hambach. Neustadt a. H. 1832, S. 31-41. https://www.demokratiegeschichte.eu/fileadmin/user_upload/Mate-

132 Q1 Schurz, Carl: Lebenserinnerungen, Bd. 1: Bis zum Jahre 1852. Göttingen: Wallstein Verlag 2015, S. 123 f.

133 Q2 Hartwig, Wolfgang/Hinze, Helmut (Hg. u. Übersetzer): Deutsche Geschichte in Quellen und Darstellung, Bd. 7. Herausgegeben von Rainer A. Müller. Stuttgart: Reclam 1997, S. 266 f.

134 Q1 Lautemann, Wolfang/Schlenke, Manfred (Hg.), Dickmann, Fritz (Verfasser): Geschichte in Quellen. Band 3. München: BSV 1982, S. 154.

135 Q2 Hartwig, Wolfgang/Hinze, Helmut (Hg. u. Übersetzer): Deutsche Geschichte in Quellen und Darstellung, Bd. 7. Herausgegeben von Rainer A. Müller. Stuttgart: Reclam 1997, S. 326 ff.

140 Q1 Sprachlich angepasst nach: Hartwig, Wolfgang/Hinze, Helmut (Hg. u. Übersetzer): Deutsche Geschichte in Quellen und Darstellung, Bd. 7. Herausgegeben von Rainer A. Müller. Stuttgart: Reclam 1997, S. 410 ff.

141 Q2 Winkler, Heinrich August: Geschichte des Westens. Von den Anfängen in der Antike bis zum 20. Jahrhundert. München: Beck 2009, S. 776 f.

142 Q1 Meisner, Heinrich Otto (Hg.): Kaiser Friedrich III. Das Kriegstagebuch von 1870/71. Berlin: Koehler 1926, S. 342 f.

146 Q1 Steitz, Walter (Hg.): Quellen zur deutschen Wirtschafts- und Sozialgeschichte von der Reichsgründung bis zum Ersten Weltkrieg. Darmstadt: Wissenschaftliche Buchgesellschaft 1985, S. 86 f.

156 Q1 Carnegie, Andrew: James Watt. Die Lebensgeschichte des Erfinders der Dampfmaschine (= Wege zum Wissen). Übersetzt von Dr. Joseph Grabisch. Berlin: Ulstein 1975, S. 94 f.

160 Q1 Lütgert, Will (Hg.): Bauern und Leineweber. Stuttgart: Metzler Verlag 1984, S. 252.

160 Q2 Bitter, Carl Hermann: Berichte über das Spinnerelend in der Senne bei Bielefeld. In: Engel, Gustav (Hg.): Jahresbericht des Historischen Vereins für die Grafschaft Ravensberg. Bielefeld: Historischer Verein für die Grafschaft Ravensberg 1964/65, S. 11 f.

163 Q1 Gässler, Ewald: Moderne Zeiten. Industrie- und Arbeiterkultur in Oldenburg 1845-1945. Herausgegeben von der Stadt Oldenburg, unter Mitwirkung von Eugine Berg, Lioba Meyer, Ulf Steitz. Oldenburg: Insensee Verlag 1989, S. 97.

164 Q1 Beimel, Mathias/Mögenburg, Harm: Industrialisierung – Das deutsche Beispiel (1800-1914). Frankfurt am Main: Diesterweg 1987, S. 135.

166 Q1 Rosenbaum, Heidi: Formen der Familie. Untersuchungen zum Zusammenhang von Familienverhältnissen, Sozialstruktur und sozialem Wandel in der deutschen Gesellschaft des 19. Jahrhunderts. Berlin: Suhrkamp 1982, S. 408.

167 Q2 Altmann, Anna: Aus dem Leben eines Proletarierkindes. In: Buch der Jugend: Für die Kinder des Proletariats. Herausgegeben von Emma Adler. Berlin: Verlag der Expedition ‚Vorwärts' 1895, S. 186 ff.

167 Q3 Ullrich, Lena: Bolivien: Kinderarbeit im Bergwerk. https://www.geo.de/geolino/mensch/6366-rtkl-bolivien-kinderarbeit-im-bergwerk (Stand: 15.02.2021).

170 Q1 Aberti, Konrad: Maschinen, Leipzig 1895, zitiert nach: Arbeit/Maschine/Mensch. Herausgegeben von Rudolf Kropf u. Walter Wippersberg. Linz u. a.: Europa-Verlag 1987, S. 93.

171 Q2 Pönicke, Herbert: Quellen zur Geschichte des 19. Jahrhunderts. Die sozialen Theorien im 19. Jahrhundert in Deutschland. Paderborn: Schöningh 1978, S. 86 f.

175 Q2 Bismarck: Die gesammelten Werke: Band 13. Reden 1885 bis 1897. Berlin: Otto Stollberg & Co Verlag für Politik und Wirtschaft 1924, S. 319 f.

185 Q1 Zitiert nach: Lautemann, Wolfgang/Schlenke, Manfred (Hg.): Geschichte in Quellen. Bd. 5. Bearb. von Günter Schönbrunn. München: BSV 1980, S. 767.

192 Q1 Czok, Karl: August der Starke und Kursachsen. Mit 286 Abbildungen und Farbtafeln. Leipzig: Koehler & Amelan 1987, S. 209.

Bildquellen

|akg-images GmbH, Berlin: Titel, 5.1, 8.1, 12.11, 13.1, 26.2, 27.1, 32.3, 32.4, 43.1, 47.1, 48.1, 48.2, 49.7, 53.1, 55.1, 57.1, 57.2, 59.1, 66.1, 70.1, 70.2, 70.3, 71.1, 75.7, 75.8, 76.1, 80.1, 80.2, 83.1, 85.1, 89.1, 91.1, 92.2, 93.1, 101.1, 102.1, 104.1, 108.1, 111.1, 113.7, 113.9, 118.2, 119.1, 123.1, 124.2, 126.1, 126.2, 128.1, 130.1, 132.1, 136.1, 138.1, 139.1, 140.1, 142.2, 143.1, 144.1, 146.1, 147.1, 148.1, 151.7, 151.8, 153.1, 155.1, 157.1, 158.1, 159.1, 163.1, 164.1, 164.2, 167.1, 172.1, 174.1, 174.2, 183.6, 183.7, 184.1, 184.2, 185.1, 192.1, 200.1, 203.6; akg-images 139.2, 140.2; Album/Oronoz 16.1; Bildarchiv Monheim GmbH 63.2; British Library 56.1; De Agostini Picture Lib. / G. Dagli Orti 38.1; E. Lessing 122.1; Jentzsch, Hans Gabriel 144.2; Lecat, L. 118.1; Lessing, Erich 68.1, 72.1, 73.1, 82.1, 91.2, 94.2, 97.1, 109.1; Marc Deville 84.1; MPortfolio/Electa 46.1; North Wind Picture Archives 32.2; VISIOARS 111.2. |Alamy Stock Photo, Abingdon/Oxfordshire: Cum Okolo 190.1, 203.5; imageBROKER 37.2; Krino 112.2; public domain sourced/access rights from ART Collection 193.2; Tack, Jochen 51.2; Thomas, Lee 112.1; World History Archive 22.1, 39.8, 159.2; Zoltan Bagosi 191.1. |Alamy Stock Photo (RMB), Abingdon/Oxfordshire: A. Rotenberg 37.1; Granger Historical Picture Archive 97.2; Historic Images 138.2; Lanmas 21.3. |Artothek, Spardorf: 193.1, 194.1. |Barth, Wera, Rangsdorf: 25.1. |bpk-Bildagentur, Berlin: 4.1, 11.1, 28.1, 39.7, 65.1, 65.2, 67.1, 87.1, 100.1, 105.1, 105.2, 133.1, 156.1, 175.1, 196.1; A. Dagli Orti 21.1; Albertina Wien, 2001 121.1; aus: Leipziger Illustrierten Zeitung, 1848 131.1; Braun, Lutz 15.2; Deutsches Historisches Museum 171.1; Dietmar Katz 134.1; Joachim Tietze 90.1; Katz, Dietmar 134.2; Kunstbibliothek, SMB/Knud Petersen Titel; SBB 124.1; Scala Archives 45.1; SMB/Kunstbibliothek 22.2; Staatliche Kunstsammlungen Dresden 62.1; Staatliche Kunstsammlungen Dresden/Elke Estel/Hans-Peter Klut 193.3; Stiftung Preußische Schlösser und Gärten Berlin-Brandenburg 88.1. |Bridgeman Images, Berlin: 26.1, 103.1, 152.1; Germanisches Nationalmuseum, Nürnberg, Germany 150.1; Girandon 81.2, 87.2; Giraudon 103.2; Hamburger Kunsthalle 138.4; Hungarian National Gallery, Budapest 173.1; Photo Josse 109.2. |Carls, Claudia, Hamburg: 49.1, 49.2, 49.3, 49.4, 49.5, 49.6. |Christoph Clasen Illustration, Hamburg: 98.1, 98.2, 98.3, 98.4, 98.5, 98.6, 99.1, 99.2, 99.3, 99.4, 99.5, 99.6. |Christoph, Dieter, Burgrieden: 74.1, 74.2, 74.3, 74.4, 74.5. |Colditz, Margit, Halle: 19.2. |ddp images GmbH, Hamburg: Everett Collection/© NFP*/Foto Rolf von der Heydt 190.2; Michael Kappeler 150.3. |dreamstime.com, Brentwood: Kiosea39 51.1. |Fairtrade Deutschland, Köln: 36.1. |Focus Photo- u. Presseagentur GmbH, Hamburg: H.W. Silvester 20.1. |fotolia.com, New York: 50.1; Africa Studio 35.8; Ana 84.2; Czauderna, Henry 61.1; E. Nator 121.2; Freesurf 195.1; Georgios Kollidas 172.2; K. Heidemann 33.3; Martin M303 32.1; Moscaliuk, Sergii 35.5; Pseudonym 33.2; refresh(PIX) 44.1; weekender120 36.2. |GEPA - The Fair Trade Company GmbH, Wuppertal: 36.4. |Getty Images, München: SSPL/Science Museum 205.1. |Getty Images (RF), München: Bob Krist 19.3. |Geus, Elmar, Oberhaid: 6.1, 79.1, 106.1. |Herzog August Bibliothek, Wolfenbüttel: Bibel-S. 4° 11, folio Ir 61.2. |Hild, Claudia, Angelburg: 69.1. |Hoth, Katharina, Erfurt: 169.1, 169.2. |Industriemuseum Chemnitz im Sächsischen Industriemuseum, Chemnitz: 201.1. |Interfoto, München: Sammlung Rauch 165.1, 200.2, 203.7. |iStockphoto.com, Calgary: Aurelie1 20.2; kaanates 35.4; traveler1116 33.1. |juniors@wildlife Bildagentur GmbH, Hamburg: Harms, D. 35.1; Steimer 33.4. |Karto-Grafik Heidolph, Dachau: 88.2. |Kassing, Reinhild, Kassel: 24.1, 114.1, 217.2. |Keis, Heike, Rödental: 52.1, 52.2. |Kindernothilfe e.V., Duisburg: 167.2. |Kunstsammlungen Zwickau Max-Pechstein-Museum, Zwickau: 198.1. |laif, Köln: Heiko Meye 32.5. |Langner & Partner Werbeagentur GmbH, Hemmingen: 82.2. |Lookphotos, München: H. & D. Zielske 63.1. |mauritius images GmbH, Mittenwald: Rosenfeld 35.7. |Müller, Bodo, Bartensleben: 177.2. |Naumann, Andrea, Aachen: 40.1, 40.2, 115.1, 204.2. |openPetition gGmbH, Berlin: 112.3. |Österreichisches Staatsarchiv, Wien: AT-OeStA/HHStA SB Kartensammlung Q, Ke 3-1/4-7. 130.2. |Picture-Alliance GmbH, Frankfurt/M.: akg-images 46.2, 60.1, 75.6, 95.2; AP/J. Nord 32.6; Arco Images/R. Kiedrowski 9.1, 187.1; Bildagentur-online/Tips Images 45.2; CHROMORANGE/AGF Creative 35.6; Copyright 2020, dpa (www.dpa.de) Alle Rechte vorbehalte/Anspach, Uwe 180.2; dpa 138.3; dpa/ADN 179.1, 183.8; EPA/C. Sanchez 34.2; imageBROKER 191.2; Keystone/Dannemiller, Keith 35.2; Kopp, Florian 41.1; Matthias Hiekel 197.1; Peer Grimm 7.1, 117.1; ZB/W. Grubitzsch 204.1. |planiglobe GmbH, Kiel: 178.2. |Shutterstock.com, New York: INSTANT photography 180.1; Jess Kraft 21.2; Mainka, Markus 180.3; sanddebeautheil 35.3. |Spangenberg, Frithjof, Konstanz: 15.1, 47.2, 47.3, 47.4, 47.5, 47.6, 96.1, 156.2, 216.1, 216.3, 217.1, 217.3. |Staats- und Stadtbibliothek Augsburg, Augsburg: 4 Cod Aug 1 (Cim 70), Bl. 283v 76.2. |stock.adobe.com, Dublin: Cheung, Bob 142.1; daviles 36.3; dennizn 182.1; kaliantye 181.1; Marco2811 50.2; Monet 181.2; Rene 34.1; Ruehl, Martina 197.2; schame87 29.2. |Süddeutsche Zeitung - Photo, München: Scherl 166.1. |take five - Joachim Seifried, Essen: 177.1. |Tonn, Dieter, Bovenden-Lenglern: 2.1, 2.2, 2.3, 2.4, 2.5, 2.6, 2.7, 2.8, 3.1, 3.2, 3.3, 12.5, 12.8, 12.13, 30.1, 30.2, 30.3, 31.1, 31.2, 31.3, 31.4, 38.2, 39.1, 39.2, 39.3, 39.4, 39.5, 39.6, 75.1, 75.2, 75.3, 75.4, 75.5, 81.1, 94.1, 95.1, 106.2, 113.1, 113.2, 113.3, 113.4, 113.5, 113.6, 114.2, 114.3, 114.4, 114.5, 114.6, 151.1, 151.2, 151.3, 151.4, 151.5, 151.6, 152.2,

176.1, 183.1, 183.2, 183.3, 183.4, 183.5, 188.1, 188.2, 189.1, 189.2, 189.3, 189.4, 189.5, 189.6, 189.7, 189.8, 202.1, 203.1, 203.2, 203.3, 203.4, 216.2, 216.4, 217.4, 218.1, 218.2, 218.3, 219.1, 219.2, 219.3, 219.4. |ullstein bild, Berlin: 158.2; Archiv Gerstenberg 29.1, 58.1, 127.1, 137.1; Granger Collection, New York 19.1; Granger, NYC 20.3, 20.4, 92.1, 113.8; Imagno 145.1; Mang, Christian 150.2; Süddeutsche Zeitung/Scherl 145.2; TopFoto 13.2. |von Mannstein, Prof. Coordt, Solingen: Bundesministerium der Finanzen/Referat Postwertzeichen 185.2.

Wir arbeiten sehr sorgfältig daran, für alle verwendeten Abbildungen die Rechteinhaberinnen und Rechteinhaber zu ermitteln. Sollte uns dies im Einzelfall nicht vollständig gelungen sein, werden berechtigte Ansprüche selbstverständlich im Rahmen der üblichen Vereinbarungen abgegolten.

Hinweise zur Bearbeitung der Aufgaben

Die Aufgaben in diesem Buch beginnen in der Regel mit einem Operator. Operatoren sind Verben, mit denen ein Arbeitsauftrag eingeleitet wird. Falls euch nicht klar ist, was von euch verlangt wird, findet ihr hier eine Erklärung und Tipps zu den Operatoren. Die Operatoren sind nach verschiedenen Anforderungsbereichen gegliedert. Die einfachen Aufgaben finden sich im Anforderungsbereich I. Hier sollt ihr Sachverhalte wiedergeben und bekannte Arbeitstechniken anwenden, z. B. den Umgang mit Texten und Grafiken.
Bei den Aufgaben im Anforderungsbereich II sollen bekannte Inhalte selbstständig untersucht und danach erklärt werden.
Bei den schwierigen Aufgaben im Anforderungsbereich III sollt ihr euch mit neuen Inhalten und Problemen auseinandersetzen, um sie dann zu bewerten.

Anforderungsbereich I

nennen, aufzählen
Du sollst Informationen knapp und präzise auflisten. Hierbei musst du nichts begründen oder näher erläutern. Die Informationen können aus den vorgegebenen Materialien (z. B. Schulbuchtext, Quellentexte …) stammen.

bezeichnen, benennen, schildern, skizzieren
Du sollst Sachverhalte, Strukturen und Prozesse verstehen und zutreffend darstellen. Dabei sollst du sie nicht näher vertiefen.

berichten
Du sollst den Sachverhalt formulieren. Achte dabei besonders auf Verläufe, Begebenheiten und Zusammenhänge. Sammle Informationen zu den Fragen: Wer? Wann? Was? Wo? Warum?

beschreiben, zusammenfassen, wiedergeben
Du schilderst wesentliche Aspekte eines Sachverhalts oder den Inhalt eines Textes bzw. anderer Materialien kurz und knapp in eigenen Worten. Achte darauf, dass du nicht alles nacherzählst, sondern konzentriere dich dabei nur auf die wichtigsten Punkte.

durchführen
Mithilfe eines vorgegebenen Verfahrens (z. B. Rollenspiel, Internetrecherche, Zeitzeugeninterview …) sollst du dir Sachverhalte erschließen, um diese besser verstehen oder nachempfinden zu können.

Anforderungsbereich II

analysieren, untersuchen
Du sollst dir Materialien oder Sachverhalte erschließen. Hierfür musst du bestimmte Kriterien beachten bzw. gezielte Fragen stellen, die du beantwortest. Diese Antworten sollst du begründen.

begründen, nachweisen
Du sollst Aussagen (z. B. Behauptungen, Wertungen) durch Argumente unterstützen. Deine Argumente untermauerst du mit Beispielen oder anderen Belegen.

erklären
Mithilfe deines Wissens schilderst du bestimmte Sachverhalte (Theorien, Modelle, Regeln, Gesetze, Funktionszusammenhänge …) und ordnest sie ein. Dabei zeigst du Zusammenhänge auf und begründest sie.

erläutern
Du sollst Sachverhalte erklären. Darüber hinaus machst du sie mithilfe zusätzlicher Angaben (Beispiele, Vergleiche…) anschaulich.

einordnen
Du stellst Sachverhalte oder Aussagen mithilfe erläuternder Hinweise in einen Zusammenhang.

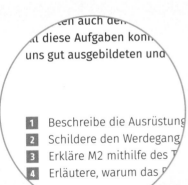